普通高等教育经管类专业系列教材

基于 Excel 的财务管理综合模拟实训

（第 2 版）

谭洪益　主编

清华大学出版社
北　京

内 容 简 介

本书是财务管理专业的实训教材，旨在引入 Excel 工具到财务管理课程的实训教学中，结合大量的实例运用 Excel 构建相应的财务管理模型，以解决筹资管理、投资管理、营运资金管理、利润分配管理、财务预算和财务分析等问题，从而提高学生的动手能力和实际解决问题的能力。

本书可作为普通高等院校财务管理课程的教材，也可供对 Excel 操作和财务管理学感兴趣的读者参阅。

本书封面贴有清华大学出版社防伪标签，无标签者不得销售。
版权所有，侵权必究。举报：010-62782989，beiqinquan@tup.tsinghua.edu.cn。

图书在版编目(CIP)数据

基于 Excel 的财务管理综合模拟实训 / 谭洪益主编.
2 版. -- 北京 ：清华大学出版社, 2025. 3. -- (普通高等教育经管类专业系列教材). -- ISBN 978-7-302-68138-0

Ⅰ. F275-39

中国国家版本馆 CIP 数据核字第 202532FE43 号

责任编辑：王　定
封面设计：周晓亮
版式设计：思创景点
责任校对：成凤进
责任印制：杨　艳

出版发行：清华大学出版社
　　网　　址：https://www.tup.com.cn，https://www.wqxuetang.com
　　地　　址：北京清华大学学研大厦 A 座　　邮　编：100084
　　社 总 机：010-83470000　　　　　　　　邮　购：010-62786544
　　投稿与读者服务：010-62776969，c-service@tup.tsinghua.edu.cn
　　质 量 反 馈：010-62772015，zhiliang@tup.tsinghua.edu.cn
印 装 者：河北盛世彩捷印刷有限公司
经　　销：全国新华书店
开　　本：185mm×260mm　　　印　张：15.5　　　字　数：368 千字
版　　次：2018 年 9 月第 1 版　2025 年 3 月第 2 版　　印　次：2025 年 3 月第 1 次印刷
定　　价：59.80 元

产品编号：106807-01

前　　言

本书按照"理论与实践高度结合"的思路，改变过去的教学模式，试图将 Excel 工具引入到财务管理模拟实训环节，以解决财务管理中的筹资管理、投资管理、营运资金管理、利润分配管理、财务预算和财务分析等问题。本书紧扣企业实际财务管理需要，以易学、易用、实用为宗旨进行谋篇布局。本书列示的操作步骤详细易懂，案例素材完整易用，内容由浅入深、循序渐进，是一本非常实用的基于 Excel 的财务管理实训教材。与其他同类财务管理实训教材相比，本书主要有以下特色。

一是突出了实践性，提高了实训的有效性。本书在教学模式上主要以学生为中心，借助 Excel 建立各种财务管理模型，去解决财务管理的实际问题。教材中的每一个实训模块，都结合了大量的例题进行讲解，操作步骤简单明了，便于学生学习、理解和实践操作。

二是基本涵盖了财务管理的主要内容。从具体内容来讲，本书主要分为 11 大模块进行实训：Excel 基础实训，财务分析实训，资金时间价值实训，筹资决策实训，资本成本和资本结构实训，投资决策实训，营运资金管理实训，利润预测、规划与分配实训，财务预测实训，财务预算实训和企业价值评估实训。

三是实训目标明确。通过实训，一方面使学生熟练掌握 Excel 的相关操作，能够运用 Excel 的相关工具决策财务管理中的问题，从而提高财务管理实务操作技能，为就业打下坚实基础；另一方面使学生进一步理解和掌握财务管理等主要课程的基本理论和方法，并能够熟练使用 Excel 构建模型解决财务管理中的具体问题，培养和提高其分析解决实际财务管理问题的能力。

本书是 2015 年度广东省高等教育教学改革项目"基于 Excel 财务管理模拟实训"的最终成果，得到了广东省教育厅及广东培正学院的资助。广东培正学院 Excel 财务课程基于本教材，加强了一流课程建设，并于 2024 年被评为广东省一流线下课程。本书由谭洪益、孙慧英、李肇良编写，在教材的编写过程中，编者阅读了大量的书籍和文献，并得到了清华大学出版社的指导和帮助，在此向有关作者和指导编写的老师们表示感谢！

由于时间仓促，再加上编者水平有限，书中难免存在不足之处，敬请广大读者批评指正。

本书免费提供教学课件、实训例题素材、实训练习参考答案、综合练习及参考答案，读者可扫描下列二维码获取。

教学课件　　　　实训例题素材　　　实训练习参考答案　　综合练习及参考答案

编　者
2025 年 1 月

目　录

项目一　Excel 基础实训……………………1
　实训一　Excel 基础操作………………1
　　一、Excel 工作簿的打开与保存……1
　　二、输入和编辑数据…………………3
　　三、Excel 工作表的编辑……………7
　　四、Excel 文件的打印………………15
　　五、Excel 常用函数…………………18
　实训二　Excel 图表的创建与
　　　　　编辑……………………………21
　　一、认识 Excel 2019 中的图表……21
　　二、图表的创建与编辑………………21
　实训三　Excel 数据管理………………25
　　一、数据管理…………………………25
　　二、数据透视表和数据透视图……34
　实训四　Excel 数据分析工具…………43
　　一、数据分析工具……………………43
　　二、规划求解…………………………47
　实训练习…………………………………51

项目二　财务分析实训………………………53
　实训一　财务分析模型…………………53
　　一、建立财务分析模型………………53
　　二、从外部导入财务数据……………57
　实训二　比率分析模型…………………58
　实训三　比较分析模型…………………65
　实训四　财务综合分析模型……………70
　实训练习…………………………………73

项目三　资金时间价值实训…………………74
　实训一　终值和现值的计算……………74
　　一、单利终值和现值…………………75
　　二、复利终值和现值…………………75
　实训二　年金终值与现值的计算……79

　　一、普通年金的终值和现值…………80
　　二、先付年金的终值和现值…………82
　　三、延期年金的终值和现值…………83
　　四、永续年金的现值…………………85
　实训三　名义利率和实际利率的
　　　　　换算……………………………85
　　一、Excel 计算实际年利率…………85
　　二、Excel 计算名义年利率…………86
　实训四　资金时间价值的具体
　　　　　运用……………………………87
　　一、贷款年利率的计算………………87
　　二、贷款偿还期的计算………………88
　　三、等额分期付款方式下贷款年
　　　　偿还额的计算……………………89
　　四、现金流不规则分布情况下的
　　　　现值计算…………………………92
　　五、其他资金时间价值问题的
　　　　计算………………………………95
　实训练习…………………………………98

项目四　筹资决策实训………………………99
　实训一　股票筹资分析模型……………99
　实训二　长期负债筹资分析
　　　　　模型……………………………103
　　一、长期银行借款筹资分析
　　　　模型………………………………104
　　二、债券筹资分析模型………………106
　实训三　租赁筹资分析模型……………109
　实训练习…………………………………115

项目五　资本成本和资本结构实训……116
　实训一　资本成本实训…………………116
　　一、基于 Excel 的个别资本成本率的
　　　　计算………………………………117

二、基于 Excel 的综合资本成本率的计算 …………………… 119
　　三、基于 Excel 的边际资本成本率的计算 …………………… 121
实训二　杠杆计算 …………………… 125
　　一、基于 Excel 的经营杠杆的计算 …………………… 127
　　二、基于 Excel 的财务杠杆的计算 …………………… 127
　　三、基于 Excel 的联合杠杆的计算 …………………… 128
实训三　资本结构决策 …………………… 130
　　一、基于 Excel 的比较资本成本法 …………………… 131
　　二、基于 Excel 的每股收益(EPS)分析法 …………………… 134
实训练习 …………………… 136

项目六　投资决策实训 …………………… 138
实训一　投资决策指标计算 ……… 138
　　一、投资决策的现金流量分析 …… 140
　　二、投资决策评价指标的计算 …… 141
实训二　固定资产折旧计算 ……… 146
　　一、直线法 …………………… 147
　　二、工作量法 …………………… 147
　　三、双倍余额递减法 …………… 148
　　四、年数总和法 ………………… 150
　　五、折旧对现金流量计算的影响 …………………… 151
实训三　投资方案评价 …………… 152
　　一、独立方案的评价 …………… 153
　　二、互斥方案的评价 …………… 154
　　三、固定资产更新决策 ………… 156
实训四　证券投资决策 …………… 159
　　一、债券投资 …………………… 160
　　二、股票投资 …………………… 162
实训练习 …………………… 164

项目七　营运资金管理实训 …………………… 166
实训一　现金管理 …………………… 166
　　一、成本分析模型 …………………… 167
　　二、存货模型 …………………… 168
实训二　应收账款管理 …………………… 169
　　一、基于 Excel 的信用标准分析模型 …………………… 169
　　二、基于 Excel 的信用条件分析模型 …………………… 171
　　三、基于 Excel 的收账政策分析模型 …………………… 173
　　四、基于 Excel 的应收账款综合决策模型 …………………… 175
实训三　存货管理 …………………… 177
　　一、基于 Excel 的经济订货批量模型 …………………… 178
　　二、基于 Excel 的 ABC 存货管理模型 …………………… 179
实训练习 …………………… 181

项目八　利润预测、规划与分配实训 …………………… 182
实训一　利润预测与规划 …………………… 182
　　一、利润预测模型 …………………… 183
　　二、保本点计算模型 …………………… 184
　　三、利润敏感性分析模型 …………… 185
　　四、利用规划求解进行利润规划 …………………… 187
实训二　利润分配 …………………… 189
实训练习 …………………… 192

项目九　财务预测实训 …………………… 194
实训一　利用数据分析工具进行预测 …………………… 194
　　一、利用移动平均工具进行财务预测 …………………… 196
　　二、利用指数平滑工具进行财务预测 …………………… 197

三、利用回归工具进行财务
预测 ·································· 198
四、利用绘图工具进行财务
预测 ·································· 199
实训二 Excel 中的预测函数 ······· 200
一、LINEST 函数 ················ 201
二、LOGEST 函数 ··············· 203
三、TREND 函数 ················· 204
四、GROWTH 函数 ·············· 205
五、FORECAST 函数 ············ 205
六、SLOPE 函数 ·················· 206
七、INTERCEPT 函数 ··········· 206
实训三 基于 Excel 的财务预测 ···· 207
一、销售预测 ······················ 208
二、成本预测 ······················ 210
三、利润预测 ······················ 212
四、资金需要量的预测 ··········· 213
实训练习 ·································· 216

项目十 财务预算实训 ················ 217
实训一 日常业务预算 ············· 217

一、销售预算 ······················ 219
二、生产预算 ······················ 220
三、直接材料消耗及采购预算 ···· 220
四、直接人工成本预算 ··········· 222
五、制造费用预算 ················ 222
六、产品成本预算 ················ 223
七、销售及管理费用预算 ········ 224
实训二 财务预算 ···················· 224
一、现金预算 ······················ 225
二、预计利润表 ··················· 226
三、预计资产负债表 ·············· 227
实训练习 ·································· 228

项目十一 企业价值评估实训 ········ 229
实训一 现金流量折现模型 ······· 229
实训二 经济利润模型 ············· 231
实训三 相对价值模型 ············· 233
实训练习 ·································· 237

项目一　Excel基础实训

【实训目标】

思政目标：

数字经济时代背景下，信息技术的发展对财务工作产生了深远的影响。本项目旨在培养学生的数字素养和创新精神。

知识目标：

- 熟练掌握 Excel 2019 的基本操作，如打开、保存、编辑和打印等。
- 熟练掌握 Excel 2019 的常用函数。
- 熟练掌握图表的创建与编辑。
- 熟练掌握数据的排序、筛选和分类汇总。
- 熟练掌握数据分析工具。

能力目标：

- 能够运用 Excel 的基本功能。
- 能够运用 Excel 进行数据管理与数据分析。

【教学建议】

建议本项目主要采取讲授与实训相结合的教学方法，课时安排为 6 个课时，将实训练习作为学生的课后练习，学生应记录实训步骤。

实训一　Excel 基础操作

【知识准备】

Excel 2019 的基本操作知识。

【实训目标与要求】

熟练掌握 Excel 2019 的基本操作，如打开、保存、编辑和打印等。

【实训指导】

一、Excel 工作簿的打开与保存

1. 新建工作簿

【例 1-1】新建一个工作簿。

新建工作簿的方法主要有以下几种。

① 单击桌面左下角的【开始】按钮，在【所有程序】中找到 Microsoft Office 下的 Microsoft

Office Excel 2019 并点击，系统将会自动打开一个新的工作簿。

② 在已经打开的某个 Excel 工作簿中，单击【文件】中的【新建】命令，选择【空白工作簿】。

③ 使用组合键 Ctrl+N 可以快速创建一个新的空白工作簿。

④ 使用模板创建工作簿，单击【文件】中的【新建】命令，在【Office】选项卡下选择所需要的模板，如图 1-1 所示。

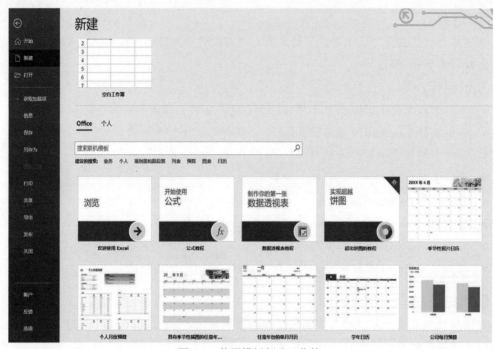

图 1-1　使用模板创建工作簿

2. 打开工作簿

【例 1-2】打开文件名为"年度销售报表"的工作簿。

打开已有工作簿的方法主要有以下几种。

① 单击【文件】中的【打开】命令或者使用组合键 Ctrl+O，系统会弹出【打开】对话框，在该对话框中找到需要打开的文件路径和文件名，再单击该对话框中的【打开】按钮即可。

② 鼠标双击需要打开的工作簿图标，可直接打开工作簿。

3. 保存工作簿

【例 1-3】保存文件名为"年度销售报表"的工作簿。

保存工作簿的方法主要有以下几种。

① 单击快速访问工具栏中的【保存】按钮。

② 单击【文件】中的【保存】按钮。

③ 使用组合键 Ctrl+S。

Excel 2019 的工作界面主要包括以下几个部分。

(1) 快速访问工具栏：这个工具栏包含 Excel 操作中使用频率较高的命令按钮，如"保存""撤销""重做"等，可以通过"自定义快速工具栏"来添加或删除工具。

(2) 功能区：功能区是 Excel 操作的核心部分，它包含"文件""开始""插入""页面布局""公式""数据""审阅""视图"和"帮助"等 9 个选项卡。每个选项卡下都包含一系列的命令功能，用于完成各种 Excel 操作。

(3) 标题栏：标题栏显示当前工作簿的标题信息。

(4) 名称框：名称框可以显示当前活动单元格的地址，或者当选择一个单元格区域时，它会显示选择的区域范围。

(5) 编辑栏：在编辑栏内，可以直接输入和编辑单元格中的文本。

(6) 行号和列标：行号按数字从上到下进行竖向排列，Excel 2019 共有 1 048 576 行，范围从 1 到 1 048 576。列标按字母从左到右进行横向排列，共有 16 384 列，范围从 A 到 XFD。

(7) 工作表标签：用于显示和切换不同的工作表。

(8) 状态栏：状态栏用于显示当前 Excel 操作的相关信息，当选中一个单元格区域时，它会显示该区域的平均值、计数、求和等统计信息。

(9) 视图切换按钮：包含普通、页面布局、分页预览三种视图模式的切换按钮。

(10) 缩放比例：可以通过拖动滑块来设置和调整窗口的显示比例。

除了以上基本的界面元素，Excel 2019 还提供了许多其他的功能和工具，如公式计算、图表创建、数据分析等，以满足用户的不同需求。

二、输入和编辑数据

1. 数据的输入

在 Excel 中使用的数据类型主要包括以下几种。

第一种，文本型数据。文本型数据是指以文本或字符串形式存储的数据，一般由字母、汉字和数字组成。文本型数据主要用于数据表的标签，直观反映数据表的含义。文本型数据不一定只是文字，也可以是数字，比如身份证号码。在单元格中输入身份证号码有两种方式，一种是先输入"'"，然后再输入身份证号码；另一种是先把单元格格式类型设置为文本型，然后再输入身份证号码。

第二种，数值型数据。数值型数据由数字组成，包括整数、分数、百分数等。一般整数、百分数和小数直接输入即可，但分数不能直接输入，否则会变成日期。要输入分数，需要先输入 0，再输入一个空格，最后再输入分数。

第三种，日期和时间型数据。日期型数据是表示日期的数据，如 2024 年 1 月 1 日。日期型数据输入的格式一般为年/月/日、年-月-日、年/月、年-月。时间型数据是表示具体时间的数据，如 15：42。时间型数据输入的格式一般为时：分：秒。

数据既可以在单元格中输入，也可以在编辑栏中输入。一个单元格最多可以容纳 32 767 个字符，但单元格中只显示 1024 个字符。如果需要在单元格内输入多行数据，可以在输入完每行数据后，使用 Alt+Enter 组合键进行换行操作。

在输入数据时，Excel 有以下几个功能可以利用。

(1) 在单元格区域输入相同的数据。

【例 1-4】在单元格区域 A1:E7 中输入 12。

首先选取单元格区域 A1:E7，然后直接输入数据 12，最后同时按下 Ctrl+Shift+Enter 组合键，结果如图 1-2 所示。

(2) 序列数据的输入。

【例 1-5】使用数据填充的方法输入等差序列 3,5,7,9,11,13,15,17,19,21。

对于像等差序列、等比序列、时间序列等序列数据，可以采用填充复制的方法输入。首先在【开始】选项卡的【编辑】功能组中单击【填充】命令，然后在下拉列表中选择【序列】命令，打开【序列】对话框。在打开的对话框中，【类型】选择【等差序列】，【步长值】输入 2，【终止值】输入 21，最后单击【确定】按钮即可，如图 1-3 所示。

图 1-2 操作结果　　　　　　　　　图 1-3 【序列】对话框

(3) 自定义序列的输入。

【例 1-6】输入自定义序列"广州地区""长沙地区""武汉地区""上海地区""北京地区"。

首先在【文件】中打开【Excel 选项】对话框，如图 1-4 所示。在【高级】选项卡中找到并点击【编辑自定义列表】按钮，点击后会弹出【自定义序列】对话框，如图 1-5 所示。

图 1-4 【Excel 选项】对话框

图1-5 【自定义序列】对话框

在【自定义序列】对话框中，输入要建立的自定义序列："广州地区""长沙地区""武汉地区""上海地区""北京地区"。需要注意的是，在输入过程中，各项数据之间既可以用半角字符的逗号隔开，也可以每输完一个数据之后回车换行，再输入下一个数据。输入完成之后，单击【确定】按钮，就建立了所设置的自定义序列。

建立自定义序列之后，只要在工作表中输入"广州地区"，然后选中这个单元格，将鼠标指针对准右下角的填充柄并按住鼠标左键拖动，就会自动实现"广州地区""长沙地区""武汉地区""上海地区""北京地区"的输入。

(4) 数据的验证。

数据的验证是Excel中一项非常重要的功能，它可以帮助用户确保数据的准确性和完整性。在Excel中，可以通过以下步骤来设置数据验证规则。

① 打开Excel并选择需要进行数据验证的单元格或区域。

② 在【数据】选项卡中，点击【数据验证】按钮，弹出【数据验证】对话框，如图1-6所示。

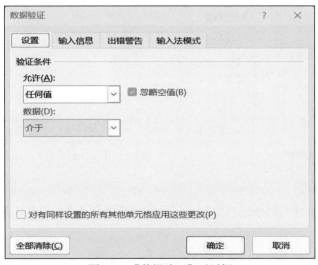

图1-6 【数据验证】对话框

③ 在【设置】选项卡中，选择所需的验证条件，如整数、小数或列表等。
④ 配置验证条件的详细设置，如数值范围、字符长度、列表选项等。
⑤ 设置输入错误时的提示信息，以便用户获得准确的输入指导。

2. 数据的编辑

数据的编辑主要包括数据的修改、移动、复制、删除、查找和替换、添加批注等操作。数据的修改既可以在单元格中直接进行，也可以在编辑栏中进行。数据的移动和复制主要是利用【复制】【剪切】【粘贴】命令进行操作。下面重点讲述数据的删除、复制和粘贴、查找和替换、添加批注等操作。

(1) 数据的删除。

删除单元格中的数据主要有两种方法。一种方法是选取需要删除的单元格，直接按 Delete 键。这种方法只能删除单元格中的内容，不能删除格式。另一种方法是选择需要删除数据的单元格或者单元格区域，在【开始】选项卡的【编辑】功能组中执行【清除】命令，可以选择不同的清除方式，如果选择【全部清除】，则是将格式、批注和内容等全部清除；如果选择【清除格式】，则仅清除格式；如果选择【清除内容】，则仅清除内容；如果选择【清除批注】，则仅清除批注，如图 1-7 所示。

(2) 复制和粘贴。

在 Excel 2019 中，复制与粘贴的基本操作可以通过使用键盘快捷键 Ctrl+C(复制)和 Ctrl+V(粘贴)来完成。但是，Excel 的复制粘贴功能并不仅限于这些基本操作，它还提供了许多高级选项，可以更灵活地处理数据。选择性粘贴功能还提供了其他多种选项，如"粘贴值""粘贴公式""粘贴格式""粘贴批注""粘贴链接""转置"等。

(3) 查找和替换。

利用查找和替换功能，用户可以快速查找所需信息，或者进行替换操作。在【开始】选项卡的【编辑】功能组中选择【查找和选择】命令，在下拉菜单中选择【查找】或【替换】，就会弹出【查找和替换】对话框，如图 1-8 所示。

图 1-7 【清除】下拉菜单

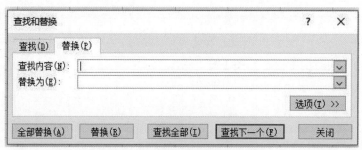

图 1-8 【查找和替换】对话框

(4) 添加批注。

为单元格添加批注有助于用户更好地记忆和理解单元格中的信息，方便用户输入和编辑数据。

首先选择需要添加批注的单元格，然后在【审阅】选项卡中的【批注】功能组中单击【新建批注】命令，或者单击鼠标右键，在快捷菜单中选择【插入批注】命令，最后在批注框中输入相关的内容。批注框默认是隐藏的,如果需要始终显示批注,可以在【审阅】选项卡的【批注】功能组中单击【显示/隐藏批注】命令,也可以单击鼠标右键,在快捷菜单中选择【显示/隐藏批注】命令。

如果需要编辑批注的内容,首先选择要编辑批注的单元格,然后在【审阅】选项卡的【批注】功能组中单击【编辑批注】命令,或者单击鼠标右键,在快捷菜单中选择【编辑批注】命令,即可编辑批注的内容和格式。

三、Excel 工作表的编辑

1. 调整行、列或单元格

(1) 插入行、列或单元格。

插入行、列或单元格的方法主要有两种。一种方法是在【开始】选项卡的【单元格】功能组中单击【插入】命令,可以在下拉菜单中选择【插入工作表行】【插入工作表列】或【插入单元格】等,如图 1-9 所示。

另一种方法是选中某一个单元格,单击鼠标右键,在快捷菜单中选择【插入】命令,打开【插入】对话框,选择【整行】或【整列】按钮。如果需要同时插入多行或多列,则需要同时选中多行或多个单元格,然后在【开始】选项卡的【单元格】功能组中单击【插入】命令,在下拉菜单中选择【插入工作表行】或【插入工作表列】。

(2) 删除行、列或单元格。

删除行、列或单元格的方法主要有两种。一种方法是选择要删除的行、列或单元格,在【开始】选项卡的【单元格】功能组中单击【删除】命令,在下拉菜单中选择相应命令,如图 1-10 所示。

另一种方法是选择要删除的行、列或单元格,单击鼠标右键,在快捷菜单中选择【删除】命令,打开【删除】对话框,再选择相应命令。

(3) 设置行高和列宽。

设置行高和列宽的方法主要有以下几种。

① 设置行高和列宽的精确数值。在【开始】选项卡的【单元格】功能组中单击【格式】命令,在下拉菜单中选择【行高】或【列宽】命令,在弹出的【行高】或【列宽】对话框中输入相应的数值,如图 1-11 所示。

图 1-9 【插入】下拉菜单

图 1-10 【删除】下拉菜单

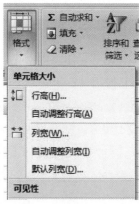

图 1-11 【格式】下拉菜单

② 将鼠标移到行(列)标题的交界处,成双向拖拉箭头状时,按住鼠标左键向右(下)或向左(上)拖拉,即可调整行高(列宽)。

③ 将鼠标移到行(列)标题的交界处,双击鼠标左键,即可快速调整行(列)到最合适的行高(列宽)。

2. 设置工作表格式

(1) 设置单元格格式。

首先,选择需要设置格式的单元格或单元格区域,在【开始】选项卡的【单元格】功能组中,单击【格式】命令,在下拉菜单中选择【设置单元格格式】,或者单击鼠标右键,在快捷菜单中选择【设置单元格格式】命令,打开【设置单元格格式】对话框,如图 1-12 所示。在【设置单元格格式】对话框中,可以选择对数字格式、对齐方式、字体、边框、填充和单元格保护等进行相应的设置。其中【数字】选项卡可以对数据类型进行设置;【对齐】选项卡可以设置数据的对齐方式,还可以设置自动换行、合并单元格、文字方向等;【字体】选项卡可以设置字体、字形、字号、字体颜色等;【边框】选项卡可以设置边框的格式;【填充】选项卡可以设置单元格或单元格区域的背景颜色;【保护】选项卡可以设置单元格或单元格区域的保护。

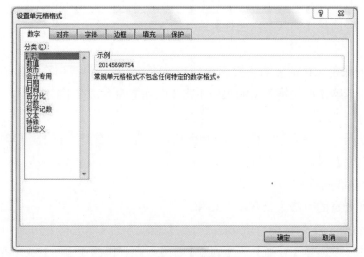

图 1-12 【设置单元格格式】对话框

(2) 自动套用格式。

Excel 2019 提供了多种工作表格式,用户可以使用自动套用格式功能直接建立具有一定格式的工作表。首先选取需要自动套用格式的单元格区域,然后在【开始】选项卡的【样式】功能组中单击【套用表格格式】命令,在下拉菜单中选择所需要的表格样式,如图 1-13 所示。

(3) 使用条件格式。

在 Excel 2019 中,用户可以利用条件格式功能将满足一定条件的单元格区域按照设定的格式显示出来,从而方便查看特别关注的数据。首先选取需要使用条件格式的单元格区域,然后在【开始】选项卡的【样式】功能组中单击【条件格式】命令,在下拉菜单中选择所需要的表格样式,如【突出显示单元格规则】【项目选取规则】【数据条】【色阶】【图标集】等,在每一项格式后面,用户还可以进一步选择相应的命令,如图 1-14 所示。

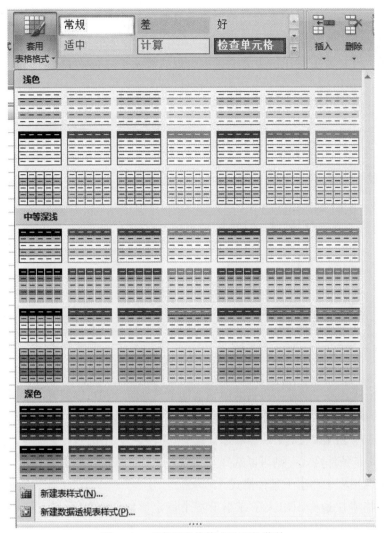

图 1-13 【套用表格格式】下拉菜单

如果需要设置两个或更多的条件格式,则可以在【条件格式】下拉菜单中选择【管理规则】命令,打开【条件格式规则管理器】对话框,如图 1-15 所示。

图 1-14 【条件格式】下拉菜单

图 1-15 【条件格式规则管理器】对话框

在【条件格式规则管理器】对话框中单击【新建规则】，打开【新建格式规则】对话框，如图1-16所示。在【新建格式规则】对话框中选择相应的规则类型，并进行格式设置，设置完成后单击【确定】按钮。重复此过程可以设置多个条件格式。

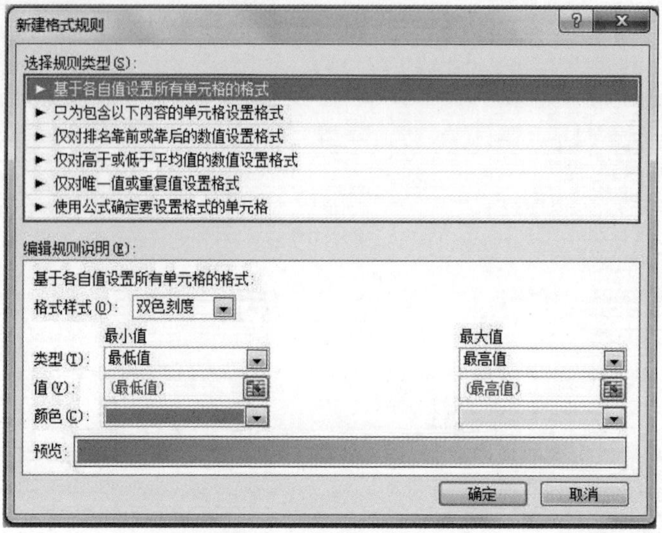

图1-16 【新建格式规则】对话框

设置条件格式之后，如果不再需要所设置的条件格式，则可以将其清除。首先选择已经设置条件格式的单元格区域，在【开始】选项卡的【样式】功能组中单击【条件格式】命令，在下拉菜单中选择【清除规则】，然后选择【清除所选单元格的规则】命令，如果要清除当前工作表中的所有条件格式，则可以选择【清除整个工作表的规则】命令。

【例1-7】巧用大于和小于条件格式。

若想在表格中快速标识出大于或小于某个特定值的所有单元格，则可按如下方法进行操作。

① 打开需要设置样式的工作表，选中单元格区域，如图1-17所示。

	A	B	C	D	E
1			员工销售情况日登记表		
2	姓名	服装系列（套）	医药系列（套）	饮食系列（套）	电子商务系列（套）
3				2024年4月1日星期一	
4	赵红五	65	23	15	66
5	邹演	52	25	12	55
6	王朝发	59	35	26	45
7	赵三军	66	16	21	53
8				2024年4月2日星期二	
9	赵红五	53	22	13	59
10	邹演	65	21	11	52
11	王朝发	46	25	29	41
12	赵三军	58	19	26	36
13				2024年4月3日星期三	
14	赵红五	78	28	18	58
15	邹演	69	21	13	49
16	王朝发	65	26	24	30
17	赵三军	69	32	20	25

图1-17 员工销售情况日登记表

② 单击【开始】选项卡【样式】功能组中的【条件格式】下拉按钮，在下拉菜单中选择【突出显示单元格规则】/【大于】选项，如图1-18所示。

③ 弹出【大于】对话框，在左侧文本框中输入作为特定值的数值，在右侧的下拉列表框中选择单元格样式，如图1-19所示。

图1-18　【突出显示单元格规则】/【大于】选项　　　图1-19　【大于】对话框

④ 单击【确定】按钮，将设置的格式应用到单元格中，效果如图1-20所示。

	A	B	C	D	E
1			员工销售情况日登记表		
2	姓名	服装系列（套）	医药系列（套）	饮食系列（套）	电子商务系列（套）
3				2024年4月1日星期一	
4	赵红五	65	23	15	66
5	邹演	52	25	12	55
6	王朝发	59	35	26	45
7	赵三军	66	16	21	53
8				2024年4月2日星期二	
9	赵红五	53	19	13	59
10	邹演	65	21	11	52
11	王朝发	46	25	29	41
12	赵三军	58	19	26	36
13				2024年4月3日星期三	
14	赵红五	78	28	18	58
15	邹演	69	21	13	49
16	王朝发	65	26	24	30
17	赵三军	69	32	20	25

图1-20　条件格式效果(1)

⑤ 再次单击【条件格式】下拉按钮，在下拉菜单中选择【突出显示单元格规则】/【小于】选项，如图1-21所示。

⑥ 弹出【小于】对话框，在左侧文本框中输入作为特定值的数值，在右侧的下拉列表框中选择单元格样式，如图1-22所示。

⑦ 单击【确定】按钮，将设置的格式应用到单元格中，效果如图1-23所示。

(4) 取消和恢复网格线。

Excel 2019默认工作表是有网格线的，如果需要取消网格线，可以在【视图】选项卡的【显示】功能组中，单击【网格线】左边的复选框以去掉其中的√；如果需要恢复网格线，只需单击【网格线】左边的复选框重新显示√即可。

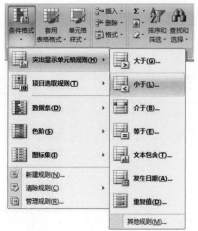 

图 1-21 【突出显示单元格规则】/【小于】选项　　图 1-22 【小于】对话框

图 1-23 条件格式效果(2)

3. 保护单元格和保护工作表

(1) 保护单元格。

保护单元格是指对含有重要数据或公式的单元格或单元格区域进行保护。因为 Excel 工作表中的所有单元格默认是锁定即受到保护的状态，所以首先需要解除锁定。单击工作表左上角的【全选】按钮，单击鼠标右键，在快捷菜单中选择【设置单元格格式】命令，打开【设置单元格格式】对话框，单击打开【保护】选项卡，如图 1-24 所示。

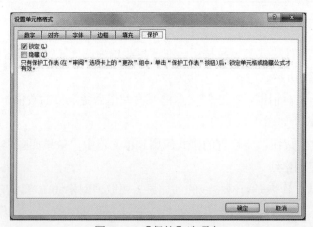

图 1-24 【保护】选项卡

在【保护】选项卡中，取消选中【锁定】复选框(即去掉其中的√)，单击【确定】按钮，这样工作表就被设置为不锁定状态了。然后再选择需要设置保护的单元格区域，打开【设置单元格格式】对话框中的【保护】选项卡，单击【保护】选项卡中的【锁定】复选框，使其显示√，再单击【确定】按钮，这样可以将所选择的单元格区域设置为锁定状态。锁定的单元格区域将受到保护，从而避免对受保护的单元格区域进行移动、修改、删除等操作。

(2) 保护工作表。

对工作表中的单元格设置保护后，为了使其发挥作用，需要进一步保护工作表。单击【审阅】选项卡下【更改】功能组中的【保护工作表】命令，会弹出【保护工作表】对话框，如图 1-25 所示。

在【保护工作表】对话框中的【取消工作表保护时使用的密码】栏中输入密码，并根据需要在【允许此工作表的所有用户进行】列表框中选择相应的项目，单击【确定】按钮，再重新输入密码，需要注意的是两次输入的密码应一致，最后单击【确定】按钮，这样就完成了工作表保护的设置。

如果用户需要撤销对工作表的保护，可以单击【审阅】选项卡下【更改】功能组中的【撤销工作表保护】命令。单击后会弹出【撤销工作表保护】对话框，在其中输入保护工作表时所设置的密码，再单击【确定】按钮，这样就撤销了对工作表的保护。

4．隐藏与显示

在 Excel 中，可以把已经编辑好的行、列或工作表隐藏起来，方便用户进行下一步的数据编辑。

(1) 隐藏与显示行。

隐藏行的操作方法有两种。一种方法是利用菜单命令操作，在【开始】选项卡的【单元格】功能组中单击【格式】命令，然后在下拉菜单中的【可见性】区域下选择【隐藏和取消隐藏】子菜单中的【隐藏行】命令，如图 1-26 所示。另外一种方法是直接利用鼠标拖动，将鼠标指针对准要隐藏行的下边界线，按住鼠标左键向上拖动，直到和上面相邻行的界线重合，即可将行隐藏起来。在打印工作表时，被隐藏的行是不会打印出来的。

图 1-25 【保护工作表】对话框

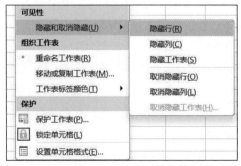
图 1-26 【可见性】相关菜单命令

如果要重新显示隐藏的行，可以通过取消隐藏命令进行操作。在具有隐藏行的数据表中任选一列，或者在数据表的某列中选择能够跨越已经隐藏行的某个单元格区域，然后在【开始】选项卡的【单元格】功能组中单击【格式】命令，在下拉菜单中的【可见性】区域下选择【隐藏和取消隐藏】子菜单中的【取消隐藏行】命令。

(2) 隐藏与显示列。

隐藏列的操作方法有两种。一种方法是利用菜单命令操作，在【开始】选项卡的【单元格】功能组中单击【格式】命令，然后在下拉菜单中的【可见性】区域下选择【隐藏和取消隐藏】子菜单中的【隐藏列】命令。另外一种方法是直接利用鼠标拖动，将鼠标指针对准要隐藏列的右边界线，按住鼠标左键向左拖动，直到和左面相邻列的界线重合，即可将列隐藏起来。在打印工作表时，被隐藏的列是不会打印出来的。

如果要重新显示隐藏的列，可以通过取消隐藏命令进行操作。在具有隐藏列的数据表中任选一列，或者在数据表的某列中选择能够跨越已经隐藏列的某个单元格区域，然后在【开始】选项卡的【单元格】功能组中单击【格式】命令，在下拉菜单中的【可见性】区域下选择【隐藏和取消隐藏】子菜单中的【取消隐藏列】命令。

(3) 隐藏与显示工作表。

隐藏工作表的操作方法有两种。一种方法是利用菜单命令操作，在【开始】选项卡的【单元格】功能组中单击【格式】命令，然后在下拉菜单中的【可见性】区域下选择【隐藏和取消隐藏】子菜单中的【隐藏工作表】命令。另外一种方法是在工作表标签处单击鼠标右键，在快捷菜单中选择【隐藏】命令，即可将工作表隐藏起来。

如果要重新显示隐藏的工作表，可以通过取消隐藏命令进行操作。在具有隐藏工作表的数据表中任选一张工作表，或者在数据表的某工作表中选择能够跨越已经隐藏工作表的某个单元格区域，然后在【开始】选项卡的【单元格】功能组中单击【格式】命令，在下拉菜单中的【可见性】区域下选择【隐藏和取消隐藏】子菜单中的【取消隐藏工作表】命令。

5. 划分窗口

(1) 重排窗口。

用户有时需要同时打开几张工作表，并在几张工作表之间进行数据核对，这时可以利用重排窗口功能将多张工作表同时显示出来。首先，在【视图】选项卡的【窗口】功能组中单击【新建窗口】命令，系统会自动新建一个窗口，然后激活另一张工作表，在【视图】选项卡的【窗口】功能组中单击【全部重排】命令，系统会弹出一个【重排窗口】对话框，如图1-27所示，根据需要选择相应的排列方式。如果不再需要某个窗口，则单击该窗口右上角的【关闭】按钮即可。

(2) 拆分窗口。

如果一张工作表中存有大量数据，用户需要同时查看该工作表中不同区域的数据，则可以利用拆分功能将工作表拆分成几个窗口。首先在需要拆分的工作表中选取某一行、某一列或者某一个单元格，然后在【视图】选项卡的【窗口】功能组中单击【拆分】命令，如图1-28所示。如果选取的是某一行，则工作表会被拆分为上下两个部分；如果选取的是某一列，则工作表会被拆分为左右两个部分；如果选取的是某一个单元格，则工作表会被拆分为四个部分。

图1-27 【重排窗口】对话框

图1-28 【拆分】命令

对于已经拆分窗口的工作表，取消拆分有两种方法：一种是利用菜单命令操作，在【视图】选项卡的【窗口】功能组中再次单击【拆分】命令；另外一种是利用鼠标操作，将鼠标指针对准要取消拆分的水平或垂直拆分条，双击鼠标左键即可取消。

(3) 冻结窗格。

在 Excel 中，如果需要输入大量数据，用户可以利用冻结窗格命令，将工作表中的某行或某列冻结，从而便于用户编辑。选取某个单元格，在【视图】选项卡的【窗口】功能组中单击【冻结窗格】命令，然后根据需要在下拉菜单中选择【冻结拆分窗格】【冻结首行】或【冻结首列】命令，如图 1-29 所示。

图 1-29 【冻结窗格】相关菜单命令

对于已经冻结窗格的工作表，可以在【视图】选项卡的【窗口】功能组中单击【冻结窗格】命令，然后在下拉菜单中选择【取消冻结窗格】命令，即可取消冻结。

四、Excel 文件的打印

Excel 文件在打印之前要进行设置，主要包括页面设置和分页设置等。

1. 页面设置

在【页面布局】选项卡的【页面设置】功能组中单击对话框启动器按钮，可以打开【页面设置】对话框，主要包括【页面】【页边距】【页眉/页脚】【工作表】四个选项卡，可以分别对页面进行设置。另外也可以在【页面布局】选项卡的【页面设置】功能组中分别单击【页边距】【纸张方向】【纸张大小】【打印区域】【打印标题】等命令进行相应设置，如图 1-30 所示。

图 1-30 【页面布局】功能组

(1) 设置页面。

单击【页面设置】对话框的【页面】选项卡，如图 1-31 所示，在【页面】选项卡中，可以对打印方向、缩放比例、纸张大小、打印质量和起始页码进行设置。

(2) 设置页边距。

单击【页面设置】对话框的【页边距】选项卡，如图 1-32 所示，在【页边距】选项卡中，可以对打印页面的上、下、左、右边距，页眉、页脚的边距，以及居中方式进行设置。

图 1-31 【页面设置】对话框的【页面】选项卡

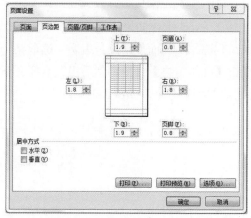

图 1-32 【页面设置】对话框的【页边距】选项卡

(3) 设置页眉和页脚。

单击【页面设置】对话框的【页眉/页脚】选项卡，如图 1-33 所示，在【页眉/页脚】选项卡中，单击【自定义页眉】和【自定义页脚】按钮，可以对打印页面的页眉和页脚进行设置。

(4) 设置工作表。

单击【页面设置】对话框的【工作表】选项卡，如图 1-34 所示，在【工作表】选项卡中，可以对打印区域、打印标题、是否打印网格线、是否打印行号和列标、是否打印批注，以及打印顺序进行设置。

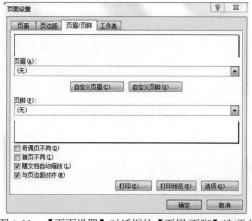

图 1-33 【页面设置】对话框的【页眉/页脚】选项卡

图 1-34 【页面设置】对话框的【工作表】选项卡

2. 分页设置

如果用户需要打印的工作表中内容比较多，可以进行分页设置以达到满意的打印效果。

(1) 插入分页符。

首先选定拟作为新起页的左上角的单元格，然后在【页面布局】选项卡的【页面设置】

功能组中单击【分隔符】命令，再在下拉菜单中选择【插入分页符】命令，如图 1-35 所示。

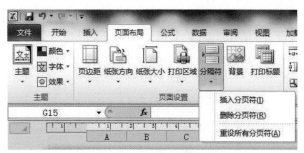

图 1-35 【插入分页符】命令

(2) 分页调整。

插入分页符之后，在普通视图下是看不到分页符的，要调整分页符，需要在分页预览页面下进行操作。在【视图】选项卡的【工作簿视图】功能组中单击【分页预览】命令，就可以在分页预览页面下对分页符进行调整，直接将鼠标指针对准要调整位置的分页符，将其拖动到所需要的位置，即可完成分页调整。

(3) 删除分页符。

对工作表进行分页设置以后，如果不再需要原来已经设置的分页符，可以将其删除。单击工作表左上角的全部选中按钮，选取整张工作表，然后在【页面布局】选项卡的【页面设置】功能组中单击【分隔符】命令，再在下拉菜单中选择【删除分页符】或【重设所有分页符】命令，即可删除所有已设置的分页符。

3. 打印预览

在完成页面设置和分页设置之后，可以通过打印预览功能提前查看打印效果。在【文件】中选择【打印】命令，可以看到打印预览图，如图 1-36 所示。

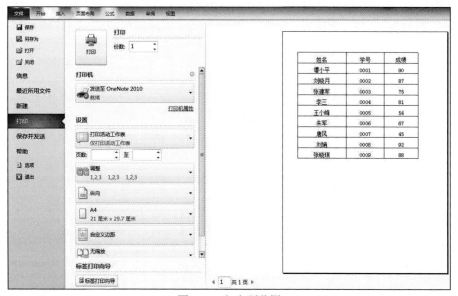

图 1-36 打印预览图

在打印预览取得满意效果之后，单击图 1-36 所示的【打印】命令，即可完成打印输出。

五、Excel 常用函数

1. 函数与公式

Excel 函数是预先定义，执行计算、分析等处理数据任务的特殊公式。以常用的求和函数 SUM 为例，它的语法是 SUM(number1,number2,...)。其中 SUM 称为函数名称，一个函数只有唯一的一个名称，它决定了函数的功能和用途。函数名称后紧跟左括号，接着是用逗号分隔参数的内容，最后用一个右括号表示函数结束。

参数是函数中最复杂的组成部分，它规定了函数的运算对象、顺序或结构等。函数括号中的部分称为参数，如果一个函数可以使用多个参数，那么参数与参数之间使用半角逗号进行分隔。参数可以是常量(如数字和文本)、逻辑值(如 TRUE 或 FALSE)、数组、错误值(如#N/A)或单元格引用(如 E1:H1)，甚至可以是其他函数的嵌套使用。参数的类型和位置必须遵循函数语法的要求，否则将返回错误信息。

在 Excel 中，函数的输入方法有两种。一种方法是通过【插入函数】对话框来输入，如图 1-37 所示。首先选中存放计算结果(即需要应用公式)的单元格，单击编辑栏(或工具栏)中的 f_x 按钮，则表示公式开始的"="出现在单元格和编辑栏，然后在打开的【插入函数】对话框中的【选择函数】列表找到 SUM 函数。另一种方法是在编辑栏中输入函数。首先选中存放计算结果的单元格，然后鼠标单击 Excel 编辑栏，按照函数的组成顺序依次输入各个部分，函数输入完毕后，单击编辑栏中的"输入"(即√)按钮(或回车)即可。

公式是由数字、运算符号及 Excel 的内置函数等组成的数学表达式。函数与公式既有区别又互相联系。如果说前者是 Excel 预先定义好的特殊公式，那么后者就是由用户自行设计对工作表进行计算和处理的公式。在单元格中输入公式的时候要以"="作为开头，然后才是公式的表达式，其内部可以包括函数、引用、运算符和常量。在完成公式的输入并按 Enter 键后，单元格中就会显示公式计算的结果。以公式"=SUM(E1:H1)*A1+26"为例，它以等号"="开始，式中的"SUM(E1:H1)"是函数，"A1"是对单元格 A1 的引用(使用其中存储的数据)，"26"是常量，"*"和"+"是算术运算符(另外还有比较运算符、文本运算符和引用运算符)。

图 1-37 【插入函数】对话框

Excel 2019 中各种运算符的含义及示例如表 1-1 所示。

表 1-1　Excel 2019 中各种运算符的含义及示例

类别	运算符	含义	示例
算术	+(加号)	加	1+2
	−(减号)	减	2−1
	−(负号)	负数	−1
	*(星号)	乘	2*3
	/(斜杠)	除	4/2
	%(百分比)	百分比	10%
	^(乘方)	乘幂	3^2
比较	=(等号)	等于	A1=A2
	>(大于号)	大于	A1>A2
	<(小于号)	小于	A1<A2
	>=(大于等于号)	大于等于	A1>=A2
	<=(小于等于号)	小于等于	A1<=A2
	<>(不等号)	不等于	A1<>A2
文本	&(连字符)	将两个文本连接起来产生连续的文本	"2024 年"&"3 月"(结果为"2024 年 3 月")
引用	:(冒号)	区域运算符，对两个引用之间包括这两个引用在内的所有单元格进行引用	A1:D4(引用 A1 到 D4 范围内的所有单元格)
	,(逗号)	联合运算符，将多个引用合并为一个引用	SUM(A1:D1,A2:C2)将 A1:D2 和 A2:C2 两个区域合并为一个
	(空格)	交集运算符，生成对两个引用中共有的单元格的引用	A1:D1 A1:B4(引用 A1:D1 和 A1:B4 两个区域的交集即 A1:B1)

在公式和函数的输入过程中还需注意单元格的引用。单元格引用是指对单元格或单元格区域的引用，以获取公式中所使用的数值或数据。单元格引用主要分为相对引用、绝对引用和混合引用。

(1) 相对引用。公式中的相对单元格引用是基于包含公式和单元格引用的单元格的相对位置。如果公式所在单元格的位置改变，相对引用也随之改变。如果多行或多列地复制公式，相对引用会自动调整。默认情况下，新公式使用相对引用。例如，在单元格 C1 中输入公式"=A1+B1"，当该公式被复制到单元格 C2 时，公式将自动调整为=A2+B2。

(2) 绝对引用。公式中的绝对单元格引用总是在指定位置引用单元格。如果公式所在单元格的位置改变，绝对引用的单元格始终保持不变。如果多行或多列地复制公式，绝对引用将不作调整。默认情况下，新公式使用相对引用，需要时应将它们转换为绝对引用。绝对引用的单元格在其列号和行号前都要加上$。在单元格 C1 中输入公式"=$A$1+$B$1"，当该公式被复制到单元格 C2 时，公式仍然为=$A$1+$B$1。

(3) 混合引用。混合引用是指同时具有绝对列和相对行，或者绝对行和相对列的引用方式。绝对引用列采用$A1、$B1 等形式；绝对引用行采用 A$1、B$1 等形式。如果公式所在单元格的位置改变，则相对引用改变，而绝对引用不变。如果多行或多列地复制公式，则相对引用自动调整，而绝对引用不作调整。例如，如果将一个混合引用从 A2 复制到 B3，它将从=A$1 调整到=B$1。

在 Excel 中，使用 F4 键可以对单元格的相对引用、绝对引用和混合引用进行切换。比如在某个单元格中输入公式"=SUM(A1:A8)"。选中整个公式，按下 F4 键，该公式调整为=SUM($A$1:$A$8)，这时就切换成了绝对引用。第二次按下 F4 键，公式内容变为=SUM(A$1:A$8)，这时就切换成了对行绝对引用，对列相对引用的混合引用。第三次按下 F4 键，公式则变为=SUM($A1:$A8)，这时就切换成了对行相对引用，对列绝对引用的混合引用。第四次按下 F4 键时，公式变回初始的相对引用=SUM(A1:A8)。

（4）三维引用。三维引用是指在 Excel 中，用于分析同一工作簿中多个工作表上的相同单元格或单元格区域中的数据而使用的引用。三维引用包含单元格或区域引用，并且前面加上工作表名称的范围。在 Excel 中，三维引用用于引用存储在开始名称和结束名称之间的任何工作表中的单元格或区域。例如，公式=SUM(Sheet2:Sheet5!B5)将计算包含在 B5 单元格内所有值的和，单元格取值范围是从【工作表 2】到【工作表 5】。

2．Excel 常用函数介绍

Excel 2019 包含数百种函数，具体可以分成以下几类。

（1）数据库函数：用于分析数据清单中的数值是否符合特定条件。主要包括 DAVERAGE、DCOUNT、DCOUNTA、DGET、DMAX、DMIN 等函数。

（2）日期与时间函数：主要用于在公式中分析和处理日期值和时间值，主要包括 DATE、TODAY、DAY、NETWORKDAYS、MONTH、WEEKDAY 等函数。

（3）工程函数：用于工程数据分析与处理，主要包括 BESSELI、BIN2DEC、COMPLEX、CONVERT、DELTA、ERF 等函数。

（4）信息函数：用于判定单元格或公式中的数据类型，主要包括 CELL、INFO、ISERR、NA、ISODD、ISREF 等函数。

（5）财务函数：用于财务分析和财务数据计算，主要包括 PRICE、RATE、FV、PV、NPV、PMT、IRR 等函数。

（6）逻辑函数：用于逻辑判断或者进行复合检验，主要包括 AND、NOT、OR、TRUE、FALSE、IFERROR 等函数。

（7）统计函数：用于对数据区域进行统计分析，主要包括 AVEDEV、AVERAGE、COUNT、COVARIANCE.P、DEVSQ、MAX 等函数。

（8）查找和引用函数：用于在数据清单中查找特定数据或者查找一个单元格的引用，主要包括 ADDRESS、LOOKUP、INDEX、MATCH、COLUMN、OFFSET 等函数。

（9）文本函数：用于在公式中处理字符串，主要包括 ASC、CLEAN、CODE、FIND、LEFT、LEN、REPT 等函数。

（10）数学和三角函数：用于数学计算，主要包括 ABS、EXP、LN、LOG、POWER、ROUND、SIN 等函数。

以上仅为部分函数的简要介绍，详细的函数参数、用途和操作过程将在本书的后续章节体现。

实训二　Excel 图表的创建与编辑

【知识准备】

Excel 2019 中图表的基本操作知识。

【实训目标与要求】

熟练掌握 Excel 图表的创建与编辑。

【实训指导】

一、认识 Excel 2019 中的图表

Excel 2019 使得图表的创建过程更加直观，结果更加可视化且易于理解。在 Excel 2019 中单击【插入】选项卡，并将鼠标移到【图表】功能区，单击右下角的按钮便可弹出【插入图表】对话框，如图 1-38 所示。

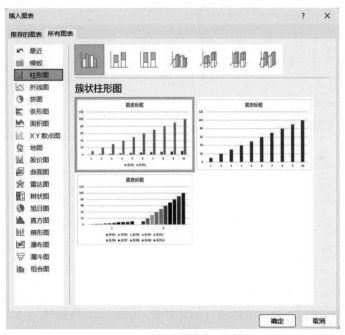

图 1-38　【插入图表】对话框

Excel 2019 中的图表主要包括柱形图、折线图、饼图、条形图、面积图、XY 散点图和其他图表。图表的用途如图 1-39 所示。

二、图表的创建与编辑

【例 1-8】根据数据表格创建图表。

① 按照图 1-40，将数据填入 Excel 表格中。

② 选中数据区域，单击【插入】选项卡，并将鼠标移到【图表】功能区，单击【柱形图】，再选择柱形图样式，这时选中的数据就以柱形图形式显示出来了，如图 1-41 所示。

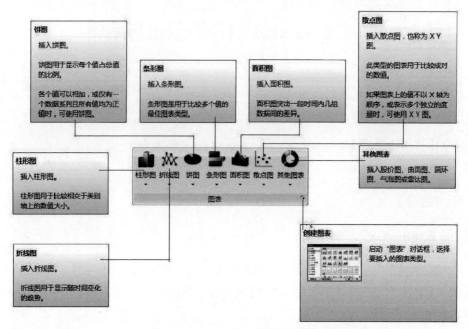

图 1-39　Excel 2019 中图表的用途

2022年1月-2023年3月高新技术产品月度出口值及同比增长率

	2022年1月	2月	3月	4月	5月	6月	7月	8月	9月	10月	11月	12月	2023年1月	2月	3月
出口值（亿美元）	300	290	350	350	340	345	380	390	400	398	450	460	400	450	490
同比增长（%）	18	15	14	25	29	18	22	12	14	10	13	8	5	10	12

图 1-40　数据表格

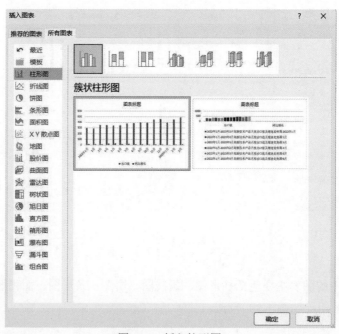

图 1-41　插入柱形图

③ 在柱形图的基础上可以采用鼠标拖动的方式改变柱形图的大小，如图 1-42 所示。

④ 选中柱形图，单击鼠标右键，在弹出的快捷菜单中选择【设置数据系列格式】，如图 1-43 所示。

⑤ 在弹出的对话框中选择【次坐标轴】，然后单击【关闭】按钮，如图 1-44 所示。

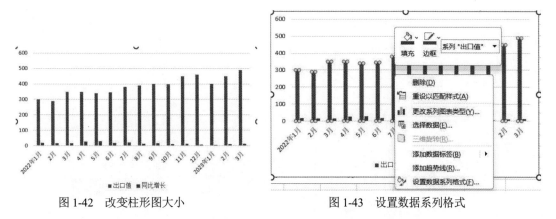

图 1-42　改变柱形图大小　　　　图 1-43　设置数据系列格式

⑥ 选中"同比增长",然后单击鼠标右键,选择【更改系列图表类型】,如图 1-45 所示。

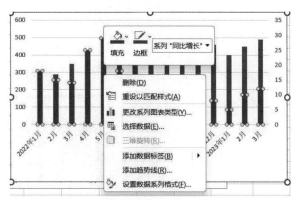

图 1-44　选择【次坐标轴】　　　　图 1-45　更改系列图表类型

⑦ 在弹出的对话框中选择【组合图】,同比增长选择【折线图】,如图 1-46 所示。

⑧ 选择"主纵轴",然后单击鼠标右键,选择【设置坐标轴格式】,会弹出【设置坐标轴格式】对话框,这时就可以修改"主纵轴"的坐标刻度值,如图 1-47 所示。

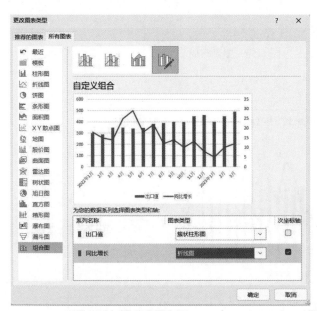

图 1-46　更改成组合图　　　　图 1-47　【设置坐标轴格式】对话框

⑨ 在【添加图表元素】中可以选择添加图表标题、坐标轴标题、数据表等，如图 1-48 和图 1-49 所示。

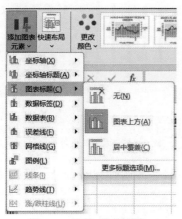

图 1-48　添加图表标题

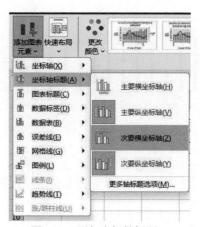

图 1-49　添加坐标轴标题

⑩ 在【快速布局】中可以选择相应的图表布局，如图 1-50 所示。

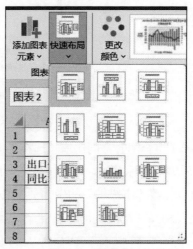

图 1-50　图表布局

最终效果图如图 1-51 所示。

图 1-51　最终效果图

实训三 Excel 数据管理

【知识准备】

数据排序、筛选和分类汇总，以及数据透视表和数据透视图的基本操作。

【实训目标与要求】

熟练掌握数据的排序、筛选和分类汇总等基本技能，并能灵活运用数据透视表和数据透视图进行数据分析和可视化展示。

【实训指导】

一、数据管理

1. 数据的排序

在实际工作中，输入的表格数据往往是无序排列的。为了满足数据管理与分析的需求，可以将表格中的记录按升序或降序进行排列，以便观察和分析表格中的数据。

数据的排序是根据数据表格中的相关字段名，将数据表格中的记录按升序或降序排列。

Excel 的排序功能分升序和降序两种，对于字母，升序是从 A 到 Z 排列；对于数字，升序是按数值从小到大排列。Excel 使用如表 1-2 所示的排序规则。

表 1-2 表格的排序规则

符号	排序规则(升序)
数字	数字从最小的负数到最大的正数进行排序
字母	按字母先后顺序排序，在按字母先后顺序对文本项进行排序时，Excel 从左到右一个字符接一个字符地进行排序
文本以及包含数字的文本	0 1 2 3 4 5 6 7 8 9 (空格) ! " # $ % & ( ) * , . / : ; ? @ [\ ] ^ _ ` { | } ~ + < = > A B C D E F G H I J K L M N O P Q R S T U V W X Y Z
逻辑值	在逻辑值中，FALSE 排在 TRUE 之前
错误值	所有错误值的优先级相同
空格	空格始终排在最后

在 Excel 2019 中，对表格排序既可以按单个条件进行，也可以按多个条件进行。选中数据区域中的任一单元格，单击【数据】选项卡下【排序与筛选】功能组中的【排序】命令，会弹出【排序】对话框，在【排序】对话框中选择主要关键字，再选择排序的依据和次序，如图 1-52 所示。单击【选项】按钮，会弹出【排序选项】对话框，可以选择排序的方向和方法，如图 1-53 所示。

在 Excel 2019 中，也可以利用自定义序列进行排序。单击【文件】选项卡，在弹出的菜单中选择【选项】，会弹出【Excel 选项】对话框，如图 1-54 所示。在【Excel 选项】对话框中，单击打开【高级】选项卡，然后单击【编辑自定义列表】，弹出【自定义序列】对话框，在【输入序列】列表框中输入自定义的序列，比如"财务部、人事部、生产部、销售部、研发部",单击【添加】按钮,新序列就添加到了自定义序列中,最后单击【确定】按钮即可,如图 1-55 所示。

图 1-52 【排序】对话框

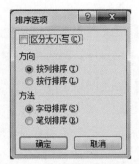

图 1-53 【排序选项】对话框

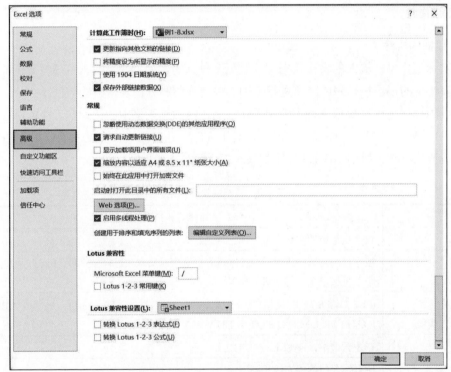

图 1-54 【Excel 选项】对话框

图 1-55 【自定义序列】对话框

【例1-9】对工资考核成绩表进行排序。

① 打开员工考核成绩表，选择单元格区域 B3:E15，如图 1-56 所示。

② 在【数据】选项卡的【排序和筛选】功能组中单击【排序】按钮，如图 1-57 所示。

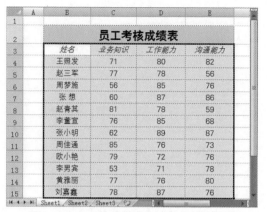

图 1-56 在考核成绩表中选择单元格区域

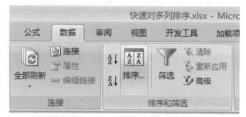

图 1-57 【排序】按钮

③ 弹出【排序】对话框，在【主要关键字】下拉列表框中选择【工作能力】选项，在【次序】下拉列表框中选择【降序】选项，然后单击【添加条件】按钮，添加次要关键字，在【次要关键字】下拉列表框中选择【沟通能力】选项，在【次序】下拉列表框中选择【降序】选项，如图 1-58 所示。

④ 单击【确定】按钮，完成排序，结果如图 1-59 所示。

图 1-58 【排序】对话框

图 1-59 排序结果

2. 数据的筛选

(1) 自动筛选。

自动筛选是最简单的筛选，在一般情况下，使用自动筛选能够满足最基本的筛选要求。

【例1-10】对公司员工工资表进行自动筛选。

① 在工资表数据区域的任意一个单元格上点击以激活数据表，然后单击【数据】选项卡下【排序和筛选】功能组中的【筛选】按钮，如图 1-60 所示。

② 自动筛选数据表后，将在数据表的列标题上出现自动筛选下拉按钮，如图 1-61 所示。

③ 单击标题名称"所在部门"右侧的下拉按钮，在弹出的下拉面板的列表框中选中"办公室"复选框，如图 1-62 所示。

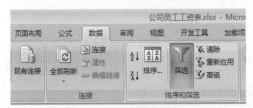

图 1-60　【筛选】按钮

公司员工工资表

日期：2023-4-5

	姓名	所在部	职位	基本工	补助	保险
4	赵红五	投资部	主任	8000	1500	1100
5	邹演	投资部	职员	5000	1000	900
6	王照发	投资部	职员	5000	1000	900
7	赵三军	销售部	主任	7000	1500	1100
8	刘缤琳	销售部	副主任	6000	1500	1100
9	郑武	销售部	职员	5000	1000	900
10	黄卓报	销售部	职员	5000	1000	900
11	刘寒晰	销售部	职员	5000	1000	900
12	张家艳	办公室	主任	6000	1500	1100
13	蒋诗韵	办公室	职员	4000	1000	900
14	王行可	办公室	职员	4000	1000	900

图 1-61　自动筛选下拉按钮

④ 单击【确定】按钮，筛选出办公室员工的工资情况数据表，效果如图 1-63 所示。

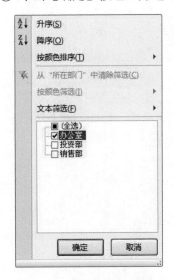

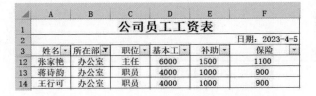

图 1-62　筛选下拉列表框

公司员工工资表

日期：2023-4-5

	姓名	所在部	职位	基本工	补助	保险
12	张家艳	办公室	主任	6000	1500	1100
13	蒋诗韵	办公室	职员	4000	1000	900
14	王行可	办公室	职员	4000	1000	900

图 1-63　办公室员工的工资筛选结果(单位：元)

(2) 自定义筛选。

在自动筛选后，用户还可以自定义筛选的条件，从而筛选出满足要求的数据。

【例 1-11】对公司员工工资表进行自定义筛选。

① 打开公司员工的工资表，选择任意数据单元格，单击【数据】选项卡下【排序和筛选】功能组中的【筛选】按钮进行自动筛选，如图 1-64 所示。

② 单击“基本工资”列右侧的下拉按钮，在弹出的下拉面板中选择【数字筛选】中的【大于】选项，如图 1-65 所示。

项目一　Excel 基础实训

图 1-64　自动筛选

图 1-65　自定义筛选列表

③ 弹出【自定义自动筛选方式】对话框，输入数值 6000，如图 1-66 所示。

④ 单击【确定】按钮，筛选的结果如图 1-67 所示。

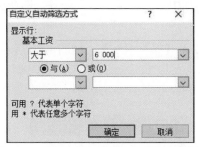

图 1-66　【自定义自动筛选方式】对话框

图 1-67　自定义筛选结果

(3) 高级筛选。

当需要使用多个条件对数据进行筛选时，可以利用高级筛选。

【例 1-12】利用高级筛选将员工档案资料表中性别为女性，学历为专科的数据筛选出来。

① 打开员工档案资料表，如图 1-68 所示，然后在单元格区域 I5:J6 中输入条件，同一行中的条件是"与"条件，即两个条件必须同时满足，如图 1-69 所示。

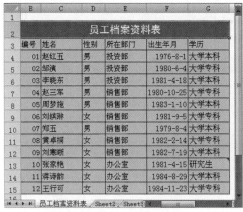

图 1-68　员工档案资料表

图 1-69　建立条件区域

② 在【数据】选项卡的【排序和筛选】功能组中单击【高级】按钮，在弹出的【高级筛选】对话框中分别设置【列表区域】和【条件区域】，如图 1-70 所示。

③ 单击【确定】按钮，进行高级筛选，筛选结果如图 1-71 所示。

图 1-70 【高级筛选】对话框

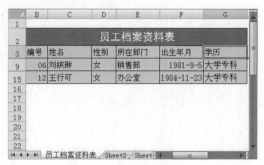
图 1-71 高级筛选结果(1)

【例 1-13】在图 1-68 的基础上，如果在筛选过程中，只需满足多个条件中的任意一个，即可被筛选出来，可按如下方法操作。

① 在员工档案资料表中，重新设置条件区域，不同行中的条件是"或"条件，即两个条件只要满足其一即可，如图 1-72 所示。

② 打开【高级筛选】对话框，分别设置【列表区域】和【条件区域】，如图 1-73 所示。

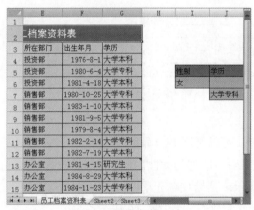
图 1-72 建立条件区域

图 1-73 【高级筛选】对话框

③ 单击【确定】按钮，进行高级筛选，筛选结果如图 1-74 所示。

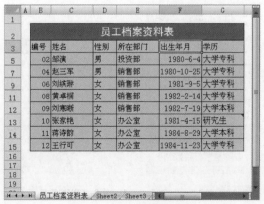
图 1-74 高级筛选结果(2)

3. 分类汇总

(1) 自动分类汇总。

分类汇总就是利用汇总函数对同一类别中的数据进行计算，得到统计结果。使用【分类汇总】功能时，一定要先按分类字段对数据表进行排序。经过分类汇总，可分级显示汇总结果。

【例1-14】对公司员工工资表按照部门进行分类汇总。

① 打开公司员工工资表，选择单元格B3，单击【数据】选项卡下【排序和筛选】功能组中的【升序】按钮，对该列进行排序，然后选择单元格区域A3:F14，如图1-75所示。

② 单击【数据】选项卡下【分级显示】功能组中的【分类汇总】按钮，弹出【分类汇总】对话框，在【分类字段】下拉列表框中选择【所在部门】选项，在【汇总方式】下拉列表框中选择【求和】选项，在【选定汇总项】列表框中选中【基本工资】【补助】和【保险】复选框，如图1-76所示。

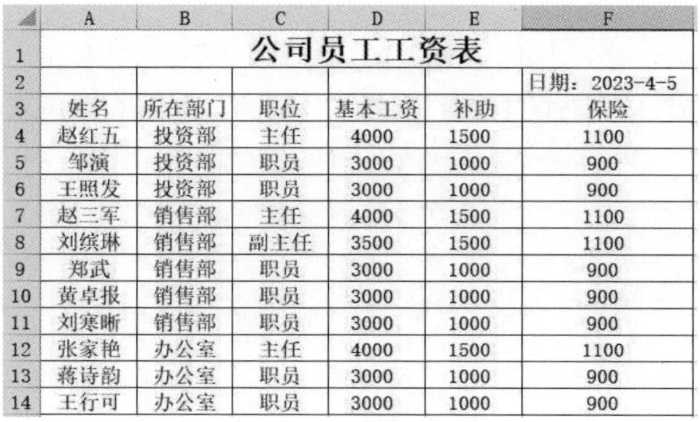

图1-75　在公司员工工资表中选择排序　　图1-76　【分类汇总】对话框

③ 单击【确定】按钮，创建分类汇总，如图1-77所示。

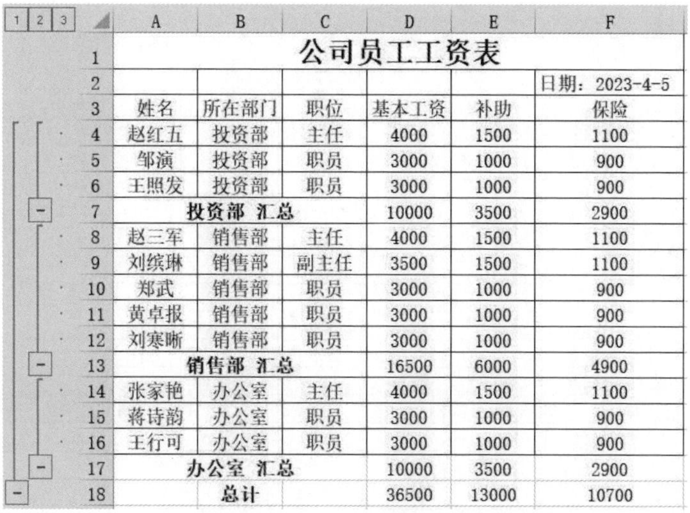

图1-77　分类汇总结果

④ 单击窗口编辑区域左侧的 2 按钮，显示二级汇总数据，如图1-78所示。

⑤ 单击窗口编辑区域左侧的 1 按钮，显示一级汇总数据，如图 1-79 所示。

1 2 3		A	B	C	D	E	F
	1			公司员工工资表			
	2						日期：2023-4-5
	3	姓名	所在部门	职位	基本工资	补助	保险
+	7		投资部 汇总		10000	3500	2900
+	13		销售部 汇总		16500	6000	4900
+	17		办公室 汇总		10000	3500	2900
-	18		总计		36500	13000	10700

图 1-78 【分类汇总】二级汇总数据

1 2 3		A	B	C	D	E	F
	1			公司员工工资表			
	2						日期：2023-4-5
	3	姓名	所在部门	职位	基本工资	补助	保险
+	18		总计		36500	13000	10700

图 1-79 【分类汇总】一级汇总数据

(2) 清除分级显示符号。

如果在分类汇总时，不显示分级显示符号，可单击【数据】选项卡下【分级显示】组中的【取消组合】下拉按钮，在弹出的下拉菜单中选择【清除分级显示】选项，如图 1-80 所示。

图 1-80 【清除分级显示】选项

根据上例，清除分级显示符号的效果如图 1-81 所示。

	A	B	C	D	E	F
1			公司员工工资表			
2						日期：2023-4-5
3	姓名	所在部门	职位	基本工资	补助	保险
4	赵红五	投资部	主任	4000	1500	1100
5	邹演	投资部	职员	3000	1000	900
6	王照发	投资部	职员	3000	1000	900
7		投资部 汇总		10000	3500	2900
8	赵三军	销售部	主任	4000	1500	1100
9	刘缤琳	销售部	副主任	3500	1500	1100
10	郑武	销售部	职员	3000	1000	900
11	黄卓报	销售部	职员	3000	1000	900
12	刘寒晰	销售部	职员	3000	1000	900
13		销售部 汇总		16500	6000	4900
14	张家艳	办公室	主任	4000	1500	1100
15	蒋诗韵	办公室	职员	3000	1000	900
16	王行可	办公室	职员	3000	1000	900
17		办公室 汇总		10000	3500	2900
18		总计		36500	13000	10700

图 1-81 【清除分级显示】效果

(3) 打印分类汇总数据。

在 Excel 中，如果用户要分类打印出各种汇总数据，可通过【分类汇总】对话框轻松实现。

【例 1-15】打印客户订单明细表中不同客户的订单信息。

① 打开客户订单明细表，如图 1-82 所示。

② 选择单元格 B3，然后单击【数据】选项卡下【排序和筛选】功能组中的【升序】按钮，将“客户名称”列按升序排列，效果如图 1-83 所示。

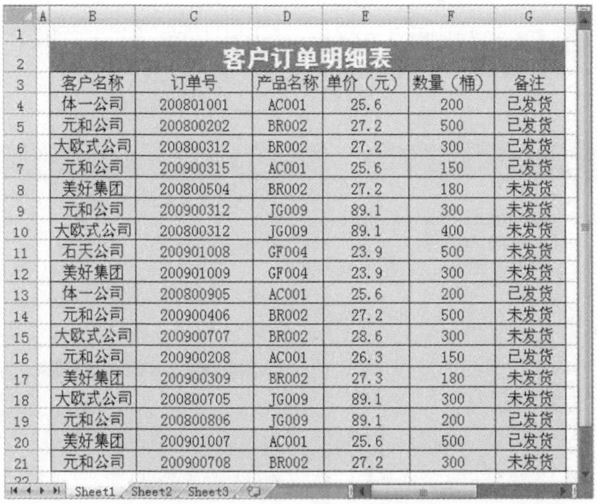

客户订单明细表

客户名称	订单号	产品名称	单价（元）	数量（桶）	备注
体一公司	200801001	AC001	25.6	200	已发货
元和公司	200800202	BR002	27.2	500	已发货
大欧式公司	200800312	BR002	27.2	300	已发货
元和公司	200900315	AC001	25.6	150	已发货
美好集团	200800504	BR002	27.2	180	未发货
元和公司	200900312	JG009	89.1	300	未发货
大欧式公司	200800312	JG009	89.1	400	未发货
石天公司	200901008	GF004	23.9	500	未发货
美好集团	200901009	GF004	23.9	300	未发货
体一公司	200800905	AC001	25.6	200	已发货
元和公司	200900406	BR002	27.2	500	未发货
大欧式公司	200900707	BR002	28.6	300	未发货
元和公司	200900208	AC001	26.3	150	已发货
美好集团	200900309	BR002	27.3	180	未发货
大欧式公司	200800705	JG009	89.1	300	未发货
元和公司	200800806	JG009	89.1	200	已发货
美好集团	200901007	AC001	25.6	500	已发货
元和公司	200900708	BR002	27.2	300	未发货

图 1-82　客户订单明细表

客户订单明细表

客户名称	订单号	产品名称	单价（元）	数量（桶）	备注
大欧式公司	200800312	BR002	27.2	300	已发货
大欧式公司	200800312	JG009	89.1	400	未发货
大欧式公司	200900707	BR002	28.6	300	未发货
大欧式公司	200800705	JG009	89.1	300	未发货
大欧式公司	200901009	BR002	27.3	150	已发货
美好集团	200800504	BR002	27.2	180	未发货
美好集团	200901009	GF004	23.9	300	未发货
美好集团	200900309	BR002	27.3	180	未发货
美好集团	200901007	AC001	25.6	500	已发货
石天公司	200901008	GF004	23.9	500	未发货
石天公司	200901002	AC001	25.6	180	未发货
体一公司	200801001	AC001	25.6	200	已发货
体一公司	200800905	AC001	25.6	200	已发货
元和公司	200800202	BR002	27.2	500	已发货
元和公司	200900315	AC001	25.6	150	已发货
元和公司	200900312	JG009	89.1	300	未发货
元和公司	200900406	BR002	27.2	500	未发货
元和公司	200900208	AC001	26.3	150	已发货
元和公司	200800806	JG009	89.1	200	已发货
元和公司	200900708	BR002	27.2	300	未发货

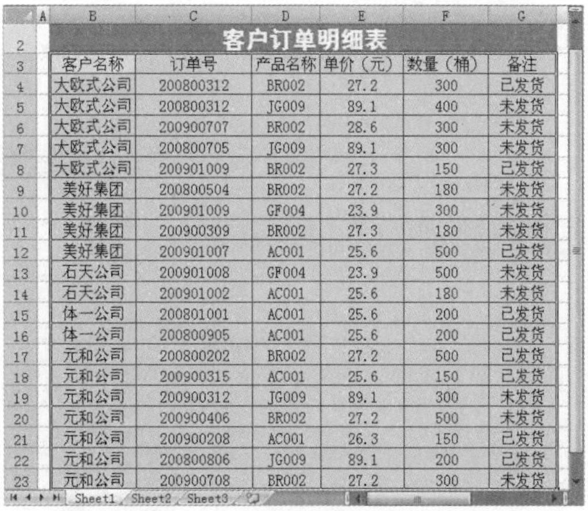

图 1-83　客户订单明细排序后的效果

③ 单击【数据】选项卡下【分级显示】功能组中的【分类汇总】按钮，弹出【分类汇总】对话框，从中设置【分类字段】为【客户名称】，【汇总方式】为【计数】，在【选定汇总项】列表框中选中【订单号】和【备注】复选框，并选中【每组数据分页】复选框，如图 1-84 所示。

④ 单击【确定】按钮，将创建分类汇总并自动分页，切换到分页视图可查看分页效果，如图 1-85 所示。这样，在进行打印时，将分页打印不同客户名称的订单信息。

图 1-84　【分类汇总】对话框

客户名称	订单号	产品名称	单价（元）	数量（桶）	备注
大欧式公司	200800312	BR002	27.2	300	已发货
大欧式公司	200800312	JG009	89.1	400	未发货
大欧式公司	200900707	BR002	28.6	300	未发货
大欧式公司	200800705	JG009	89.1	300	未发货
大欧式公司	200901009	BR002	27.3	150	已发货
大欧式公司 计数	5				5
美好集团	200800504	BR002	27.2	180	未发货
美好集团	200901009	GF004	23.9	300	未发货
美好集团	200900309	BR002	27.3	180	未发货
美好集团	200901007	AC001	25.6	500	已发货
美好集团 计数	4				4
石天公司	200901008	GF004	23.9	500	未发货
石天公司	200901002	AC001	25.6	180	未发货
石天公司 计数	2				2
体一公司	200801001	AC001	25.6	200	已发货
体一公司	200800905	AC001	25.6	200	已发货
体一公司 计数	2				2
元和公司	200800202	BR002	27.2	500	已发货
元和公司	200900315	AC001	25.6	150	已发货
元和公司	200900312	JG009	89.1	300	未发货
元和公司	200900406	BR002	27.2	500	未发货
元和公司	200900208	AC001	26.3	150	已发货
元和公司	200800806	JG009	89.1	200	已发货
元和公司	200900708	BR002	27.2	300	未发货
元和公司 计数	7				7

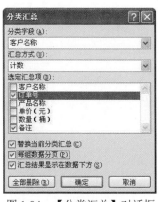

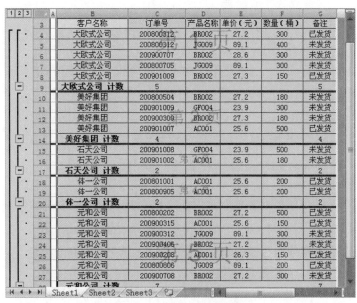

图 1-85　【分类汇总】效果

(4) 分类汇总数据的复制。

① 按 F5 键,弹出【定位】对话框,从中单击【定位条件】按钮,如图 1-86 所示。

② 在弹出的【定位条件】对话框选中【可见单元格】单选按钮,如图 1-87 所示。

③ 单击【确定】按钮,关闭【定位条件】对话框,选定单元格,按 Ctrl+C 组合键,然后切换到 Sheet2 工作表中,按 Ctrl+V 组合键,粘贴分级显示数据即可。

(5) 删除汇总数据。

选择任意汇总单元格,然后单击【数据】选项卡下【分级显示】功能组中的【分类汇总】按钮,在弹出的【分类汇总】对话框中单击【全部删除】按钮,如图 1-88 所示,即可删除分类汇总。

图 1-86　【定位】对话框

图 1-87　【定位条件】对话框

图 1-88　删除分类汇总

二、数据透视表和数据透视图

利用数据透视表可以快速汇总大量数据并进行交互,还可以深入分析数值数据,并回答一些预计不到的数据问题。使用 Excel 数据透视图可以将数据透视表中的数据可视化,以便于查看、比较和预测趋势,帮助用户做出关键数据的决策。

1. 建立数据透视表

【例 1-16】根据年销售统计表建立数据透视表。

① 打开工作表,选中数据区域中任意单元格,单击【插入】选项卡下【表格】组中【数据透视表】按钮下方的下拉按钮,在弹出的下拉菜单中选择【数据透视表】,如图 1-89 所示。

② 在弹出的【创建数据透视表】对话框中单击【表/区域】文本框右侧的折叠按钮,选择数据区域,如图 1-90 所示。

③ 再次单击折叠按钮,展开对话框,其他选项保持默认,如图 1-91 所示。在【创建数据透视表】对话框的【选择放置数据透视表的位置】选项区中选中【新工作表】单选按钮,则会在创建数据透视表的同时创建新工作表;若选中【现有工作表】单选按钮,则可在所选位置创建数据透视表。

图 1-89　选择【数据透视表】

图 1-90 选择数据区域

图 1-91 【创建数据透视表】对话框

④ 单击【确定】按钮，在新工作表中创建数据透视表，此时，新工作表中将显示【数据透视表字段列表】任务窗格，如图 1-92 所示。

⑤ 在【数据透视表字段列表】任务窗格的【选择要添加到报表的字段】选项区中选中要在数据透视表中显示的字段，最终效果如图 1-93 所示。

图 1-92 【数据透视表字段列表】任务窗格

图 1-93 本例数据透视表最终效果

用户可根据不同的需求，创建不同的数据透视表，具体操作步骤如下。

(1) 在表格中选择任意单元格，单击【插入】选项卡下【表格】组中【数据透视表】按钮下方的下拉按钮，在弹出的下拉菜单中选择【数据透视表】选项，弹出【创建数据透视表】对话框。

(2) 保持默认设置，单击【确定】按钮，新建工作表，并显示数据透视表选项，如图 1-94 所示。

图 1-94 数据透视表选项

(3) 根据用户需要，在【选择要添加到报表的字段】列表中选中需要显示的字段，此时的数据透视表字段如图 1-95 所示。

图 1-95　选择数据透视表字段

(4) 使用鼠标将【数据透视表字段列表】任务窗格的【行标签】选项区中的【产品名称】选项拖动到【列标签】选项区中,如图 1-96 所示。

图 1-96　选择行标签和列标签

(5) 在【选择要添加到报表的字段】列表中选中其他需要显示的字段,得到不同的数据透视表。

2. 数据透视表布局

用户可以根据需要,调整数据透视表的布局,具体操作步骤如下。

(1) 在表格中选择任意单元格,单击【设计】选项卡下【布局】组中【报表布局】下拉按钮,在弹出的下拉菜单中选择【以大纲形式显示】选项,如图 1-97 所示。改变布局后的数据透视效果如图 1-98 所示。

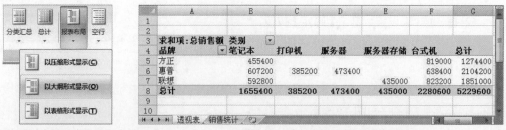

图 1-97　【以大纲形式显示】选项　　　　图 1-98　以大纲形式显示的数据透视

(2) 若在【报表布局】下拉菜单中选择【以表格形式显示】选项，则效果如图 1-99 所示。

图 1-99　以表格形式显示的数据透视表

3. 更改数据透视表汇总方式

默认情况下，数据透视表的汇总方式为求和，用户可根据需要自定义某一项数据的汇总方式，操作方法如下。

(1) 单击【数据透视表字段列表】任务窗格的【数值】选项区中【求和项：总销售额】选项右侧的下拉按钮，在弹出的快捷菜单中选择【值字段设置】选项，如图 1-100 所示。

(2) 弹出【值字段设置】对话框，在【选择用于汇总所选字段数据的计算类型】列表框中选择【最大值】选项，如图 1-101 所示。

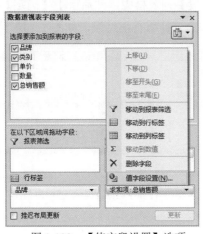

图 1-100　【值字段设置】选项

图 1-101　【值字段设置】对话框

(3) 单击【确定】按钮，将数据透视表的计算方式更改为"求最大值"，此时的数据透视表最终效果如图 1-102 所示。

图 1-102　更改汇总方式后的数据透视表最终效果

4. 添加计算字段到数据透视表

在实际工作中，经常需要按照不同的方法对数据透视表的数据进行汇总，在数据透视表中添加计算字段，可以完善数据的汇总，具体操作步骤如下。

(1) 在数据透视表中选择任意单元格，单击【选项】选项卡下【计算】组中的【域、项目和集】下拉按钮，在弹出的下拉菜单中选择【计算字段】选项，如图1-103所示。

图1-103　【计算字段】选项

(2) 弹出【插入计算字段】对话框，在【名称】下拉列表框中输入"净收益"，在"公式"文本框中输入公式"=销售额*(1-0.35)-15000"，如图1-104所示。

(3) 单击【添加】按钮，将新字段添加到【字段】列表框中，然后单击【确定】按钮，此时的数据透视表中会显示"净收益"字段，并按公式计算得出结果，如图1-105所示。

图1-104　【插入计算字段】对话框

图1-105　添加计算字段后的数据透视表最终效果

5. 添加计算项到数据透视表

用户可以通过向数据透视表中添加计算项来满足各种汇总要求。具体的添加方法如下。

(1) 在数据透视表中选择列标签行中任意单元格，单击【选项】选项卡下【计算】组中的【域、项目和集】下拉按钮，在弹出的下拉菜单中选择【计算字段】选项，如图1-106所示。

图1-106　【计算字段】选项

(2) 弹出【在"网点"中插入计算字段】对话框，在【名称】下拉列表框中输入名称"季度净利润"，在【公式】文本框中输入公式"=(北京总店+河北分店+湖北分店+江苏分店)*0.32-15000"，如图 1-107 所示。

(3) 单击【添加】按钮，再单击【确定】按钮，添加计算项后的数据透视表如图 1-108 所示。

图 1-107　【在"网点"中插入计算字段】对话框　　　图 1-108　添加计算项后的数据透视表

(4) 选中数据透视表任意单元格，单击鼠标右键，在弹出的快捷菜单中选择【数据透视表选项】选项，弹出【数据透视表选项】对话框，如图 1-109 所示。

(5) 在【数据透视表选项】对话框中，单击【汇总和筛选】选项卡，取消选择【总计】选项区中的【显示行总计】复选框，如图 1-110 所示。

 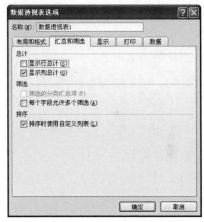

图 1-109　【数据透视表选项】对话框　　　　　图 1-110　【汇总和筛选】选项卡

(6) 单击【确定】按钮，此时的数据透视表效果如图 1-111 所示。

图 1-111　数据透视表效果图

6. 组合数据透视表内的项

使用数据透视表进行数据汇总，有时得到的汇总数据很多，分析起来有一定难度，用户可通过将数据透视表的部分项组合来解决这个问题。具体操作步骤如下。

(1) 打开需要组合项的数据透视表，选择行标签中任意一个单元格，单击【选项】选项卡下【分组】组中的【将所选内容分组】按钮，如图1-112所示。

图1-112 【将所选内容分组】按钮

(2) 弹出【分组】对话框，在【步长】选项区中同时选中【季度】和【年】选项，如图1-113所示。

(3) 单击【确定】按钮，将【时间】列中的数据进行分组，效果如图1-114所示。

7. 更新数据透视表

创建好数据透视表后，如果源工作表中的数据发生变化，则需要更新数据透视表。在数据透视表中选择任意单元格，单击【选项】选项卡下【数据】组中的【刷新】按钮下方的下拉按钮，在弹出的下拉菜单中选择【全部刷新】选项即可。

8. 数据透视图

【例1-17】根据"客户订单明细表"建立数据透视图。

① 打开要创建数据透视图的工作表，选中任意单元格，单击【插入】选项卡下【表格】组中【数据透视表】按钮下方的下拉按钮，在弹出的下拉菜单中选择【数据透视图】选项，如图1-115所示。

图1-113 【分组】对话框　　图1-114 组合部分项后的数据透视表效果图　　图1-115 【数据透视图】选项

② 弹出【创建数据透视表及数据透视图】对话框，单击【表/区域】文本框右侧的折叠按钮，选择数据区域，如图 1-116 所示。

客户名称	订单号	产品名称	单价（元）	数量（桶）	总金额（元）	备注
体一总公司	20090001	AC001	25.6	200	5120	已发货
元和公司	20090002	BR002	27.2	500	13600	已发货
体一上海分公司	20090003	BR002	27.2	350	9520	未发货
大欧式公司	20090004	BR002	27.2	300	8160	已发货
元和公司	20090005	AC001	25.6	150	3840	已发货
美好集团	20090006	BR002	27.2	180	4896	未发货
大欧式杭州分公司	20090007	BR002	27.2	205	5576	未发货
大欧式广州分公司	20090008	BR002	27.2	269	7316.8	已发货
元和公司	20090009	JG009	89.1	300	26730	已发货
大欧式公司	20090010	JG009	89.1	400	35640	未发货
石天承运公司	20090011	JG009	89.1	350	31185	未发货
石天公司	20090012	GF004	23.9	500	11950	未发货
美好集团	20090013	GF004	23.9	300	7170	未发货

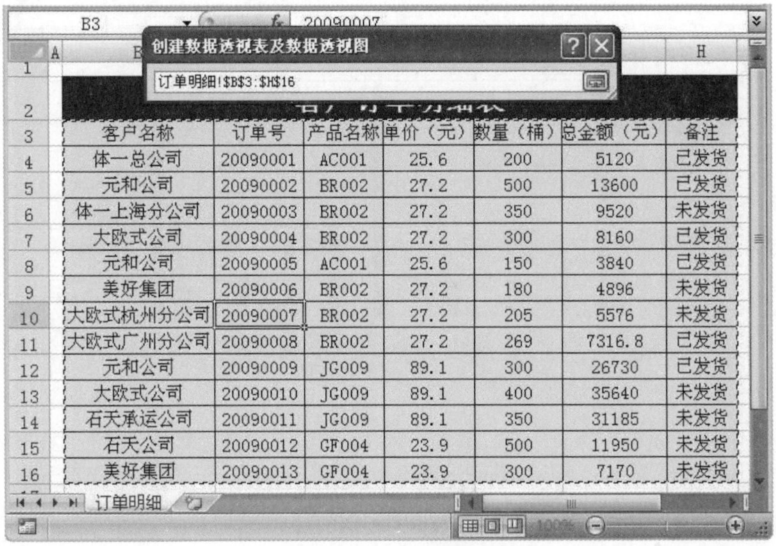

图 1-116　选择数据区域

③ 再次单击折叠按钮，展开对话框，其他选项保持默认，如图 1-117 所示。

④ 单击【确定】按钮，在新工作表中创建数据透视表和数据透视图，此时，新工作表中将显示【数据透视图筛选窗格】和【数据透视表字段列表】任务窗格，如图 1-118 所示。

⑤ 在【数据透视表字段列表】任务窗格的【选择要添加到报表的字段】选项区中选中要在数据透视表中显示的字段，创建数据透视表和透视图，如图 1-119 所示。

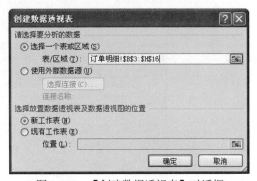

图 1-117　【创建数据透视表】对话框

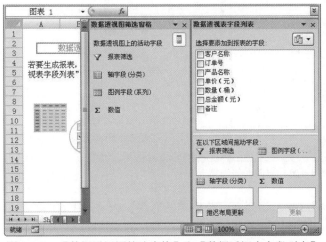

图 1-118　【数据透视图筛选窗格】和【数据透视表字段列表】

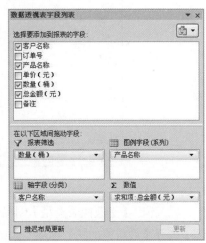

图 1-119　【数据透视表字段列表】

⑥ 数据透视图的最终效果如图1-120所示。

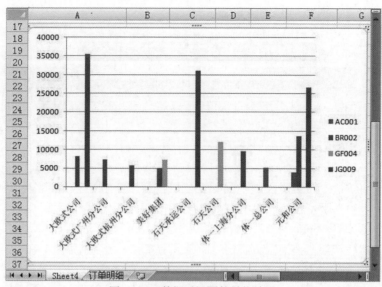

图1-120　数据透视图的最终效果

⑦ 选择数据透视图，在其上单击鼠标右键，在弹出的快捷菜单中选择【更改图表类型】选项，如图1-121所示。

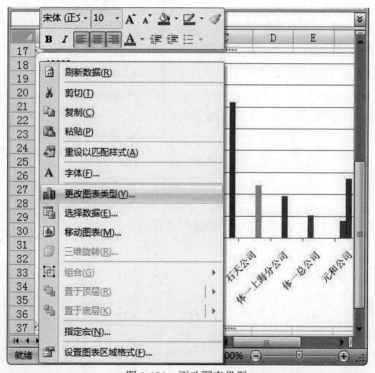

图1-121　更改图表类型

⑧ 弹出【更改图表类型】对话框，在左侧列表中选择【条形图】选项，在右侧的选项区中选择【簇状条形图】选项，如图1-122所示。

⑨ 单击【确定】按钮，更改数据透视图类型后的效果如图1-123所示。

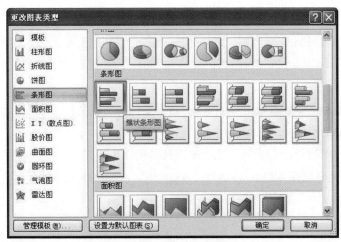

图 1-122 选择图表类型

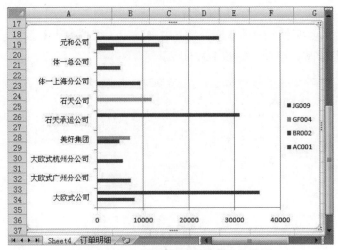

图 1-123 更改数据透视图类型后的效果

实训四 Excel 数据分析工具

【实训准备】

单变量求解、模拟运算表和规划求解的基本操作。

【实训目标与要求】

熟练掌握单变量求解、模拟运算表和规划求解的应用技巧。

【实训指导】

一、数据分析工具

Excel 2019 提供了很多实用的数据分析工具，主要包括财务分析工具、统计分析工具、规划求解和方案管理器等。利用这些分析工具，可以有效解决财务管理中的很多问题。下面主要介绍单变量求解和模拟运算表。

1. 单变量求解

"单变量求解"是指在只有一个未知变量的方程中寻找该变量的值。如果我们知道某个方程的预期结果，但不知道导致这个结果的具体输入值，就可以利用"单变量求解"功能来确定这个未知的输入值。

【例 1-18】某人现在存入银行一笔钱，年利率为 8%，在复利的计息方式下，10 年后达到 3000 元，计算现在应该存入多少钱。

这个问题可以通过单变量求解方法计算，具体操作步骤如下。

① 在 C2 单元格内输入公式"=A2*(1+B2)^10"，如图 1-124 所示。

图 1-124 输入公式

② 在【数据】选项卡下的【数据工具】组中单击【模拟分析】按钮，在弹出的下拉菜单中选择【单变量求解】选项，如图 1-125 所示。

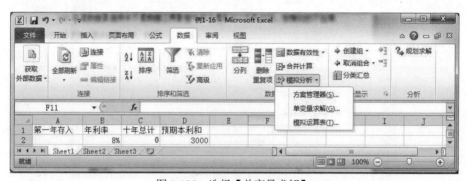

图 1-125 选择【单变量求解】

③ 弹出【单变量求解】对话框，在【目标单元格】文本框中输入$C$2，在【目标值】文本框中输入 3000，在【可变单元格】文本框中输入$A$2，再单击【确定】按钮即可得出答案，如图 1-126 所示。

图 1-126 【单变量求解】对话框及计算结果

2. 模拟运算表

模拟运算表是一个单元格区域，它可以显示一个或多个公式中替换不同值时的结果。它分为两种类型：单变量模拟运算表和双变量模拟运算表。在单变量模拟运算表中，用户可以对一个变量输入不同的值从而查看它对一个或多个公式的影响。而在双变量模拟运算表中，用户可以对两个变量分别输入不同的值，以查看这些变化对一个公式的影响。

(1) 单变量模拟运算表。

单变量模拟运算表用于测试一个输入变量的不同变化值对公式运算结果的影响。例如，通过使用数据表单变量求解功能，用户可以轻松地计算不同利率对购房贷款还款数值的影响。

【例1-19】假设贷款20万元，贷款年限10年，利用单变量模拟运算表计算年利率分别为4.86%、4.96%、7.02%、7.46%时的月还款额。

① 在工作表中输入数据内容，并在单元格E3中输入计算还款额的公式"=PMT(D3/12, C3*12,-B3)"，求得的结果如图1-127所示。

② 在单元格区域B5:B9和单元格C5中输入数据，如图1-128所示。

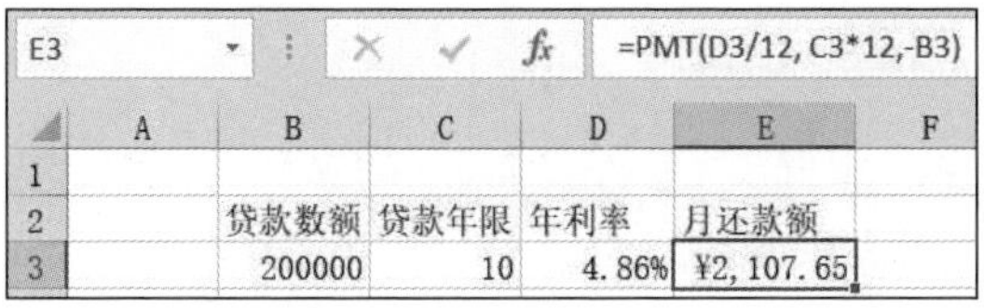

图1-127　输入数据和公式　　　　图1-128　输入数据

③ 在单元格C6中输入公式"=PMT(B6/12,C3*12,-B3)"，如图1-129所示。

图1-129　输入公式

④ 选择单元格区域B6:C9，单击【数据】选项卡下【数据工具】功能组中的【模拟分析】下拉按钮，在弹出的下拉菜单中选择【模拟运算表】选项，如图1-130所示。

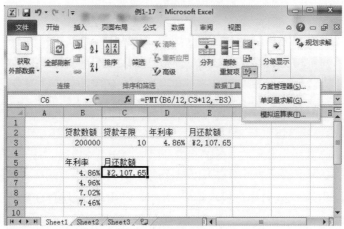

图 1-130　选择【模拟运算表】

⑤ 弹出【模拟运算表】对话框，选择引用列的单元格，在【输入引用列的单元格】中输入$D$3，如图 1-131 所示。

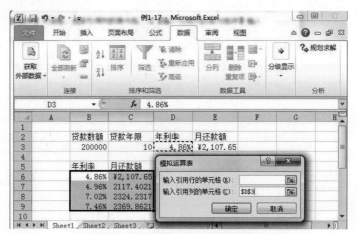

图 1-131　【模拟运算表】对话框

⑥ 单击【确定】按钮，得到最后的计算结果，如图 1-132 所示。

	A	B	C	D	E
1					
2		贷款数额	贷款年限	年利率	月还款额
3		200000	10	4.86%	¥2,107.65
4					
5		年利率	月还款额		
6		4.86%	¥2,107.65		
7		4.96%	2117.4021		
8		7.02%	2324.2317		
9		7.46%	2369.8621		

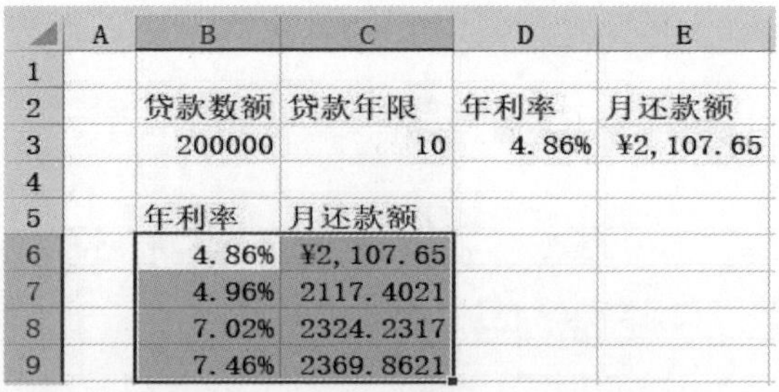

图 1-132　例 1-19 最终计算结果

(2) 双变量模拟运算表。

双变量模拟运算表用于测试两个输入变量的不同变化值对公式运算结果的影响。例如，通过使用数据表双变量求解功能，用户可以轻松地计算在利率和贷款均不相同的情况下，每月还款额的变化情况。

【例1-20】假设贷款年限为10年，利用双变量模拟运算表计算年利率分别为4.86%、4.96%、7.02%、7.46%，贷款额分别为15万元、20万元、25万元、30万元时的月还款额。

① 在工作表中输入数据内容，在B5单元格中输入公式"=PMT(D3/12,C3*12,-B3)"，如图1-133所示。

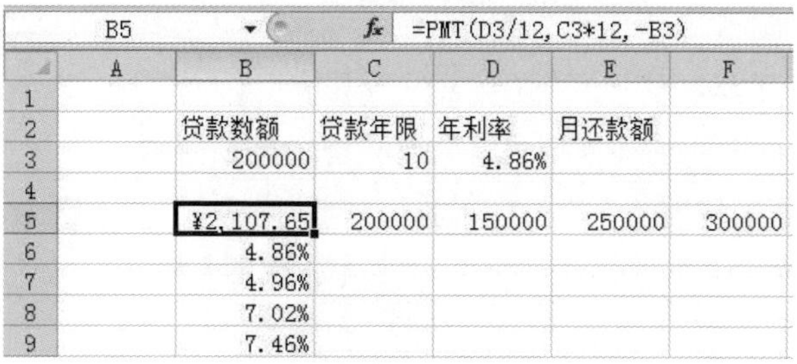

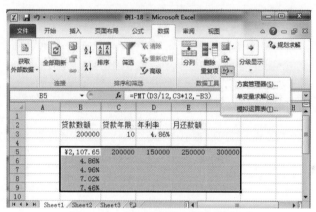

图1-133　输入数据内容

② 选择单元格区域B5:F9，单击【数据】选项卡下【数据工具】功能组中的【模拟分析】下拉按钮，在弹出的下拉菜单中选择【模拟运算表】选项，如图1-134所示。

图1-134　选择【模拟运算表】选项

③ 弹出【模拟运算表】对话框，在工作表中选择引用行和引用列的单元格，在【输入引用行的单元格】中输入$B$3，在【输入引用列的单元格】中输入$D$3，如图1-135所示。

④ 单击【确定】按钮，得到最后的计算结果，如图1-136所示。

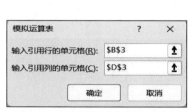

图1-135　【模拟运算表】对话框

图1-136　例1-20最终计算结果

二、规划求解

1. 建立规划求解模型

在财务管理中，会遇到各种规划问题，例如人力资源的调度、产品生产的安排、运输线路的规划、生产材料的搭配、采购批次的确定、投资方案的决策等。

建立规划求解模型的基本步骤如下。

(1) 明确问题,确定决策变量。根据问题所要达到的目标,确定决策变量。

(2) 确定目标函数。由决策变量和所要达到目标之间的函数关系确定目标函数。

(3) 确定约束条件。由决策变量所受的限制条件确定决策变量中所要满足的约束条件。

2. 使用规划求解工具

在 Excel 2019 中可以使用【规划求解】工具解决规划问题。

(1) 加载规划求解加载项。

① 在【文件】选项卡中单击【选项】,在【加载项】中选择【规划求解加载项】,如图 1-137 所示。

图 1-137 【Excel 选项】对话框

② 单击【转到】,弹出【加载宏】对话框,选择【规划求解加载项】,再单击【确定】按钮,如图 1-138 所示。

③ 加载后,可以在【数据】/【分析】/【规划求解】中找到【规划求解】工具。

(2) 使用【规划求解】工具。

① 建立问题的数学模型。

② 建立 Excel 工作表规划模型。

③ 设置"规划求解参数"。

④ 设置可变单元格:确定决策变量。

图 1-138 【加载宏】对话框

⑤ 设置目标单元格：建立目标函数。

⑥ 设置约束条件：约束条件可以用线性等式或不等式表示，还有非负约束(≥)和整数约束(int)。

⑦ 进行求解。

【例 1-21】隆鑫公司在某月生产甲、乙两种产品，有关资料如图 1-139 所示。企业应如何安排两种产品的产销组合，使企业获得最大销售利润？

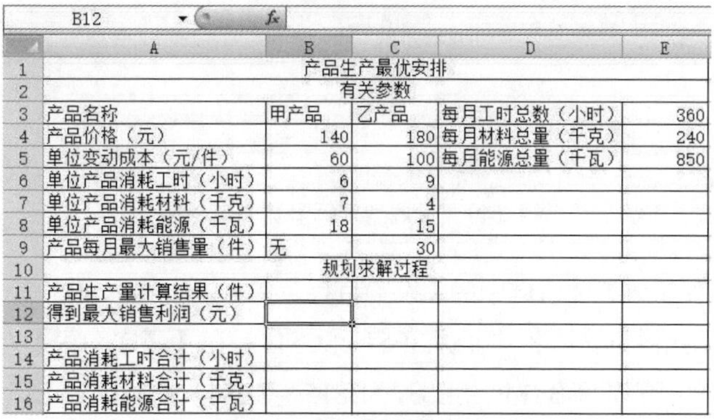

图 1-139 数据资料

使用【规划求解】工具求解这个问题的步骤如下。

① 建立优化模型(设 x 和 y 分别表示甲产品和乙产品的生产量)。

目标函数：max{销售利润}= $(140-60)x + (180-100)y$

约束条件：$6x + 9y \leqslant 360$

$7x + 4y \leqslant 240$

$18x + 15y \leqslant 850$

$y \leqslant 30$

$x \geqslant 0,\ y \geqslant 0$，且为整数

② 单元格 B11 和 C11 为可变单元格，分别存放甲、乙产品的生产量。

③ 单元格 B12 为目标单元格(销售利润)，计算公式：=SUMPRODUCT(B4:C4-B5:C5, B11:C11)。

④ 在单元格 B14 中输入产品消耗工时合计计算公式=SUMPRODUCT(B6:C6, B11:C11);

在单元格 B15 中输入产品消耗材料合计计算公式=SUMPRODUCT(B7:C7, B11:C11);

在单元格 B16 中输入产品消耗能源合计计算公式=SUMPRODUCT(B8:C8, B11:C11)。

⑤ 单击【数据】选项卡,选择【规划求解】项,系统会弹出【规划求解参数】对话框,如图 1-140 所示。

图 1-140 【规划求解参数】对话框

⑥ 在【规划求解参数】对话框中的【设置目标】文本框中输入$B$12,并选中【最大值】;在【通过更改可变单元格】文本框中输入$B$11:$C$11;在【遵守约束】对话框中添加以下约束条件: $B$11:$C$11=整数, $B$14<=$E$3, $B$15<=$E$4, $B$16<=$E$5, $B$11:$C$11>=0, $C$11<=$C$9。这里,添加约束条件的方法是:单击【添加】按钮,系统会弹出【添加约束】对话框,如图 1-141 所示。输入完一个约束条件后,单击【添加】按钮,又会弹出空白的【添加约束】对话框,再输入第二个约束条件。当所有约束条件都输入完毕后,单击【确定】按钮,系统会返回到【规划求解参数】对话框。

如果发现输入的约束条件有错误,还可以对其进行修改。方法是:选中要修改的约束条件,在【规划求解参数】对话框中单击【更改】按钮,系统会弹出【改变约束】对话框,如图 1-142 所示,然后再进行修改即可。

图 1-141 【添加约束】对话框

图 1-142 【改变约束】对话框

在输入完约束条件后,若还需要添加约束条件,继续在【规划求解参数】对话框单击【添加】按钮,在弹出的【添加约束】对话框中输入约束条件即可。

⑦ 如果需要,还可以设置有关的项目,即在【规划求解参数】对话框中单击【选项】按钮,弹出【规划求解选项】对话框,如图1-143所示。对其中的有关项目进行设置即可。

⑧ 在建立好所有的规划求解参数后,单击【求解】,系统将显示图1-144所示的【规划求解结果】对话框。选择【保存规划求解结果】项,单击【确定】,则求解结果将显示在工作表上。

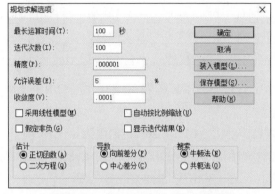

图1-143 【规划求解选项】对话框

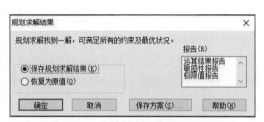

图1-144 【规划求解结果】对话框

⑨ 如果需要,还可以单击【规划求解结果】对话框中的【保存方案】,以便于对运算结果做进一步的分析。最终运算结果如图1-145所示。

	A	B	C	D	E
1	产品生产最优安排				
2	有关参数				
3	产品名称	甲产品	乙产品	每月工时总数(小时)	360
4	产品价格(元)	140	180	每月材料总量(千克)	240
5	单位变动成本(元/件)	60	100	每月能源总量(千瓦)	850
6	单位产品消耗工时(小时)	6	9		
7	单位产品消耗材料(千克)	7	4		
8	单位产品消耗能源(千瓦)	18	15		
9	产品每月最大销售量(件)	无	30		
10	规划求解过程				
11	产品生产量计算结果(件)	18	28		
12	得到最大销售利润(元)	3680			
13					
14	产品消耗工时合计(小时)	360			
15	产品消耗材料合计(千克)	238			
16	产品消耗能源合计(千瓦)	744			

图1-145 规划求解优化结果

实 训 练 习

1. 四通公司的职工工资表如表1-3所示,首先按照部门进行排序,然后按照部门进行分类汇总,并将基本工资大于等于5000元、奖金大于等于1500元的职工筛选出来。

表 1-3　四通公司职工工资表

姓名	部门	基本工资	奖金	应发工资	住房基金	个人所得税	实发工资
孙林	厂部	5860.00	1800.00	7660.00	766.00	510.00	6384.00
付刚	车间	4752.00	1400.00	6152.00	615.20	302.00	5234.80
吴子英	车间	4600.00	1400.00	6000.00	600.00	290.00	5110.00
田红	销售部	6680.00	1300.00	7980.00	798.00	550.00	6632.00
赵子民	车间	4428.00	1400.00	5828.00	582.80	260.00	4985.20
林占国	车间	4830.00	1400.00	6230.00	623.00	318.00	5289.00
童涛	车间	4000.00	1400.00	5400.00	540.00	245.00	4615.00
隋建安	销售部	5780.00	1300.00	7080.00	708.00	420.00	5952.00
张子仪	厂部	5000.00	1500.00	6500.00	650.00	336.00	5514.00

2. 某人现在存入银行 30 000 元，存期 5 年，5 年后的本息和为 40 000 元，利用单变量求解银行存款的年利率应该是多少。

3. 利用模拟运算表制作一份复利终值系数表。(利率为 1%～20%，期限为 1～20 年)

4. 假设贷款年限 20 年，利用双变量模拟运算表计算年利率分别为 3.25%、4.95%、5.62%、6.45%，贷款额分别为 150 万元、200 万元、250 万元、300 万元时的月还款额。

5. 某企业同时生产销售 A、B、C 三种产品，有关资料如图 1-146 所示。假设企业的目标利润为 30 万元，且 A、B、C 三种产品的最大产量均为 30 000 件，要求根据资料建立目标利润优化计算模型，计算实现此目标利润消耗的最小工时。

	A	B	C	D
5	基本资料			
6	产品	A	B	C
7	单价（元/件）	14	20	45
8	单位变动成本（元/件）	10	16	30
9	最大销售量（件）	30000	30000	30000
10	产品在甲车间单位工时(小时)	6	5	4
11	产品在乙车间单位工时(小时)	3	4	5
12	产品在丙车间单位工时(小时)	4	3	4
13	甲车间最大工时限量(小时)	400000		
14	乙车间最大工时限量(小时)	350000		
15	丙车间最大工时限量(小时)	300000		
16	固定成本（元）	300000		
17	目标利润（元）	300000		

图 1-146　规划求解基本资料

项目二　财务分析实训

【实训目标】

思政目标：

通过强调财务分析在决策中的重要地位，培养学生的理性意识，增强法治观念、诚信观念。

知识目标：

- 熟练掌握使用 Excel 建立财务比率分析模型。
- 熟练掌握使用 Excel 建立环比分析模型。
- 熟练掌握使用 Excel 建立结构分析模型。
- 熟练掌握使用 Excel 建立财务比率综合评分模型。
- 熟练掌握使用 Excel 建立杜邦分析模型。

能力目标：

能够运用 Excel 建立比率分析模型、比较分析模型、结构分析模型及沃尔评分法和杜邦分析模型，从而提高财务分析能力。

【教学建议】

建议本项目主要采取讲授与实训相结合的教学方法，课时安排为 3 个课时，将实训练习作为学生的课后练习，学生应记录实训步骤。

实训一　财务分析模型

【知识准备】

财务分析的相关知识。

【实训目标与要求】

熟练掌握使用 Excel 建立财务分析模型的方法，并能从外部导入财务数据。

【实训指导】

一、建立财务分析模型

财务分析又称财务报表分析。财务报表是反映企业财务状况、经营成果和现金流量的报表，但财务报表所列示的各类项目的金额，如果孤立地看，并无多大意义，必须与其他数据相比较，才能成为有用的信息。这种参照一定标准，将财务报表的各项数据与相关数据进行比较、分析和评价的方法，构成了企业财务分析的核心。具体地说，财务分析就是以财务报表和其他资料为依据和起点，采用专门方法，系统分析和评价企业的财务状况、经营成果和现金流量状况的过程。其目的是评价企业过去的经营业绩，衡量现在的财务状况，预测未来的发展趋势。

1. 财务分析的内容

财务分析的内容主要包括以下四个方面。

(1) 偿债能力分析。

偿债能力是指企业如期偿付债务的能力，它包括短期偿债能力和长期偿债能力。短期债务作为企业日常经营活动中弥补营运资金不足的一个重要来源，分析短期偿债能力有助于评估企业短期资金的营运能力以及营运资金的周转状况。对长期偿债能力进行分析，不仅可以评估企业的经营状况，还可以促使企业提高融通资金的能力。因为长期负债是企业资本化资金的重要组成部分，也是企业的重要融资途径。从债权人的角度看，对偿债能力进行分析，有助于债权人了解贷款的安全性，以确保债务本息能够及时、足额偿还。

(2) 营运能力分析。

营运能力主要是指企业管理各项资产的能力，它反映企业各项资产的使用效果、资金周转的快慢，以及挖掘资金的潜力。对营运能力进行分析，可以了解企业的资产利用效率、管理水平和资金周转状况，从而为企业的经营决策提供依据。

(3) 盈利能力分析。

盈利能力是指企业获取利润的能力，主要通过将资产、负债、所有者权益与经营成果相结合来分析企业的各项报酬率指标，从而从不同角度判断企业的获利能力。无论是投资者还是债权人都十分关心企业的盈利能力，因为盈利能力强的企业可以提高投资者的回报，也可以提高企业的偿债能力。

(4) 发展能力分析。

发展能力是指企业扩大规模和长远发展的能力，反映了企业的发展前景。对企业发展能力进行分析，可以了解一个企业的发展潜力和经营前景，从而为投资者和企业管理者的决策提供依据。

2. 财务分析的方法

财务分析方法多种多样，但常用的有四种方法：比率分析法、比较分析法、结构分析法和综合分析法。

(1) 比率分析法。

比率分析法是把两个相互联系的项目加以对比，计算出比率，以确定经济活动变动情况的分析方法。比率指标主要有效率比率、结构比率、相关比率三类。效率比率是衡量经济活动中投入与产出、成本与收益之间关系的指标，用于评估经营成果和经济效益。例如，成本利润率、销售利润率和资本利润率等都是衡量效率比率的重要指标。结构比率又称构成比率，是某项经济指标的某个组成部分与总体的比率，反映部分与总体的关系。如流动资产与资产总额的比率、流动负债与负债总额的比率等。相关比率是将两个不同但又有一定关联的项目加以对比得出的比率，以反映经济活动的各种相互关系。实际上财务分析的许多指标都是这种相关比率，如流动比率、存货周转率等。

(2) 比较分析法。

比较分析法是将同一企业不同时期的财务状况或者不同企业的同期财务状况进行对比，从而分析企业财务状况差异的一种方法，主要包括横向比较法和纵向比较法。横向比较法主要是将本企业的财务状况与其他企业的同期财务状况进行比较，而纵向比较法是将同一企业不同时期的财务状况进行比较。

(3) 结构分析法。

结构分析法是一种深入解析企业财务报表的重要方法，它通过分析各项财务指标之间的比例和构成，揭示出企业的内在结构和特征。这种方法在财务分析中具有独特的作用，可以为投资者和决策者提供参考信息。

(4) 综合分析法。

综合分析法是对企业的财务状况进行全面分析和评价，主要包括财务比率综合评分法和杜邦分析法。

【例 2-1】 根据培正公司 2021—2023 年的财务数据构建财务分析模型。

为了全面分析企业的财务状况、经营成果和现金流量情况，可以建立一套企业财务分析模型，其基本结构包括资产负债表、利润表、现金流量表、资产负债表环比分析模型、利润表环比分析模型、现金流量表环比分析模型、资产负债表结构分析模型、利润表结构分析模型、现金流量表结构分析模型、财务比率分析模型、财务比率综合评分模型、杜邦分析模型等。

首先创建一个新的 Excel 工作簿，并将其命名为"财务分析模型.xls"，然后将培正公司 2021—2023 年的资产负债表、利润表、现金流量表分别导入这个工作簿中，具体如图 2-1、图 2-2 和图 2-3 所示。

	A	B	C	D	E	F	G	H
1	培正公司2021—2023年的资产负债表							
2	项目	2021年	2022年	2023年	项目	2021年	2022年	2023年
3	货币资金	1187405568	805381440	995745152	短期借款	460000000	1353000000	566000000
4	短期投资净额	0	0	602499	应付账款	857115786	489986272	775411328
5	应收账款净额	302297114	355887201	339123919	预收账款	544317632	179250976	477297280
6	其他应收款	139889751	121613174	123936225	应付福利费	18080510	16763305	28781656
7	预付账款	128417736	70017432	17764136	应付股利	126194942	126194388	113574949
8	存货净额	5976170097	4708616789	3.459E+09	应交税金	80553056	97536688	81920024
9	待摊费用	4918461	2415273.5	2944683.8	其他应交款	2167314	2101963	1324178
10	流动资产合计	7739098727	6063931310	4.939E+09	其他应付款	258103553	221808416	249217744
11	长期股权投资	64530668	82295701	95767102	预提费用	779223819	560838720	239179136
12	长期投资合计	64530668	82295701	95767102	流动负债合计	3125756612	3047480728	2532706295
13	固定资产原值	501133310	421857024	526652778	长期借款	160000000	261000000	80000000
14	减：累计折旧	147267844	121390992	148013462	应付债券	1512341760	0	0
15	固定资产减值准备	5207000	12154639	21305339	其他长期负债	36954932	50340948	43895991
16	固定资产净值	348658466	288311393	357333977	长期负债合计	1709296692	311340948	123895991
17	在建工程	0	21622101	0	负债合计	4835053304	3358821676	2656602286
18	固定资产合计	348658466	309933494	357333977	股本	630974720	630971968	630971968
19	长期待摊费用	63534452	26751152	137949947	资本公积	1435442176	1435412608	1435412608
20	无形资产及其他资产合计	63534452	26751152	137949947	盈余公积	1302470400	1053896576	829121174
21					未分配利润	12269641	4617138	-21236818
22					外币报表折算差额	-387928.5	-808309.06	-825837
23					股东权益合计	3380769009	3124089981	2873443095
24	资产总计	8215822313	6482911657	5.53E+09	负债及股东权益总计	8215822313	6482911657	5530045381

图 2-1　培正公司的资产负债表

	A	B	C	D
1	培正公司2021—2023年的利润及利润分配表			单位：元
2	项目	2021年	2022年	2023年
3	主营业务收入	4574359629	4455064777	3783668674
4	减：主营业务成本	3472885808	3434439752	2839927976
5	主营业务税金及附加	215534736	179511205	128583824
6	主营业务利润	885939085	841113820	815156874
7	加：其他业务利润	16725998	-1064531	9642851
8	营业费用	126595070	273634656	293581491
9	管理费用	253026176	273123904	177459860
10	财务费用	-5524495	-3278580	1403648
11	营业利润	528568332	296569309	352354726
12	加：投资收益	-5802877	198305488	12133460
13	营业外收入	7735366	18476084	23850214
14	减：营业外支出	10489685	11498662	8011916
15	利润总额	520011136	501852219	380326484
16	减：所得税	121962824	119882931	74964550
17	少数股东损益	15627033	8222066	8714205
18	净利润	382421279	373747222	296647729

图 2-2　培正公司的利润表

	A	B	C	D
1	培正公司2021—2023年的现金流量表			单位：元
2	项目	2021年	2022年	2023年
3	销售商品,提供劳务收到的现金	4972067952	4347341673	4094100991
4	收到的税费返还	54918226	44185998	248115486
5	经营活动现金流入小计	5026986178	4391527671	4342216477
6	购买商品接收劳务支付的现金	3869684736	4703343172	3316541440
7	支付给职工以及为职工支付的现金	248990448	249028992	202494288
8	支付的各项税款	453018080	351203688	436866155
9	支付的其他与经营活动有关的现金	326449492	292501068	300266155
10	经营活动现金流出小计	4898142756	5596076920	4256168038
11	**经营活动产生的现金流量净额**	128843422	-1204549249	86048439
12	收回投资所收到的现金	0	442641504	38228664
13	分得股利或利润所收到的现金	1135227	10140725	1683487
14	取得债券利息收入所收到的现金	10821821	7499271	11016427
15	处置固定资产、无形资产和其他长期资产收回的现金净额	14754846	6983671	4643346
16	投资活动现金流入小计	26711894	467265171	55571923
17	构建固定资产,无形资产和其他长期资产所支付的现金	51807188	30162812	63037804
18	权益性投资所支付的现金	8600000	86948560	28996100
19	支付的其他与投资活动有关的现金		121946824	
20	投资活动现金流出小计	60407188	239058196	92033904
21	**投资活动产生的现金流量净额**	-33695294	228206975	-36461981
22	吸收权益性投资所收到的现金	10000000	2000000	625384896
23	发行债券所收到的现金	1500000000		
24	借款所收到的现金	2663000000	3162000000	1853000000
25	筹资活动现金流入小计	4173000000	3164000000	2478384896
26	偿还债务所支付的现金	3657300000	2194000000	2157234000
27	发生筹资费用所支付的现金	31680354	293098	1108485
28	分配股利或利润所支付的现金	126194388	113342904	99217104
29	偿付利息所支付的现金	70901638	70390452	48681567
30	筹资活动现金流出小计	3886076380	2378026354	2306241156
31	**筹资活动产生的现金流量净额**	286923620	785973646	172143740
32	汇率变动对现金的影响	-47442	4883	-111094
33	**现金及现金等价物净增加值**	382071748	-190368628	221730198

图 2-3　培正公司的现金流量表

资产负债表是反映企业在某一特定日期的财务状况的报表，它反映的是企业资产、负债及所有者权益的总体规模和结构。依据培正公司的资产负债表，我们可以解释、评价和预测该公司的短期偿债能力；可以解释、评价和预测该公司的长期偿债能力和资本结构；还可以解释、评价和预测该公司的财务弹性。

资产负债表分析主要关注企业的资产、负债和所有者权益的构成及其变动情况。通过分析资产负债表，我们可以了解企业的资产规模、负债结构、偿债能力，以及企业的资本实力。

利润表是反映企业在一定期间经营成果的报表。利润表展示了企业一定会计期间的收入实现情况、费用耗费情况以及生产经营活动的成果情况。通过对培正公司利润表的分析，我们可以了解该公司的盈利能力和营运情况，从而为投资者和企业的管理者提供决策依据。

利润表分析主要关注企业的收入、成本和利润情况。通过分析利润表，我们可以了解企业的盈利能力、成本控制能力和经营效率。

现金流量表是反映企业在一定会计期间现金和现金等价物流入和流出的报表。通过对培正公司现金流量表的分析，我们可以了解该公司在经营活动、投资活动和筹资活动方面的现金流入和流出情况。

现金流量表分析主要关注企业的现金流入、流出和净现金流量情况。通过分析现金流量表，我们可以评估企业的现金流状况，了解企业的流动性、偿债能力和未来增长潜力。

二、从外部导入财务数据

财务分析的前提是获取财务数据，在 Excel 中直接输入财务数据比较费时费力，更多时候是选择从外部获取财务数据，以下是三种常见的方法。

(1) 导入网页数据。

如果网页上有需要的财务数据，例如股票价格、财务报表、市场分析数据等，则可以通过 Excel 2019 的【从网页获取数据】功能来导入。首先，打开 Excel 2019，在菜单栏中点击【数据】选项卡，然后选择【自网站】。在出现的对话框中，输入网页的 URL 地址，然后点击【转到】。Excel 会自动解析网页中的数据并将其显示在表格中，用户可以选择需要导入的数据，然后将其加载到 Excel 中。

(2) 导入数据库数据。

如果有一个包含财务数据的数据库，例如 Access 数据库，则可以通过 Excel 2019 的【从数据库获取数据】功能来导入。首先，打开 Excel 2019，在菜单栏中点击【数据】选项卡，然后选择【获取数据】中的【来自数据库】。在出现的对话框中，选择数据库类型和数据库文件，然后点击【确定】。Excel 2019 会连接到数据库并显示一个查询构建器，用户可以使用查询构建器来选择需要导入的数据并将其加载到 Excel 中。

(3) 导入文本数据。

如果财务数据存储在文本文件中，例如 TXT 文件或 CSV 文件，则可以通过 Excel 2019 的【导入文本文件】功能来导入。首先，打开 Excel，在菜单栏中点击【数据】选项卡，然后选择【从文本/CSV】。在出现的对话框中，选择文本文件，然后点击【导入】。Excel 会打开一个导入向导，用户可以按照向导的提示来设置数据的格式和导入选项。完成设置后，点击【完成】即可将文本数据导入到 Excel 中。

无论使用哪种方法，导入数据后都需要对数据进行一些额外的处理，例如清洗数据、调整数据格式、应用公式等，以便在 Excel 中进行分析和可视化。

实训二　比率分析模型

【知识准备】

财务比率分析主要包括偿债能力、营运能力、盈利能力和发展能力四个方面的比率。

1. 偿债能力

偿债能力分析主要分为短期偿债能力分析和长期偿债能力分析。

(1) 短期偿债能力分析。

企业短期偿债能力的衡量指标主要有流动比率、速动比率和现金比率。

① 流动比率。

流动比率是企业流动资产与流动负债之比，计算公式为

$$流动比率=流动资产÷流动负债 \qquad (2\text{-}1)$$

② 速动比率。

速动比率是企业速动资产与流动负债之比，速动资产是指流动资产减去变现能力较差且不稳定的存货、待摊费用等后的余额，计算公式为

$$速动比率=速动资产÷流动负债 \qquad (2\text{-}2)$$

③ 现金比率。

现金比率是企业现金类资产与流动负债之比，计算公式为

$$现金比率=(现金+现金等价物)÷流动负债 \qquad (2\text{-}3)$$

④ 现金流量比率。

现金流量比率用于衡量企业经营活动所产生的现金流量可以抵偿流动负债的程度，计算公式为

$$现金流量比率=经营现金流量净额÷流动负债 \qquad (2\text{-}4)$$

(2) 长期偿债能力分析。

长期偿债能力是指企业偿还长期负债的能力。其分析指标主要有资产负债率、股东权益比率、产权比率和利息保障倍数等。

① 资产负债率。

资产负债率是企业负债总额与资产总额之比，计算公式为

$$资产负债率=负债总额÷资产总额×100\% \qquad (2\text{-}5)$$

② 股东权益比率。

股东权益比率是股东权益总额与资产总额之比，反映了资产总额中有多大比例是所有者投入的，计算公式为

$$股东权益比率=股东权益总额÷资产总额×100\% \qquad (2\text{-}6)$$

③ 产权比率。

产权比率又称负债股权比率，是负债总额与所有者权益之比，它是反映企业财务结构稳

健与否的重要指标，计算公式为

$$产权比率=负债总额÷所有者权益×100\% \tag{2-7}$$

④ 利息保障倍数。

利息保障倍数是指企业息税前利润与利息费用之比，又称已获利息倍数，用以衡量偿付借款利息的能力，计算公式为

$$利息保障倍数=(税前利润+利息费用)÷利息费用 \tag{2-8}$$

⑤ 债务偿还期。

债务偿还期也叫偿债保障比率，是负债总额与经营活动产生的现金流量净额之比，计算公式为

$$债务偿还期=负债总额÷经营活动现金净流量 \tag{2-9}$$

2. 营运能力

反映企业营运能力的财务比率主要包括应收账款周转率、存货周转率、流动资产周转率、固定资产周转率和总资产周转率。

(1) 应收账款周转率。

应收账款周转率是指一定时期内应收账款平均收回的次数，是一定时期内商品或产品赊销收入净额与应收账款平均余额的比率，计算公式为

$$应收账款周转率=赊销收入净额÷应收账款平均余额 \tag{2-10}$$

其中：

$$赊销收入净额=赊销收入-销售退回、销售折扣与折让$$
$$应收账款平均余额=(期初应收账款+期末应收账款)÷2$$

企业也可以使用应收账款周转天数来衡量应收账款的周转情况，计算公式为

$$应收账款周转天数=360÷应收账款周转率$$
$$=360×应收账款平均余额÷赊销收入净额 \tag{2-11}$$

(2) 存货周转率。

存货周转率是指一定时期内企业销售成本与存货平均余额的比率，是衡量和评价企业购入存货、投入生产、销售收回等各环节管理效率的综合性指标，计算公式为

$$存货周转率=销货成本÷存货平均余额 \tag{2-12}$$

其中：

$$存货平均余额=(期初存货+期末存货)÷2$$

企业也可以使用存货周转天数来衡量存货的周转情况，计算公式为

$$存货周转天数=360÷存货周转率=360×存货平均余额÷销货成本 \tag{2-13}$$

(3) 流动资产周转率。

流动资产周转率是反映企业流动资产周转速度的指标。流动资产周转率是一定时期销售

收入净额与企业流动资产平均余额之间的比率，计算公式为

$$流动资产周转率=销售收入净额÷流动资产平均余额 \tag{2-14}$$

其中：
$$流动资产平均余额=(期初流动资产+期末流动资产)÷2$$

(4) 固定资产周转率。

固定资产周转率是指企业年销售收入净额与固定资产平均净值的比率。它是反映企业固定资产周转情况，从而衡量固定资产利用效率的一项指标，计算公式为

$$固定资产周转率=销售收入净额÷固定资产平均净值 \tag{2-15}$$

其中：
$$固定资产平均净值=(期初固定资产净值+期末固定资产净值)÷2$$

(5) 总资产周转率。

总资产周转率是企业销售收入净额与企业资产平均总额的比率，计算公式为

$$总资产周转率=销售收入净额÷资产平均总额 \tag{2-16}$$

其中：
$$资产平均总额=(期初资产总额+期末资产总额)÷2$$

3. 盈利能力

反映企业盈利能力的指标主要有销售毛利率、销售净利率、成本费用利润率、总资产报酬率、净资产收益率等。

(1) 销售毛利率。

销售毛利率是销售毛利与销售收入之比，计算公式为

$$销售毛利率=销售毛利÷销售收入 \tag{2-17}$$

其中：
$$销售毛利=销售收入(营业收入)-销售成本(营业成本)$$

(2) 销售净利率。

销售净利率是净利润与营业收入净额之比，计算公式为

$$销售净利率=净利润÷营业收入净额 \tag{2-18}$$

(3) 成本费用利润率。

成本费用利润率是反映企业盈利能力的另一个重要指标，是利润总额与全部成本费用之比，计算公式为

$$成本费用利润率=利润总额÷成本费用总额 \tag{2-19}$$

(4) 总资产报酬率。

总资产报酬率是净利润与企业资产平均总额的比率，计算公式为

$$总资产报酬率=净利润÷资产平均总额 \tag{2-20}$$

(5) 净资产收益率。

净资产收益率又叫股东权益报酬率,是净利润与平均所有者权益的比率,它反映企业自有资金的投资收益水平,计算公式为

$$净资产收益率=净利润÷平均所有者权益 \qquad (2\text{-}21)$$

4. 发展能力

发展能力的主要分析指标包括销售增长率、资产增长率、利润增长率、资本积累率等。

(1) 销售增长率。

销售增长率是指企业本年销售增长额与上年销售额之间的比率,反映销售的增减变动情况,是评价企业成长状况和发展能力的重要指标,计算公式为

$$销售增长率=本年销售增长额÷上年销售额 \qquad (2\text{-}22)$$

(2) 资产增长率。

资产增长率是指企业本年资产增长额与上年资产额之间的比率,反映资产的增减变动情况,同样是评价企业成长状况和发展能力的重要指标,计算公式为

$$资产增长率=本年资产增长额÷上年资产额 \qquad (2\text{-}23)$$

(3) 利润增长率。

利润增长率是指企业本年利润增长额与上年利润总额之间的比率,反映利润的增减变动情况,计算公式为

$$利润增长率=本年利润增长额÷上年利润总额 \qquad (2\text{-}24)$$

(4) 资本积累率。

资本积累率即股东权益增长率,是指企业本年所有者权益增长额同年初所有者权益的比率。资本积累率表示企业当年资本的积累能力,是评价企业发展潜力的重要指标,计算公式为

$$资本积累率=本年所有者权益增长额÷年初所有者权益 \qquad (2\text{-}25)$$

(5) 三年利润平均增长率。

三年利润平均增长率反映企业利润总额连续三年的增长情况,体现了企业的发展潜力,计算公式为

$$三年利润平均增长率=\left(\sqrt[3]{\frac{本年利润总额}{三年前利润总额}}-1\right)\times 100\% \qquad (2\text{-}26)$$

(6) 可持续增长率。

可持续增长率是指不发行新股、不改变经营效率(不改变销售净利率和资产周转率)和财务政策(不改变权益乘数和利润留存率)时,其销售所能达到的增长率,计算公式为

$$可持续增长率=净资产收益率×留存收益比率 \qquad (2\text{-}27)$$

其中,留存收益比率指公司净利润减去应发现金股利的差额和净利润的比率,计算公式为

$$留存收益比率=(净利润-应付现金股利)÷净利润 \qquad (2\text{-}28)$$

【实训目标与要求】

熟练掌握利用 Excel 计算偿债能力、盈利能力、营运能力和发展能力的财务比率。

【实训指导】

为了全面分析企业的偿债能力、营运能力、盈利能力和发展能力，可以建立一套企业财务比率分析模型。首先，在工作簿"财务分析模型.xls"中插入一张新的工作表，并将其命名为"财务比率分析模型"，然后，在该工作表中设计所需计算的财务比率，具体如图2-4所示。

	A	B	C	D
1	培正公司2021-2023年的财务比率			
2	项目	2023年	2022年	2021年
3	一、偿债能力比率			
4	1 流动比率			
5	2 速动比率			
6	3 现金流量比率			
7	4 现金比率			
8	5 资产负债率			
9	6 产权比率			
10	7 股东权益比率			
11	8 利息保障倍数			
12	9 债务偿还期			
13	二、营运能力比率			
14	1 应收账款周转率			
15	2 存货周转率			
16	3 流动资产周转率			
17	4 固定资产周转率			
18	5 总资产周转率			
19	三、盈利能力比率			
20	1 总资产报酬率			
21	2 净资产收益率			
22	3 销售毛利率			
23	4 销售净利率			
24	5 成本费用利润率			
25	四、发展能力比率			
26	1 销售增长率			
27	2 净利润增长率			
28	3 留存收益比率			
29	4 可持续增长率			
30	5 二年利润平均增长率			

图2-4 "财务比率分析模型"工作表

【例2-2】根据【例2-1】中培正公司2021—2023年的财务数据构建财务比率分析模型。

(1) 偿债能力比率。

首先在单元格区域 B4:B12 中输入下列相关公式，计算 2023 年的有关比率指标，然后将单元格区域 B4:B12 的公式复制到单元格区域 C4:C12 和 D4:D12 中，从而计算出 2022 年和 2021 年的有关比率指标。

- 流动比率：在单元格 B4 输入公式"=资产负债表!B10/资产负债表!F12"。
- 速动比率：在单元格 B5 输入公式"=(资产负债表!B10-资产负债表!B8-资产负债表!B9)/资产负债表!F12"。
- 现金流量比率：在单元格 B6 输入公式"=现金流量表!B11/资产负债表!F12"。
- 现金比率：在单元格 B7 输入公式"=现金流量表!B33/资产负债表!F12"。
- 资产负债率：在单元格 B8 输入公式"=资产负债表!F17/资产负债表!B24"。
- 产权比率：在单元格 B9 输入公式"=资产负债表!F17/资产负债表!F23"。
- 股东权益比率：在单元格 B10 输入公式"=资产负债表!F23/资产负债表!B24"。
- 利息保障倍数：在单元格 B11 输入公式"=IF(利润及利润分配表!B10<=0,"无意义",(利润及利润分配表!B10+利润及利润分配表!B15)/利润及利润分配表!B10)"。(这里假

设财务费用全部为利息费用)
- 债务偿还期：在单元格 B12 输入公式 "=资产负债表!F17/现金流量表!B11"。

(2) 营运能力比率。

首先在单元格区域 B14:B18 中输入下列相关公式，计算 2023 年的有关比率指标，然后将单元格区域 B14:B18 的公式复制到单元格区域 C14:C18，从而计算出 2022 年的有关比率指标。

- 应收账款周转率：在单元格 B14 输入公式 "=利润表!B3/((资产负债表!B5+资产负债表!C5)/2)"。
- 存货周转率：在单元格 B15 输入公式 "=利润表!B4/((资产负债表!B8+资产负债表!C8)/2)"。
- 流动资产周转率：在单元格 B16 输入公式 "=利润表!B3/((资产负债表!B10+资产负债表!C10)/2)"。
- 固定资产周转率：在单元格 B17 输入公式 "=利润表!B3/((资产负债表!B18+资产负债表!C18)/2)"。
- 总资产周转率：在单元格 B18 输入公式 "=利润表!B3/((资产负债表!B24+资产负债表!C24)/2)"。

由于缺乏 2020 年末的数据，2021 年的有关财务比率指标的计算公式中，分母的平均值采用当年末的数据。

- 应收账款周转率：在单元格 D14 输入公式 "=利润表!D3/资产负债表!D5"。
- 存货周转率：在单元格 D15 输入公式 "=利润表!D4/资产负债表!D8"。
- 流动资产周转率：在单元格 D16 输入公式 "=利润表!D3/资产负债表!D10"。
- 固定资产周转率：在单元格 D17 输入公式 "=利润表!D3/资产负债表!D18"。
- 总资产周转率：在单元格 D18 输入公式 "=利润表!D3/资产负债表!D24"。

(3) 盈利能力比率。

首先在单元格区域 B20:B24 中输入下列相关公式，计算 2023 年的有关比率指标，然后将单元格区域 B20:B24 的公式复制到单元格区域 C20:C24，从而计算出 2022 年的有关比率指标。

- 总资产报酬率：在单元格 B20 输入公式 "=利润表!B18/((资产负债表!B24+资产负债表!C24)/2)"。
- 净资产收益率：在单元格 B21 输入公式 "=利润表!B18/((资产负债表!F23+资产负债表!G23)/2)"。
- 销售毛利率：在单元格 B22 输入公式 "=利润表!B6/利润表!B3"。
- 销售净利率：在单元格 B23 输入公式 "=利润表!B18/利润表!B3"。
- 成本费用利润率：在单元格 B24 输入公式 "=利润表!B15/(利润表!B4+利润表!B8+利润表!B9+利润表!B10)"。

由于缺乏 2020 年末的数据，2021 年的有关财务比率指标的计算公式中，分母的平均值采用当年末的数据。

- 总资产报酬率：在单元格 D20 输入公式 "=利润表!D18/资产负债表!D24"。
- 净资产收益率：在单元格 D21 输入公式 "=利润表!D18/资产负债表!F23"。

- 销售毛利率：在单元格 D22 输入公式"=利润表!D6/利润表!D3"。
- 销售净利率：在单元格 D23 输入公式"=利润表!D18/利润表!D3"。
- 成本费用利润率：在单元格 D24 输入公式"=利润表!D15/(利润表!D4+利润表!D8+利润表!D9+利润表!D10)"。

(4) 发展能力比率。

首先在单元格区域 B26:B29 中输入下列相关公式，计算 2023 年的有关比率指标，然后将单元格区域 B26:B29 的公式复制到单元格区域 C26:C29，从而计算出 2022 年的有关比率指标。

- 销售收入增长率：在单元格 B26 输入公式"=(利润表!B3-利润表!C3)/利润表!C3"。
- 净利润增长率：在单元格 B27 输入公式"=(利润表!B18-利润表!C18)/利润表!C18"。
- 留存盈利率：在单元格 B28 输入公式"=(利润表!B18-现金流量表!B28)/利润表!B18"。
- 可持续增长率：在单元格 B29 输入公式"=B22*B29"。

将单元格 C28 和 C29 的内容分别复制到单元格 D28 和 D29，从而计算出 2021 年的留存比率和可持续增长率。

在单元格 B30 中输入两年利润平均增长率计算公式"=(利润表!B15/利润表!D15)^(1/2)-1"。(由于缺乏 2020 年的利润数据作为基数，无法计算 3 年的利润平均增长率，只能计算 2 年的利润平均增长率。)

这样就得到了该公司 2021—2023 年关于偿债能力、营运能力、盈利能力和发展能力的财务比率指标，对这些指标进行分析，可以比较全面地了解该公司的财务状况和经营成果。

最终计算结果如图 2-5 所示。由图 2-5 可知，在偿债能力方面，培正公司的流动比率相

	A		B	C	D
1	培正公司2021-2023年的财务比率				
2	项目		2023年	2022年	2021年
3	一、偿债能力比率				
4	1	流动比率	2.48	1.99	1.95
5	2	速动比率	0.56	0.44	0.58
6	3	现金流量比率	0.04	-0.40	0.03
7	4	现金比率	0.12	-0.06	0.09
8	5	资产负债率	58.85%	51.81%	48.04%
9	6	产权比率	1.43	1.08	0.92
10	7	股东权益比率	0.41	0.48	0.52
11	8	利息保障倍数	无意义	无意义	271.96
12	9	债务偿还期	37.53	-2.79	30.87
13	二、营运能力比率				
14	1	应收账款周转率	13.90	12.82	11.16
15	2	存货周转率	0.65	0.84	0.82
16	3	流动资产周转率	0.66	0.81	0.77
17	4	固定资产周转率	13.89	13.35	10.59
18	5	总资产周转率	0.62	0.74	0.68
19	三、盈利能力比率				
20	1	总资产报酬率	5.20%	6.22%	5.36%
21	2	净资产收益率	11.76%	12.46%	10.32%
22	3	销售毛利率	19.37%	18.88%	21.54%
23	4	销售净利率	8.36%	8.39%	7.84%
24	5	成本费用利润率	13.52%	12.62%	11.48%
25	四、发展能力比率				
26	1	销售增长率	2.68%	17.74%	
27	2	净利润增长率	2.32%	25.99%	
28	3	留存收益比率	67.00%	69.67%	66.55%
29	4	可持续增长率	7.88%	8.68%	6.87%
30	5	二年利润平均增长率	16.93%		

图 2-5 财务比率分析计算结果

对较高，但速动比率、现金流量比率和现金比率都比较低，这表明公司的偿债能力不容乐观。资产负债率为50%左右，说明培正公司的长期偿债能力比较强。在营运能力方面，培正公司的应收账款周转率和固定资产周转率较高，而且呈逐年上升的趋势，而存货周转率、流动资产周转率和总资产周转率均较低，且呈逐年下降的趋势，这反映了培正公司在存货周转方面存在较大问题。在盈利能力方面，除成本费用利润率和主营业务毛利率之外，其他各项利润率2023年相比2022年有所下降。在发展能力方面，培正公司各项收入、利润的增长率都呈现出下降的趋势。综合来看，该公司的财务状况和经营成果不太乐观。

实训三　比较分析模型

【知识准备】

比较分析法是一种通过将某项财务指标与性质相同的指标评价标准进行对比，来揭示企业财务状况、经营情况和现金流量情况的分析方法。比较分析法主要包括环比分析和结构分析两种方法。

环比分析将每年与上一年相应项目的数值进行比较，主要有以下三种形式。

(1) 绝对数比较分析。通过编制比较财务报表，将比较各期的报表项目的数额予以并列，直接观察每一项目的增减变化情况。

(2) 绝对数增减变动分析。在比较财务报表绝对数的基础上增加绝对数"增减金额"一栏，计算比较对象各项目之间的增减变动差额。

(3) 百分比增减变动分析。在计算增减变动额的同时计算变动百分比，并列示于比较财务报表中，以消除项目绝对规模因素的影响，使报表使用者一目了然。

结构分析是在同一企业财务报表内部各项目之间进行比较，以某一关键项目的金额为100%，将其余项目与之相比，以显示各项目的相对地位，分析各项目的比重是否合理。这种以百分比形成表示的财务报表，也称为共同财务报表。资产负债表的结构分析主要是将资产负债表的各项除以资产总额，利润表的结构分析主要是将利润表的各项分别除以营业收入，现金流量表的结构分析包括现金流入结构分析、现金流出结构分析和现金净额结构分析。

【实训目标与要求】

熟练掌握利用Excel进行资产负债表、利润表和现金流量表的环比分析和结构分析。

【实训指导】

【例2-3】根据培正公司2021—2023年的财务数据构建环比分析模型。

(1) 在工作簿"财务分析模型.xls"中插入"资产负债表环比分析模型""利润表环比分析模型""现金流量表环比分析模型"工作表。

(2) 计算资产负债表环比分析，在"资产负债表环比分析模型"工作表中，输入计算公式如下。

- 在单元格区域B4:B25输入"=资产负债表!B3:B24-资产负债表!C3:C24"。
- 在单元格区域C4:C25输入"=B4:B25/ABS(资产负债表!C3:C24)"。

- 在单元格区域 D4:D25 输入 "=资产负债表!C3:C24-资产负债表!D3:D24"。
- 在单元格区域 E4:E25 输入 "=D4:D25/ABS(资产负债表!D3:D24)"。
- 在单元格区域 G4:G25 输入 "=资产负债表!F3:F24-资产负债表!G3:G24"。
- 在单元格区域 H4:H25 输入 "=G4:G25/ABS(资产负债表!G3:G24)"。
- 在单元格区域 I4:I25 输入 "=资产负债表!G3:G24-资产负债表!H3:H24)"。
- 在单元格区域 J4:J25 输入 "=I4:I25/ABS(资产负债表!H3:H24)"。

以上公式均为数组公式。

最终计算结果如图 2-6 所示。

项目	2023年比2022年		2022年比2021年		项目	2023年比2022年		2022年比2021年	
	增减额	增减百分比	增减额	增减百分比		增减额	增减百分比	增减额	增减百分比
培正公司资产负债表环比分析模型									
货币资金	382024128	47.43%	-190363712	-19.12%	短期借款	-893000000	-66.00%	787000000	139.05%
短期投资净额	0	#DIV/0!	-602499	-100.00%	应付账款	367129514	74.93%	-285425056	-36.81%
应收账款净额	-53590087	-15.06%	16763282	4.94%	预收账款	365066656	203.66%	-298046304	-62.44%
其他应收款	18276577	15.03%	-2323051	-1.87%	应付福利费	1317205	7.86%	-12018351	-41.76%
预付账款	58400304	83.41%	52253296	293.11%	应付股利	554	0.00%	12619439	11.11%
存货净额	1267553308	26.92%	1249739049	36.13%	应交税金	-16983632	-17.41%	15616664	19.06%
待摊费用	2503188	103.64%	-529410	-17.98%	其他应交款	65351	3.11%	777785	58.74%
流动资产合计	1675167418	27.63%	1124936955	22.78%	其他应付款	36295137	16.36%	-27409328	-11.00%
长期股权投资	-17765033	-21.59%	-13471401	-14.07%	预提费用	218385099	38.94%	321659584	134.48%
长期投资合计	-17765033	-21.59%	-13471401	-14.07%	流动负债合计	78275884	2.57%	514774433	20.33%
固定资产原值	79276286	18.79%	-104795754	-19.90%	长期借款	-101000000	-38.70%	181000000	226.25%
减:累计折旧	25876852	21.32%	-26622470	-17.99%	应付债券	1512341760	#DIV/0!	0	#DIV/0!
固定资产减值准备	-6947639	-57.16%	-9150700	-42.95%	其他长期负债	-13386016	-26.59%	6444957	14.68%
固定资产净值	60347073	20.93%	-69022584	-19.32%	长期负债合计	1397955744	449.01%	187444957	151.29%
在建工程	-21622101	-100.00%	21622101	#DIV/0!	负债合计	1476231628	43.95%	702219390	26.43%
固定资产合计	38724972	12.49%	-47400483	-13.27%	股本	2752	0.00%	0	0.00%
长期待摊费用	36783300	137.50%	-111198795	-80.61%	资本公积	29568	0.00%	0	0.00%
无形资产及其他资产合计	36783300	137.50%	-111198795	-80.61%	盈余公积	248573824	23.59%	224775402	27.11%
	0	#DIV/0!	0	#DIV/0!	未分配利润	7652503	165.74%	25853956	121.74%
		#DIV/0!		#DIV/0!	外币报表折算差额	420381	52.01%	17528	2.12%
	0	#DIV/0!	0	#DIV/0!	股东权益合计	256679028	8.22%	250646886	8.72%
资产总计	1732910657	26.73%	952866276	17.23%	负债及股东权益总计	1732910656	26.73%	952866276	17.23%

图 2-6 资产负债表环比分析模型

(3) 计算利润表环比分析,在"利润表环比分析模型"工作表中,输入计算公式如下。

- 在单元格区域 B4:B19 输入 "=利润表!B3:B18-利润表!C3:C18"。
- 在单元格区域 C4:C19 输入 "=B4:B19/ABS(利润表!C3:C18)"。
- 在单元格区域 D4:D19 输入 "=利润表!C3:C18-利润表!D3:D18"。
- 在单元格区域 E4:E19 输入 "=D4:D19/ABS(利润表!D3:D18)"。

以上公式均为数组公式。

最终计算结果如图 2-7 所示。

(4) 计算现金流量表环比分析,在"现金流量表环比分析模型"工作表中,输入计算公式如下。

- 在单元格区域 B4:B34 输入 "=现金流量表!B3:B33-现金流量表!C3:C33"。
- 在单元格区域 C4:C34 输入 "=B4:B34/ABS (现金流量表!C3:C33)"。
- 在单元格区域 D4:D34 输入 "=现金流量表!C3:C33-现金流量表!D3:D33"。
- 在单元格区域 E4:E34 输入 "=D4:D34/ABS (现金流量表!D3:D33)"。

以上公式均为数组公式。

项目	2023年比2022年		2022年比2021年	
	增减额	增减百分比	增减额	增减百分比
主营业务收入	119294852	2.68%	671396103	17.74%
减：主营业务成本	38446056	1.12%	594511776	20.93%
主营业务税金及附加	36023531	20.07%	50927381	39.61%
主营业务利润	44825265	5.33%	25956946	3.18%
加：其他业务利润	17790529	1671.21%	-10707382	-111.04%
营业费用	-147039586	-53.74%	-19946835	-6.79%
管理费用	-20097728	-7.36%	95664044	53.91%
财务费用	-2245914	-68.50%	-4682228	-333.58%
营业利润	231999022	78.23%	-55785417	-15.83%
加：投资收益	-204108365	-102.93%	186172028	1534.37%
营业外收入	-10740718	-58.13%	-5374130	-22.53%
减：营业外支出	-1008977	-8.77%	3486746	43.52%
利润总额	18158916	3.62%	121525735	31.95%
减：所得税	2079893	1.73%	44918381	59.92%
少数股东损益	7404967	90.06%	-492139	-5.65%
净利润	8674056	2.32%	77099493	25.99%

图 2-7　利润表环比分析模型

最终计算结果如图 2-8 所示。

项目	2023年比2022年		2022年比2021年	
	增减额	增减百分比	增减额	增减百分比
销售商品、提供劳务收到的现金	624726279	14.37%	253240682	6.19%
收到的税费返还	10732228	24.29%	-203929488	-82.19%
经营活动现金流入小计	635458507	14.47%	49311194	1.14%
购买商品接收劳务支付的现金	-833658436	-17.72%	1386801732	41.81%
支付给职工以及为职工支付的现金	-38544	-0.02%	46534704	22.98%
支付的各项税款	101814392	28.99%	-85662467	-19.61%
支付的其他与经营活动有关的现金	33948424	11.61%	-7765087	-2.59%
经营活动现金流出小计	-697934164	-12.47%	1339908882	31.48%
经营活动产生的现金流量净额	1333392671	110.70%	-1290597688	-1499.85%
收回投资所收到的现金	-442641504	-100.00%	404412840	1057.88%
分得股利或利润所收到的现金	-9005498	-88.81%	8457238	502.36%
取得债券利息收入所收到的现金	3322551	44.30%	-3517157	-31.93%
处置固定资产、无形资产和其他长	7771175	111.28%	2340325	50.40%
投资活动现金流入小计	-440553276	-94.28%	411693247	740.83%
构建固定资产、无形资产和其他长	21644376	71.76%	-32874992	-52.15%
权益性投资所支付的现金	-78348560	-90.11%	57952460	199.86%
支付的其他与投资活动有关的现金	-121946824	-100.00%	121946824	#DIV/0!
投资活动现金流出小计	-178651008	-74.73%	147024292	159.75%
投资活动产生的现金流量净额	-261902268	-114.77%	264668955	725.88%
吸收权益性投资所收到的现金	8000000	400.00%	-623384896	-99.68%
发行债券所收到的现金	1500000000	#DIV/0!	0	#DIV/0!
借款所收到的现金	-499000000	-15.78%	1309000000	70.64%
筹资活动现金流入小计	1009000000	31.89%	685615104	27.66%
偿还债务所支付的现金	1463300000	66.70%	36766000	1.70%
发生筹资费用所支付的现金	31387256	10708.81%	-815388	-73.56%
分配股利或利润所支付的现金	12851484	11.34%	14125800	14.24%
偿付利息所支付的现金	511286	0.73%	21708785	44.59%
筹资活动现金流出小计	1508050026	63.42%	71785197	3.11%
筹资活动产生的现金流量净额	-499050026	-63.49%	613829907	356.58%
汇率变动对现金的影响	-52325	-1071.55%	115977	104.40%
现金及现金等价物净增加值	572440376	300.70%	-412098826	-185.86%

图 2-8　现金流量表环比分析模型

由资产负债表的环比分析可以看出,培正公司的流动资产和长期负债从2021到2023年是逐年增加的。流动资产的增加主要是用于存货的增加,而长期负债的增加主要是由于2023年增加了约15亿元的应付债券。

由利润表的环比分析可以看出,培正公司的主营业务收入、营业利润、利润总额和净利润基本呈逐年增加的趋势,但投资收益波动比较大,影响了利润的稳定性。

由现金流量表的环比分析可以看出,2023年与2022年相比,培正公司的经营活动现金流量净额增幅较大,而投资活动的现金流量净额大幅下降,表明培正公司的生产经营活动比较正常,投资机会有所增加。2023年与2022年相比,最终的现金及现金等价物增加了5.7亿元,表明培正公司的现金比较充沛。

【例2-4】根据培正公司2021—2023年的财务数据构建结构分析模型。

(1) 在工作簿"财务分析模型.xls"中插入"资产负债表结构分析模型""利润表结构分析模型""现金流量表结构分析模型"工作表。

(2) 计算资产负债表结构分析,在"资产负债表结构分析模型"工作表的单元格区域B3:B4中输入公式"=资产负债表!B3:B24/资产负债表!B24"(数组公式),再分别复制到单元格区域C3:C24,单元格区域D3:D24,单元格区域F3:F24、单元格区域G3:G24和单元格区域H3:H24即可。计算结果如图2-9所示。

	A	B	C	D	E	F	G	H
1	培正公司资产负债表结构分析模型							
2	项目	2023年	2022年	2021年	项目	2023年	2022年	2021年
3	货币资金	14.45%	12.42%	18.01%	短期借款	5.60%	20.87%	10.23%
4	短期投资净额	0.00%	0.00%	0.01%	应付账款	10.43%	7.56%	14.02%
5	应收账款净额	3.68%	5.49%	6.13%	预收账款	6.63%	2.76%	8.63%
6	其他应收款	1.70%	1.88%	2.24%	应付福利费	0.22%	0.26%	0.52%
7	预付账款	1.56%	1.08%	0.32%	应付股利	1.54%	1.95%	2.05%
8	存货净额	72.74%	72.63%	62.55%	应交税金	0.98%	1.50%	1.48%
9	待摊费用	0.06%	0.04%	0.05%	其他应交款	0.03%	0.03%	0.02%
10	流动资产合计	94.20%	93.54%	89.31%	其他应付款	3.14%	3.42%	4.51%
11	长期股权投资	0.79%	1.27%	1.73%	预提费用	9.48%	8.65%	4.33%
12	长期投资合计	0.79%	1.27%	1.73%	流动负债合计	38.05%	47.01%	45.80%
13	固定资产原值	6.10%	6.51%	9.52%	长期借款	1.95%	4.03%	1.45%
14	减:累计折旧	1.79%	1.87%	2.68%	应付债券	18.41%	0.00%	0.00%
15	固定资产减值准备	0.06%	0.19%	0.39%	其他长期负债	0.45%	0.78%	0.79%
16	固定资产净值	4.24%	4.45%	6.46%	长期负债合计	20.80%	4.80%	2.24%
17	在建工程	0.00%	0.33%	0.00%	负债合计	58.85%	51.81%	48.04%
18	固定资产合计	4.24%	4.78%	6.46%	股本	7.68%	9.73%	11.41%
19	长期待摊费用	0.77%	0.41%	2.49%	资本公积	17.47%	22.14%	25.96%
20	无形资产及其他资产合计	0.77%	0.41%	2.49%	盈余公积	15.85%	16.26%	14.99%
21		0.00%	0.00%	0.00%	未分配利润	0.15%	0.07%	-0.38%
22		0.00%	0.00%	0.00%	外币报表折算差额	0.00%	-0.01%	-0.01%
23		0.00%	0.00%	0.00%	股东权益合计	41.15%	48.19%	51.96%
24	资产总计	100.00%	100.00%	100.00%	负债及股东权益总计	100.00%	100.00%	100.00%

图2-9 资产负债表结构分析模型

(3) 计算利润表结构分析,在"利润表结构分析模型"工作表中的单元格区域B3:B18中输入公式"=利润表!B3:B18/利润表!B3"(数组公式),再复制到单元格区域C3:C18和单元格区域 D3:D18 中。计算结果如图 2-10 所示。

	A	B	C	D
1	培正公司利润表结构分析模型			
2	项目	2023年	2022年	2021年
3	主营业务收入	100.00%	100.00%	100.00%
4	减：主营业务成本	75.92%	77.09%	75.06%
5	主营业务税金及附加	4.71%	4.03%	3.40%
6	主营业务利润	19.37%	18.88%	21.54%
7	加：其他业务利润	0.37%	-0.02%	0.25%
8	营业费用	2.77%	6.14%	7.76%
9	管理费用	5.53%	6.13%	4.69%
10	财务费用	-0.12%	-0.07%	0.04%
11	营业利润	11.56%	6.66%	9.31%
12	加：投资收益	-0.13%	4.45%	0.32%
13	营业外收入	0.17%	0.41%	0.63%
14	减：营业外支出	0.23%	0.26%	0.21%
15	利润总额	11.37%	11.26%	10.05%
16	减：所得税	2.67%	2.69%	1.98%
17	少数股东损益	0.34%	0.18%	0.23%
18	净利润	8.36%	8.39%	7.84%

图 2-10　利润表结构分析模型

(4) 计算现金流量表结构分析。首先是现金流入的结构分析，在"现金流量表结构分析模型"工作表的单元格 B4:B6 区域中输入数组公式"=现金流量表!B3:B5/(现金流量表!B5+现金流量表!B16+现金流量表!B25)"，在单元格区域 B13:B17 中输入数组公式"=现金流量表!B12:B16/(现金流量表!B5+现金流量表!B16+现金流量表!B25)"，在单元格区域 B23:B26 中输入数组公式"=现金流量表!B22:B25/(现金流量表!B5+现金流量表!B16+现金流量表!B25)"，然后将上述单元格中的内容分别复制到 2022 年和 2021 年的相应单元格中。

(5) 现金流出的结构分析，在单元格区域 E7:E11 中输入数组公式"=现金流量表!B6:B10/(现金流量表!B10+现金流量表!B20+现金流量表!B30)"，在单元格区域 E18:E21 中输入数组公式"=现金流量表!B17:B20/(现金流量表!B10+现金流量表!B20+现金流量表!B30)"，在单元格区域 E27:E31 中输入数组公式"=现金流量表!B26:B30/(现金流量表!B10+现金流量表!B20+现金流量表!B30)"，然后将上述单元格中的内容分别复制到 2022 年和 2021 年的相应单元格中。

(6) 现金净额结构分析，在单元格 H12 中输入数组公式"=现金流量表!B11/现金流量表!B33"，在单元格 H22 中输入数组公式"=现金流量表!B21/现金流量表!B33"，在单元格 H32 中输入数组公式"=现金流量表!B31/现金流量表!B33"，在单元格 H22 中输入数组公式"=现金流量表!B33/现金流量表!B33"，然后将上述单元格中的内容分别复制到 2022 年和 2021 年的相应单元格中。计算结果如图 2-11 所示。

项目	现金流入分析表			现金流出分析表			现金净额分析表		
	2023年	2022年	2021年	2023年	2022年	2021年	2023年	2022年	2021年
销售商品，提供劳务收到的现金	53.89%	54.19%	59.54%						
收到的税费返还	0.60%	0.55%	3.61%						
经营活动现金流入小计	54.48%	54.74%	63.15%						
购买商品接收劳务支付的现金				43.75%	57.27%	49.84%			
支付给职工以及为职工支付的现金				2.82%	3.03%	3.04%			
支付的各项税款				5.12%	4.28%	6.57%			
支付的其他与经营活动有关的现金				3.69%	3.56%	4.51%			
经营活动现金流出小计				55.38%	68.14%	63.96%			
经营活动产生的现金流量净额							33.72%	632.75%	38.81%
收回投资所收到的现金	0.00%	5.52%	0.56%						
分得股利或利润所收到的现金	0.01%	0.13%	0.02%						
取得债券利息收入所收到的现金	0.12%	0.09%	0.16%						
处置固定资产、无形资产和	0.16%	0.09%	0.07%						
投资活动现金流入小计	0.29%	5.82%	0.81%						
构建固定资产，无形资产				0.59%	0.37%	0.95%			
权益性投资所支付的现金				0.10%	1.06%	0.44%			
支付的其他与投资活动有关的现金				0.00%	1.48%	0.00%			
投资活动现金流出小计				0.68%	2.91%	1.38%			
投资活动产生的现金流量净额							-8.82%	-119.88%	-16.44%
吸收权益性投资所收到的现金	0.11%	0.02%	9.09%						
发行债券所收到的现金	16.26%	0.00%	0.00%						
借款所收到的现金	28.86%	39.41%	26.95%						
筹资活动现金流入小计	45.23%	39.44%	36.04%						
偿还债务所支付的现金				41.35%	26.71%	32.42%			
发生筹资费用所支付的现金				0.36%	0.00%	0.02%			
分配股利或利润所支付的现金				1.43%	1.38%	1.49%			
偿付利息所支付的现金				0.80%	0.86%	0.73%			
筹资活动现金流出小计				43.94%	28.95%	34.66%			
筹资活动产生的现金流量净额							75.10%	-412.87%	77.64%
汇率变动对现金的影响									
现金及现金等价物净增加值							100.00%	100.00%	100.00%

图 2-11 现金流量表结构分析模型

由资产负债表的结构分析可以看出，培正公司的资产构成中，流动资产的比重超过 90%，其中存货的占比最大，这说明培正公司应该降低存货的资金占用，加速存货的周转。另外，培正公司负债总额的比重基本都在 50%以上，应当注意防范财务风险。

由利润表的结构分析可以看出，培正公司的主营业务成本、营业费用、管理费用和财务费用占主营业务收入的比重有所降低，而主营业务利润、营业利润、利润总额和净利润占主营业务收入的比重有所提高，说明该公司的经营状况良好。

由现金流量表的结构分析可以看出，培正公司连续三年的现金流量构成中，现金流入和现金流出主要是经营活动和筹资活动形成的，投资活动的现金流量只占很小的比例，说明培正公司的投资活动比较少。从现金流量的净额可以看出，经营活动、投资活动和筹资活动的净现金流量各自所占的比重变动较大。

实训四　财务综合分析模型

【知识准备】

综合分析法是对企业的财务状况进行全面分析和评价的方法，主要包括财务比率综合评分法和杜邦分析法。

1. 财务比率综合评分法

财务比率综合评分法也叫沃尔评分法，最早由亚历山大·沃尔采用并沿用至今。沃尔在 20 世纪初出版的《信用晴雨表研究》和《财务报表比率分析》中提出了信用能力指数的概念，他选择了 7 个财务比率，即流动比率、产权比率、固定资产比率、存货周转率、应收账款周转率、固定资产周转率和自有资金周转率，分别给定各指标的比重，然后确定标准比率(以行业平均数为基础)，将实际比率与标准比率相比，得出相对比率，将此相对比率与各指标比重相乘，得出总评分。

财务比率综合评分法的基本步骤包括以下内容。

(1) 选择评价指标并分配指标权重。
- 盈利能力的指标：资产净利率、销售净利率、净值报酬率。
- 偿债能力的指标：自有资本比率、流动比率、应收账款周转率、存货周转率。
- 发展能力的指标：销售增长率、净利增长率、资产增长率。

(2) 确定各项比率指标的标准评分值，按重要程度确定各项比率指标的评分值，评分值之和为 100。

(3) 确定各项比率评分值的上下限值，避免个别财务比率的异常值给总分造成的影响。

(4) 确定各项比率指标的标准值，即各项指标在企业现时条件下的最优值。

(5) 计算各项比率指标的实际值。

(6) 计算关系比率。关系比率即各项财务比率实际值与标准值的比值。

(7) 计算各项比率的实际得分。各项比率的实际得分是关系比率与标准评分值的乘积，并受到之前确定的评分值上下限的约束，以确保得分的合理性。所有各项财务比率实际得分的合计数就是企业财务状况的综合得分。如果综合得分等于或者接近 100 分，则说明企业的财务状况良好；如果综合得分小于 100 分，则说明企业的财务状况较差，需要财务措施加以改善；如果综合得分超过 100 分，则说明企业的财务状况很理想。

2. 杜邦分析法

杜邦分析法由美国杜邦公司创立并在杜邦公司成功运用，故称之为杜邦系统(the Du Pont System)，它是利用财务指标间的内在联系，对企业综合经营理财能力及经济效益进行系统的分析评价的方法。

杜邦体系包括以下几种主要的指标关系。

(1) 净资产收益率是整个分析系统的起点和核心。该指标的高低反映了投资者的净资产获利能力的大小。净资产收益率是由销售净利率、总资产周转率和权益乘数决定的。

(2) 权益乘数表明了企业的负债程度。该指标越大，企业的负债程度就越高，它是股东权益率的倒数。

(3) 总资产报酬率是销售净利率和总资产周转率的乘积，是企业销售成果和资产运营的综合反映，要提高总资产报酬率，必须增加销售收入，降低资金占用额。

(4) 总资产周转率反映企业资产实现销售收入的综合能力。分析时，必须综合销售收入分析企业资产结构是否合理，即流动资产和长期资产的结构比率关系。同时还要分析流动资产周转率、存货周转率、应收账款周转率等有关资产使用效率指标，找出总资产周转率高低变化的确切原因。

杜邦分析法中的几种主要的财务指标关系为

$$净资产收益率=总资产报酬率×权益乘数 \quad (2\text{-}29)$$

其中：

$$总资产报酬率=销售净利率×总资产周转率$$

$$净资产收益率=销售净利率×总资产周转率×权益乘数 \quad (2\text{-}30)$$

杜邦分析法有助于企业管理层更加清晰地看到净资产收益率的决定因素，以及销售净利润率与总资产周转率、债务比率之间的相互关系，给管理层提供一张明晰的考察公司资产管理效率和股东投资回报的路线图。

【实训目标与要求】

熟练掌握并运用 Excel 构建财务比率综合评分模型和杜邦分析模型。

【实训指导】

前面已经介绍了企业偿债能力、营运能力、盈利能力和发展能力等各种财务分析指标，但单独分析任何一项财务指标，就跟盲人摸象一样，都难以全面评价企业的经营与财务状况。要作全面的分析，必须采取适当的方法，对企业财务进行综合分析与评价。所谓财务综合分析就是将企业营运能力、偿债能力和盈利能力等方面的分析纳入到一个有机的分析系统之中，全面地对企业财务状况、经营状况进行解剖和分析，从而对企业经济效益做出较为准确的评价与判断。下面介绍财务比率综合评分法和杜邦分析法的应用。

【例 2-5】 根据培正公司 2023 年的财务数据构建财务比率综合分析模型。

(1) 以培正公司 2023 年的财务数据为例，在工作簿"财务分析模型.xls"中插入"财务比率综合分析模型"的工作表。

(2) 计算选取的财务比率的实际值，从财务比率分析模型中直接取数过来。在 B4 单元格中输入"=财务比率分析模型!B4"，B5 单元格中输入"=财务比率分析模型!B5"，B6 单元格中输入"=财务比率分析模型!B8"，B7 单元格中输入"=财务比率分析模型!B14"，B8 单元格中输入"=财务比率分析模型!B15"，B9 单元格中输入"=财务比率分析模型!B18"，B10 单元格中输入"=财务比率分析模型!B24"，B11 单元格中输入"=财务比率分析模型!B25"，B12 单元格中输入"=财务比率分析模型!B22"。

(3) 确定各财务比率的标准值，一般选择行业平均水平作为标准值。

(4) 将各比率的实际值除以标准值，计算得出关系比率。在 D4:D12 区域单元格中输入数组公式=B4:B12/C4:C12，即可计算得出关系比率。

(5) 在 F4:F12 区域单元格中输入数组公式"=D4:D12*E4:E12"，即可计算得出综合指数。确定最终计算结果如图 2-12 所示。

由图 2-12 可以看出，培正公司 2023 年的财务比率综合指数为 109.374，超过 100，说明该公司的财务状况良好，但也应该看到其存货周转率和总资产周转率偏低，有待提高。

	A	B	C	D	E	F
1	培正公司2023年财务比率综合评分模型					
2	指 标	实际值	标准值	关系比率	重要性系数	综合指数
3		A	B	C=A/B	D	E=C*D
4	流动比率	2.48	2	1.238	15.00	18.569
5	速动比率	0.56	1	0.562	10.00	5.624
6	资产负债率	58.85%	40.00%	1.471	10.00	14.713
7	应收账款周转率	13.90	12	1.158	5.00	5.792
8	存货周转率	0.65	15	0.043	10.00	0.433
9	总资产周转率	0.62	1.88	0.331	15.00	4.966
10	销售净利率	8.36%	12.00%	0.697	10.00	6.967
11	成本费用利润率	13.52%	5.00%	2.703	15.00	40.552
12	净资产收益率	11.76%	10.00%	1.176	10.00	11.758
13	合计				100.00	109.374

图 2-12 财务比率综合分析模型

【例 2-6】根据培正公司 2023 年的财务数据构建杜邦分析模型。

以培正公司 2023 年的财务数据为例，在工作簿"财务分析模型.xls"中插入"杜邦分析模型"的工作表，具体的取数计算这里就不再赘述，最终计算结果如图 2-13 所示。

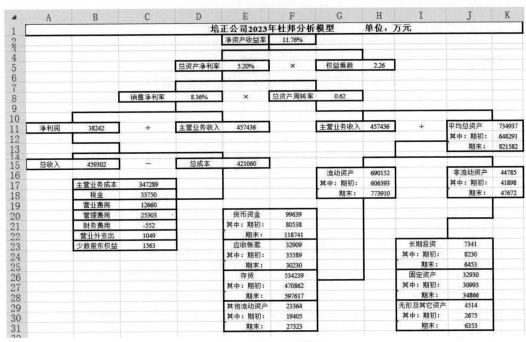

图 2-13 杜邦分析模型

实 训 练 习

任意选择一家上市公司，利用 Excel 对其 2021—2023 年的财务数据进行比率分析、环比分析、结构分析和综合分析，并撰写财务分析报告。

项目三　资金时间价值实训

【实训目标】

思政目标：

让学生认识到货币时间价值的重要意义，培养学生理性消费观念。

知识目标：

- 理解复利终值和现值的计算。
- 理解年金终值和现值的计算。
- 理解年金、利率和期限的计算。
- 熟练掌握 FV、PV、PMT、NPV、PPMT、IPMT、RATE、NPER 函数。
- 熟练掌握运用 Excel 计算和分析资金时间价值的具体问题。

能力目标：

- 学生能够根据具体案例，运用 Excel 函数计算终值、现值、还款期限、年利率及特殊的时间价值问题。
- 学生能够使用 Excel 进行证券估值，提高证券估值能力。

【教学建议】

建议本项目主要采取讲授与实训相结合的教学方法，课时安排为 6 个课时，将实训练习作为学生的课后练习，学生应记录实训步骤。

实训一　终值和现值的计算

【知识准备】

终值是指现在的一笔资金按给定的利率计算所得到的未来某一时刻的价值，也称为未来值。现值是指未来的一笔资金按给定的利率计算所得到的现在时刻的价值。

1. 单利终值与现值

单利是指仅对本金计算利息，以前各期产生的利息不再计算利息的利息计算方式。

(1) 单利终值。

假设 P 为现在投入的一笔资金，i_s 为单利年利率，n 为计息年数，F_s 为 n 年末的单利终值。现在投入的一笔资金，n 年末的终值相当于 n 年末的本利之和，即

$$F_s = P + P \cdot i_s \cdot n = P \cdot (1 + i_s \cdot n) \tag{3-1}$$

(2) 单利现值。

如果已知一笔现在的存款一定时期后按单利计息的终值，则可求出其等值的现值。由终

值求现值又叫贴现或折现，贴现时所使用的利率称为贴现率或折现率，计算公式为

$$P = F_s / (1 + i_s \cdot n) \qquad (3\text{-}2)$$

2. 复利终值与现值

复利是指不仅对本金计算利息，而且对以前各期所产生的利息也计算利息的利息计算方式。

(1) 复利终值。

复利终值是指一笔资金按一定的利率复利计息时，未来某一时刻的本利和。

假设 P 为现在投入的一笔资金，i 为复利年利率，n 为计息年数，F 为 n 年末的复利终值，则复利终值的计算公式为

$$F = P \cdot (1 + i)^n \qquad (3\text{-}3)$$

(2) 复利现值。

复利现值是指未来时期的一笔资金按复利贴现的现在时刻的价值。贴现是复利的反过程。在已知复利终值、贴现率和贴现期数的条件下，可求得复利现值为

$$P = F / (1 + i)^n \qquad (3\text{-}4)$$

【实训目标与要求】

熟练掌握利用 Excel 计算单利终值和现值以及复利终值和现值。

【实训指导】

一、单利终值和现值

利用 Excel 计算单利终值和现值非常简单，只需要在相应的单元格中输入单利终值和现值的计算公式即可。

【例 3-1】某人现在存入银行 1000 元，单利年利率 5%，则 5 年后的本利和为多少？

将已知条件输入 Excel 中，在 B4 单元格中输入公式 "=B1*(1+B2*B3)"，可以得出 5 年后的本利和为 1250 元，如图 3-1 所示。

【例 3-2】某人打算在 5 年后从银行取出 1000 元，单利年利率 5%，则现在需要存入银行多少钱？

将已知条件输入 Excel 中，在 B4 单元格中输入公式 "=B1/(1+B2*B3)"，可以得出现在需要存入银行的金额为 800 元，如图 3-2 所示。

	A	B
1	现值	1000
2	利率	5%
3	期间	5
4	终值	1250

图 3-1 单利终值的计算

	A	B
1	终值	1000
2	利率	5%
3	期间	5
4	现值	800

图 3-2 单利现值的计算

二、复利终值和现值

1. 复利终值

利用 Excel 计算复利终值有两种方法。一种方法很简单，只需要在相应的单元格中输入复利终值公式即可。

【例 3-3】某人现在存入银行 1000 元，复利年利率 5%，则 5 年后的本利和为多少？

将已知条件输入 Excel 中，在 B4 单元格中输入公式“=B1*(1+B2)^B3”，可以得出 5 年后的本利和为 1276.282 元，如图 3-3 所示。

B4　fx　=B1*(1+B2)^B3

	A	B	C	D
1	现值	1000		
2	利率	5%		
3	期间	5		
4	复利终值	1276.282		

图 3-3　复利终值的计算

另一种方法可以利用 FV 函数计算复利终值。FV 函数的主要功能是基于固定利率及等额分期付款方式，返回某项投资的未来值。

FV 函数的语法为 FV(rate,nper,pmt,pv,type)，其中：

- rate 为各期利率。
- nper 为总投资期，即该项投资的付款期总数。
- pmt 为各期所应支付的金额，其数值在整个年金期间保持不变。通常 pmt 包括本金和利息，但不包括其他费用及税款。如果忽略 pmt，则必须包括 pv 参数。
- pv 为现值，即从该项投资开始计算时已经入账的款项，或一系列未来付款的当前值的累积和，也称为本金。如果省略 pv，则假设其值为零，并且必须包括 pmt 参数。
- type 取数字 0 或 1，用以指定各期的付款时间是在期初(1)还是期末(0)。如果省略 type，则假设其值为 0。

需要注意的是，应确认所指定的 rate 和 nper 单位的一致性。例如，同样是 4 年期年利率为 12%的贷款，如果按月支付，rate 应为 12%/12，nper 应为 4*12；如果按年支付，rate 应为 12%，nper 为 4。另外，在所有参数中，支出的款项，如银行存款，表示为负数；收入的款项，如股息收入，表示为正数。另外，还需要注意 pmt、pv 这两个参数与 FV 互为相反数，也就是说需要在 pmt、pv 这两个参数前面加上负号，否则计算出来的结果就为负数。

在本例中，用 FV 函数计算如图 3-4 所示，在 B4 单元格中输入函数=FV(B2,B3,,-B1)，计算得出其复利终值为 1276.28 元。

B4　fx　=FV(B2,B3,,-B1)

	A	B	C
1	现值	1000	
2	利率	5%	
3	期间	5	
4	FV函数求复利终值	¥1,276.28	

图 3-4　FV 函数计算复利终值

比较计算复利终值的两种方法，显然第二种方法更加简单，因为不需要记住复利终值公式，只需要记住 FV 函数就可以在 Excel 中非常方便快捷地计算复利终值。

【例 3-4】利用 FV 函数制作复利终值系数表。

(1) 设计复利终值系数表格，这里只假设复利年利率从 1%计算到 10%(存放在单元格 B2:K2)，计息年数从 1 年到 10 年(存放在单元格 A3:A12)，具体如图 3-5 所示。

	A	B	C	D	E	F	G	H	I	J	K
1		复利终值系数表									
2	年利率i(%) / 年n	1	2	3	4	5	6	7	8	9	10
3	1										
4	2										
5	3										
6	4										
7	5										
8	6										
9	7										
10	8										
11	9										
12	10										

图 3-5　复利终值系数表

(2) 选取单元格区域 B3:K12，在公式编辑栏中输入数组公式=FV(B2:K2/100,A3:A12,,-1)，然后同时按下 Ctrl+Shift+Enter，即可得到不同年利率和计息年数下的复利终值系数表，最终计算结果可用工具栏中的【增加小数位数】按钮和【减少小数位数】按钮调整小数位数，如图 3-6 所示。

	A	B	C	D	E	F	G	H	I	J	K
1		复利终值系数表									
2	年利率i(%) / 年n	1	2	3	4	5	6	7	8	9	10
3	1	1.0100	1.0200	1.0300	1.0400	1.0500	1.0600	1.0700	1.0800	1.0900	1.1000
4	2	1.0201	1.0404	1.0609	1.0816	1.1025	1.1236	1.1449	1.1664	1.1881	1.2100
5	3	1.0303	1.0612	1.0927	1.1249	1.1576	1.1910	1.2250	1.2597	1.2950	1.3310
6	4	1.0406	1.0824	1.1255	1.1699	1.2155	1.2625	1.3108	1.3605	1.4116	1.4641
7	5	1.0510	1.1041	1.1593	1.2167	1.2763	1.3382	1.4026	1.4693	1.5386	1.6105
8	6	1.0615	1.1262	1.1941	1.2653	1.3401	1.4185	1.5007	1.5869	1.6771	1.7716
9	7	1.0721	1.1487	1.2299	1.3159	1.4071	1.5036	1.6058	1.7138	1.8280	1.9487
10	8	1.0829	1.1717	1.2668	1.3686	1.4775	1.5938	1.7182	1.8509	1.9926	2.1436
11	9	1.0937	1.1951	1.3048	1.4233	1.5513	1.6895	1.8385	1.9990	2.1719	2.3579
12	10	1.1046	1.2190	1.3439	1.4802	1.6289	1.7908	1.9672	2.1589	2.3674	2.5937

图 3-6　复利终值系数表最终效果图

2. 复利现值

利用 Excel 计算复利现值也有两种方法。第一种方法是直接在相应的单元格中输入复利现值公式。

【例 3-5】某人打算在 5 年后从银行取出 1000 元，复利年利率 5%，则现在需要存入银行多少钱？

将已知条件输入 Excel 中，在 B4 单元格中输入公式 "=B1/(1+B2)^B3"，可以得出现在需要存入银行的金额为 783.53 元，如图 3-7 所示。

	A	B
1	终值	1000
2	利率	5%
3	期间	5
4	复利现值	783.53

图 3-7　复利现值的计算

第二种方法是利用 PV 函数计算复利现值。PV 函数的主要功能是返回投资的现值。现值为一系列未来付款的当前值的累积和。PV 函数的语法为 PV(rate,nper,pmt,fv,type)，其中：

- rate 为各期利率。

- nper 为总投资期,即该项投资的付款期总数。
- pmt 为各期所应支付的金额,其数值在整个年金期间保持不变。通常 pmt 包括本金和利息,但不包括其他费用及税款。如果忽略 pmt,则必须包括 fv 参数。
- fv 为未来值,或在最后一次支付后希望得到的现金余额,如果省略 fv,则假设其值为零(一笔贷款的未来值即为零),并且必须包括 pmt 参数。
- type 取数字 0 或 1,用以指定各期的付款时间是在期初(1)还是期末(0)。如果省略 type,则假设其值为 0。

需要注意的是,应确认所指定的 rate 和 nper 单位的一致性。例如,同样是 4 年期年利率为 12%的贷款,如果按月支付,rate 应为 12%/12,nper 应为 4*12;如果按年支付,rate 应为 12%,nper 为 4。另外,在所有参数中,支出的款项,如银行存款,表示为负数;收入的款项,如股息收入,表示为正数。同样还需要注意 pmt、fv 这两个参数与 PV 互为相反数,也就是说需要在 pmt、fv 这两个参数前面加上负号,否则计算出来的结果就为负数。

在本例中,用 PV 函数计算如图 3-8 所示,在 B4 单元格中输入 PV 函数=PV(B2,B3,,B1),计算得出复利现值为 783.53 元。

	A	B	C
1	终值	1000	
2	利率	5%	
3	期间	5	
4	PV函数求复利现值	-783.53	

图 3-8 PV 函数计算复利现值

同样,比较计算复利现值的两种方法,第二种方法也要更加简单,因为不需要记住复利现值公式,只需要记住 PV 函数就可以在 Excel 中非常方便快捷地计算复利现值。

【例 3-6】利用 PV 函数制作复利现值系数表。

(1) 设计复利现值系数表格。这里只假设复利年利率从 1%计算到 10%(存放在单元格 B2:K2),计息年数从 1 年到 10 年(存放在单元格 A3:A12),如图 3-9 所示。

A	B	C	D	E	F	G	H	I	J	K
	复利现值系数表									
年利率i(%) 年n	1	2	3	4	5	6	7	8	9	10
1										
2										
3										
4										
5										
6										
7										
8										
9										
10										

图 3-9 复利现值系数表

(2) 选取单元格区域 B3:K12,在公式编辑栏中输入数组公式=PV(B2:K2/100,A3:A12,,-1),然后同时按下 Ctrl+Shift+Enter,即可得到不同年利率和计息年数下的复利现值系数表,最终计算结果如图 3-10 所示。

	A	B	C	D	E	F	G	H	I	J	K
1	复利现值系数表										
2	年利率i(%)＼年n	1	2	3	4	5	6	7	8	9	10
3	1	0.9901	0.9804	0.9709	0.9615	0.9524	0.9434	0.9346	0.9259	0.9174	0.9091
4	2	0.9803	0.9612	0.9426	0.9246	0.9070	0.8900	0.8734	0.8573	0.8417	0.8264
5	3	0.9706	0.9423	0.9151	0.8890	0.8638	0.8396	0.8163	0.7938	0.7722	0.7513
6	4	0.9610	0.9238	0.8885	0.8548	0.8227	0.7921	0.7629	0.7350	0.7084	0.6830
7	5	0.9515	0.9057	0.8626	0.8219	0.7835	0.7473	0.7130	0.6806	0.6499	0.6209
8	6	0.9420	0.8880	0.8375	0.7903	0.7462	0.7050	0.6663	0.6302	0.5963	0.5645
9	7	0.9327	0.8706	0.8131	0.7599	0.7107	0.6651	0.6227	0.5835	0.5470	0.5132
10	8	0.9235	0.8535	0.7894	0.7307	0.6768	0.6274	0.5820	0.5403	0.5019	0.4665
11	9	0.9143	0.8368	0.7664	0.7026	0.6446	0.5919	0.5439	0.5002	0.4604	0.4241
12	10	0.9053	0.8203	0.7441	0.6756	0.6139	0.5584	0.5083	0.4632	0.4224	0.3855

图 3-10　复利现值系数表最终效果图

实训二　年金终值与现值的计算

【知识准备】

年金是指一定期限内每期都有的一系列等额的收付款项。年金可按发生的时间和期限不同划分为四种类型：普通年金、先付年金、延期年金和永续年金。

1. 普通年金的终值与现值

普通年金，又称为后付年金，是指在一定期限内，每期期末有等额的收付款项的年金。普通年金的终值和现值计算公式如下。

(1) 终值。

$$F = A \cdot \sum_{t=0}^{n-1}(1+i)^t = A \cdot \frac{(1+i)^n - 1}{i} = (F/P,\ i,\ n) \tag{3-5}$$

(2) 现值。

$$P = A \cdot \sum_{t=1}^{n} \frac{1}{(1+i)^t} = A \cdot \frac{(1+i)^n - 1}{i \cdot (1+i)^n} = (P/F,\ i,\ n) \tag{3-6}$$

2. 先付年金的终值与现值

先付年金，又称为预付年金，是指在每期期初等额收付的年金。先付年金的终值和现值计算公式如下。

(1) 终值。

$$F = A(1+i) + A(1+i)^2 + \cdots + A(1+i)^{n-1} + A(1+i)^n$$
$$= A\left[\frac{(1+i)^{n+1} - 1}{i} - 1\right] \longrightarrow \text{先付年金终值系数和普通年金终值系数的关系：期数+1，系数−1} \tag{3-7}$$

(2) 现值。

$$P_A = A + A/(1+i) + A/(1+i)^2 + \cdots + A/(1+i)^{n-1}$$
$$= A\left[\frac{1-(1+i)^{-(n-1)}}{i} + 1\right] \longrightarrow \text{先付年金现值系数和普通年金现值系数的关系：期数−1，系数+1} \tag{3-8}$$

3. 递延年金的终值与现值

递延年金,也称为延期年金,指的是在最初若干期没有收付款项的情况下,后面若干期等额的系列收付款项。递延年金的终值和现值计算公式如下。

(1) 终值。

递延年金的终值公式和普通年金一样。

(2) 现值。

$$P=A\times(P/A,\ i,\ n)\times(P/F,\ i,\ m) \quad (3\text{-}9)$$

或

$$P=A\times(P/A,\ i,\ m+n)-A\times(P/A,\ i,\ m) \quad (3\text{-}10)$$

4. 永续年金的现值

永续年金指的是一种特殊的年金,它在理论上没有终止的时间,即没有终值。永续年金的现值计算公式如下。

$$P=A/I \quad (3\text{-}11)$$

【实训目标与要求】

熟练掌握利用 Excel 计算年金的终值和现值。

【实训指导】

一、普通年金的终值和现值

1. 普通年金终值

计算普通年金终值,可以利用 Excel 中提供的 FV 函数。FV 函数的功能是基于固定利率及等额分期付款方式,返回某项投资的未来值。

【例 3-7】某人在 10 年的期限内每年年末等额地向银行存入 1000 元,银行按 5%复利计息,那么,此人在第 10 年的年末可一次性从银行取出本息多少钱?

首先将已知条件输入到 Excel 中,然后在 B4 单元格中输入 FV 函数=FV(B2,B3,-B1),即可计算得出年金终值为 12 577.89 元,具体如图 3-11 所示。

	A	B	C
1	普通年金	1000	
2	利率	5%	
3	期间	10	
4	FV函数求年金终值	¥12,577.89	

图 3-11　FV 函数计算年金终值

【例 3-8】利用 FV 函数制作年金终值系数表。

(1) 先设计年金终值系数表格,这里只假设复利年利率从 1%计算到 10%(存放在单元格 B2:K2),计息年数从 1 年到 10 年(存放在单元格 A3:A12),如图 3-12 所示。

	A	B	C	D	E	F	G	H	I	J	K
1		年金终值系数表									
2	年利率i(%) / 年n	1	2	3	4	5	6	7	8	9	10
3	1										
4	2										
5	3										
6	4										
7	5										
8	6										
9	7										
10	8										
11	9										
12	10										

图 3-12　年金终值系数表

(2) 选取单元格区域 B3:K12，在公式编辑栏中输入数组公式= FV(B2:K2/100,A3:A12,-1)(年金终值系数反映了 1 元年金的终值，故此处 FV 函数的参数 pmt 取值-1，负号表示年金现金流方向与终值方向相反)，然后同时按下 Ctrl+Shift+Enter，即可得到不同年利率和计息年数下的年金终值系数表，最终计算结果如图 3-13 所示。

	A	B	C	D	E	F	G	H	I	J	K
1		年金终值系数表									
2	年利率i(%) / 年n	1	2	3	4	5	6	7	8	9	10
3	1	1.0000	1.0000	1.0000	1.0000	1.0000	1.0000	1.0000	1.0000	1.0000	1.0000
4	2	2.0100	2.0200	2.0300	2.0400	2.0500	2.0600	2.0700	2.0800	2.0900	2.1000
5	3	3.0301	3.0604	3.0909	3.1216	3.1525	3.1836	3.2149	3.2464	3.2781	3.3100
6	4	4.0604	4.1216	4.1836	4.2465	4.3101	4.3746	4.4399	4.5061	4.5731	4.6410
7	5	5.1010	5.2040	5.3091	5.4163	5.5256	5.6371	5.7507	5.8666	5.9847	6.1051
8	6	6.1520	6.3081	6.4684	6.6330	6.8019	6.9753	7.1533	7.3359	7.5233	7.7156
9	7	7.2135	7.4343	7.6625	7.8983	8.1420	8.3938	8.6540	8.9228	9.2004	9.4872
10	8	8.2857	8.5830	8.8923	9.2142	9.5491	9.8975	10.2598	10.6366	11.0285	11.4359
11	9	9.3685	9.7546	10.1591	10.5828	11.0266	11.4913	11.9780	12.4876	13.0210	13.5795
12	10	10.4622	10.9497	11.4639	12.0061	12.5779	13.1808	13.8164	14.4866	15.1929	15.9374

图 3-13　年金终值系数表最终效果图

2. 普通年金现值

计算普通年金现值，可以利用 Excel 中提供的 PV 函数。PV 函数的功能是返回未来若干期资金的现值。

【例 3-9】某人打算在今后的 4 年中每年等额从银行取出 2000 元，在银行按 10%的年利率复利计息的情况下，此人现在应一次性存入银行多少钱？

首先将已知条件输入到 Excel 中，然后在 B4 单元格中输入 PV 函数=PV(B2,B3,B1)，即可计算得出年金现值为 6339.73 元，具体如图 3-14 所示。

	A	B	C
	B4	=PV(B2,B3,B1)	
1	年金	2000	
2	利率	10%	
3	期限	4	
4	普通年金现值	¥-6,339.73	

图 3-14　PV 函数计算年金现值

【例 3-10】利用 PV 函数制作年金现值系数表。

(1) 设计年金现值系数表格，这里只假设复利年利率从 1%计算到 10%(存放在单元格 B2:K2)，计息年数从 1 年到 10 年(存放在单元格 A3:A12)。如图 3-15 所示。

	A	B	C	D	E	F	G	H	I	J	K
1	年金现值系数表										
2	年利率i(%) / 年n	1	2	3	4	5	6	7	8	9	10
3	1										
4	2										
5	3										
6	4										
7	5										
8	6										
9	7										
10	8										
11	9										
12	10										

图 3-15　年金现值系数表

(2) 选取单元格区域 B3:K12，在公式编辑栏中输入数组公式=PV(B2:K2/100,A3:A12,-1)(年金现值系数反映了 1 元年金的终值，故此处 PV 函数的参数 pmt 取值-1，负号表示年金现金流方向与终值方向相反)，同时按下 Ctrl+Shift+Enter，即可得到不同年利率和计息年数下的年金现值系数表，最终计算结果如图 3-16 所示。

	A	B	C	D	E	F	G	H	I	J	K
1	年金现值系数表										
2	年利率i(%) / 年n	1	2	3	4	5	6	7	8	9	10
3	1	0.9901	0.9804	0.9709	0.9615	0.9524	0.9434	0.9346	0.9259	0.9174	0.9091
4	2	1.9704	1.9416	1.9135	1.8861	1.8594	1.8334	1.8080	1.7833	1.7591	1.7355
5	3	2.9410	2.8839	2.8286	2.7751	2.7232	2.6730	2.6243	2.5771	2.5313	2.4869
6	4	3.9020	3.8077	3.7171	3.6299	3.5460	3.4651	3.3872	3.3121	3.2397	3.1699
7	5	4.8534	4.7135	4.5797	4.4518	4.3295	4.2124	4.1002	3.9927	3.8897	3.7908
8	6	5.7955	5.6014	5.4172	5.2421	5.0757	4.9173	4.7665	4.6229	4.4859	4.3553
9	7	6.7282	6.4720	6.2303	6.0021	5.7864	5.5824	5.3893	5.2064	5.0330	4.8684
10	8	7.6517	7.3255	7.0197	6.7327	6.4632	6.2098	5.9713	5.7466	5.5348	5.3349
11	9	8.5660	8.1622	7.7861	7.4353	7.1078	6.8017	6.5152	6.2469	5.9952	5.7590
12	10	9.4713	8.9826	8.5302	8.1109	7.7217	7.3601	7.0236	6.7101	6.4177	6.1446

图 3-16　年金现值系数表最终效果图

二、先付年金的终值和现值

1. 先付年金终值

计算先付年金的终值也可以利用终值函数 FV 函数。

【例 3-11】某人准备在今后的 5 年中每年年初等额存入银行 8000 元钱，如果银行按 4% 的年利率复利计息，那么第 5 年末此人可一次性从银行取出多少钱？

首先将已知条件输入到 Excel 中，然后在 B4 单元格中输入 FV 函数=FV(B3,B2,-B1,,1)(type 定义为 1，表示是先付年金)，即可计算得出先付年金终值为 45 063.80 元，具体如图 3-17 所示。

2. 先付年金现值

计算先付年金的现值也可以利用现值函数 PV 函数。

【例 3-12】某企业准备在今后的 3 年期限内租用一台设备，按租赁合同的约定每年年初需要支付租金 6000 元，若贴现率为 10%，那么全部租金的现值是多少？

首先将已知条件输入到 Excel 中，然后在 B4 单元格中输入 PV 函数=PV(B3,B2,-B1,,1)(type 定义为 1，表示是先付年金)，即可计算得出先付年金现值为 16 413.22 元，具体如图 3-18 所示。

B4 =FV(B3,B2,-B1,,1)

	A	B	C
1	先付年金	8000	
2	年数	5	
3	复利利率	4%	
4	先付年金终值	¥45,063.80	

图 3-17　FV 函数计算先付年金终值

B4 =PV(B3,B2,-B1,,1)

	A	B	C
1	先付年金	6000	
2	年数	3	
3	复利利率	10%	
4	先付年金现值	¥16,413.22	

图 3-18　PV 函数计算先付年金现值

三、延期年金的终值和现值

延期年金是一定时期以后才开始有的年金，其终值可直接根据普通年金终值公式计算。延期年金现值可采用两种不同的方法计算。

1. 延期年金现值计算方法一

假设前 m 期没有年金，$m+1$ 至 $m+n$ 期有 n 期普通年金 A，可根据普通年金现值公式先将 n 期的普通年金折算为 m 年末时刻的价值，然后再向前贴现 m 期，即可得到延期年金的现值，如图 3-19 所示。

【例 3-13】某人准备现在存入银行一笔钱，希望能够在第 6 年至第 10 年末每年等额从银行取出 1000 元钱。如果银行存款的年利率为 8%，且复利计息，那么此人现在应当一次性存入银行多少钱？

(1) 设计如图 3-20 所示的表格。

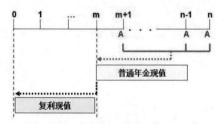

图 3-19　延期年金现值计算示意图

	A	B
1	延期年金	1000
2	复利利率	8%
3	有年金年限n	5
4	年金在m年末现值x	
5		
6	无年金年限m	5
7	x在0年末现值	

图 3-20　PV 函数计算延期年金现值

(2) 在单元格 B4 中插入 PV 函数，计算第 m 年末的值，参数如图 3-21 所示。

(3) 单击【确定】按钮，结果如图 3-22 所示。

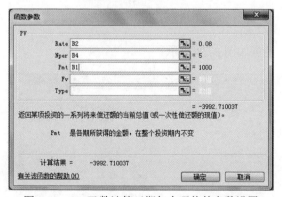

图 3-21　PV 函数计算延期年金现值的参数设置

B4 =PV(B2,B3,B1+F9)

	A	B	C
1	延期年金	1000	
2	复利利率	8%	
3	有年金年限n	5	
4	年金在m年末现值x	¥-3,992.71	

图 3-22　年金在 m 年末现值的计算结果

(4) 在单元格 B7 中插入 PV 函数，计算第 0 年的现值，具体参数设置如图 3-23 所示。

(5) 单击【确定】按钮，计算结果如图 3-24 所示。

由图 3-24 可知，此人现在应当一次性存入银行 2717.37 元。

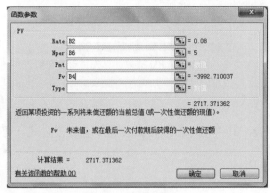

图 3-23　参数设置　　　　　　　　图 3-24　年金在 0 年现值的计算结果

2. 延期年金现值方法计算二

先假设前 m 期也有普通年金 A，这样可得到 $(m+n)$ 期的普通年金。根据普通年金现值公式计算 $(m+n)$ 期普通年金的现值，再减去虚设的前 m 期普通年金的现值，也可得到延期年金的现值。仍然以上例为例，计算步骤如下。

(1) 设计如图 3-25 所示的表格。

(2) 在单元格 B5 中插入 PV 函数，计算"$m+n$ 期年金现值"，参数设置如图 3-26 所示。

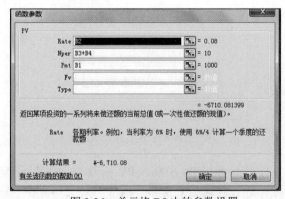

图 3-25　PV 函数计算延期年金现值　　　图 3-26　单元格 B5 中的参数设置

(3) 单击【确定】按钮，计算结果如图 3-27 所示。

(4) 在单元格 B7 中插入 PV 函数，参数设置如图 3-28 所示。

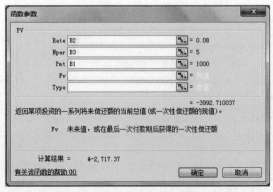

图 3-27　$m+n$ 期年金现值的计算结果　　图 3-28　单元格 B7 中的参数设置

(5) 单击【确定】按钮，计算结果如图 3-29 所示。

	A	B
1	延期年金	1000
2	复利利率	8%
3	无年金年限m	5
4	有年金年限n	5
5	m+n期年金现值x	¥-6,710.08
6		
7	n期年金现值	¥-2,717.37

图 3-29　计算结果

由图 3-29 可知，延期年金的现值为 2717.37 元。

四、永续年金的现值

永续年金是指从第一期末开始无限期发生的年金。永续年金没有终值，只能计算现值，计算公式为

$$P=A/i$$

【例 3-14】某公司计划发行优先股，如果每年支付给优先股股东的股利为 1.2 元，优先股股东要求的报酬率为 10%，则该优先股的现值为多少？

在任意一个单元格中输入公式"=1.2/10%"，可以得到该优先股的现值为 12 元/股。

实训三　名义利率和实际利率的换算

【知识准备】

在计算资金时间价值的过程中，通常情况下给定了年利率，并且以年为计息周期，每年计息一次。但在实际经济活动中，有时会出现以半年、季度、月度或更短的时间为计息周期，即每年 2 次、4 次或 12 次计算复利等情况。如果每年计息的次数超过一次，那么给定的年利率仅是名义利率，按一年的实际年利息与本金之比计算的实际年利率会与给定的名义年利率不一致。实际年利率与名义年利率之间的关系如下。

$$\text{实际年利率}=(1+\text{名义年利率}/\text{年复利次数})^{\text{年复利次数}}-1 \qquad (3\text{-}12)$$

【实训目标与要求】

熟练掌握利用 Excel 换算名义利率和实际利率。

【实训指导】

一、Excel 计算实际年利率

当给定名义利率和一年内计息次数时，可以利用 EFFECT 函数计算实际年利率。

EFFECT 函数的主要功能是利用给定的名义年利率和每年的复利期数，计算实际的年利率。

EFFECT 函数的语法为 EFFECT(nominal_rate,npery)，其中：

- nominal_rate 为名义利率。

● npery 为每年的复利期数。

【例 3-15】假设给定的名义利率为 12%，按日计息，即一年内 365 次计息，求实际年利率为多少？

(1) 设计如图 3-30 所示的表格。

(2) 在单元格 B3 中插入财务函数 EFFECT，参数设置如图 3-31 所示。

	A	B
1	名义年利率	12%
2	复利期数	365
3	实际年利率	

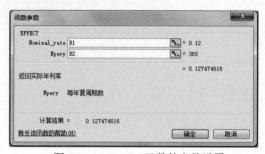

图 3-30　实际年利率计算表格

图 3-31　EFFECT 函数的参数设置

(3) 单击【确定】按钮，计算结果如图 3-32 所示。

B3　=EFFECT(B1,B2)

	A	B	C	D
1	名义年利率	12%		
2	复利期数	365		
3	实际年利率	12.75%		

图 3-32　实际年利率计算结果

由图 3-32 可知，实际年利率为 12.75%。

二、Excel 计算名义年利率

当给定实际年利率和一年内计息次数时，可以利用 NOMINAL 函数计算名义年利率。

NOMINAL 函数的主要功能是基于给定的实际利率和年复利期数，返回名义年利率。

NOMINAL 函数的语法为 NOMINAL(effect_rate,npery)，其中：

● effect_rate 为实际利率。

● npery 为每年的复利期数。

【例 3-16】给定的实际年利率为 15%，按月计息，即一年内 12 次计息，则名义年利率为多少？

(1) 设计如图 3-33 所示的表格。

(2) 在单元格 B3 中插入财务函数 NOMINAL，参数设置如图 3-34 所示。

	A	B
1	实际年利率	15%
2	复利期数	12
3	名义年利率	

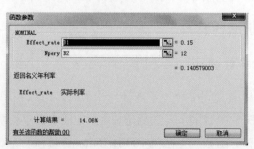

图 3-33　名义年利率计算表格

图 3-34　NOMINAL 函数的参数设置

(3) 单击【确定】按钮，计算结果如图 3-35 所示。

	A	B	C	D
1	实际年利率	15%		
2	复利期数	12		
3	名义年利率	14.06%		

图 3-35　名义年利率计算结果

从图 3-35 可以看出名义年利率为 14.06%。

实训四　资金时间价值的具体运用

【知识准备】

主要是复利终值和现值公式，以及年金终值和现值公式，在前面的实训中已经阐述，这里就不再赘述。

【实训目标与要求】

熟练掌握利用 Excel 进行利率、期限及不规则现金流现值计算的方法。

【实训指导】

在计算资金的时间价值时，如果给定的年利率是 1%的整数倍且年限是整数年，往往可以直接通过查表找到所需要的有关系数。但有时可能会出现给定的年利率不是 1%的整数倍、年限不是整数年的情况，或已知现值、终值、年金等，需求未知的利率或相应的年限时，借助于 Excel 的有关函数及工具可以方便地解决类似的问题。

一、贷款年利率的计算

解决这个问题的方法有很多，如利用 RATE 函数、规划求解方程法、单变量求解方程法等。其中，用 RATE 函数进行求解是最简单的方法。

RATE 函数的主要功能是返回年金的各期利率。函数 RATE 通过迭代法计算得出，并且可能无解或有多个解。如果在进行 20 次迭代计算后，函数 RATE 的相邻两次结果没有收敛于 0.000 000 1，则函数 RATE 将返回错误值#NUM!。

RATE 函数的语法为 RATE(nper,pmt,pv,fv,type)，其中：
- nper 为总投资期，即该项投资的付款期总数。
- pmt 为各期付款额，其数值在整个投资期内保持不变。通常 pmt 包括本金和利息，但不包括其他费用或税金。如果忽略了 pmt，则必须包含 fv 参数。
- pv 为现值，即从该项投资开始计算时已经入账的款项，或一系列未来付款当前值的累积和，也称为本金。
- fv 为未来值，或在最后一次付款后希望得到的现金余额。如果省略 fv，则假设其值为零(例如，一笔贷款的未来值即为零)。
- type 为数字 0 或 1,用以指定各期的付款时间是在期初(1)还是期末(0)。如果省略 type，则假设其值为 0。

【例 3-17】某人向银行贷款 10 万元购买房子，在今后的 5 年中，每年年末要向银行交还 2.34 万元，问银行贷款的年利率是多少？

(1) 设计如图 3-36 所示的表格。

(2) 在单元格 B4 中插入财务函数 RATE，参数设置如图 3-37 所示。

	A	B
1	年限	5%
2	现值	10
3	年金	2.34
4	年利率	

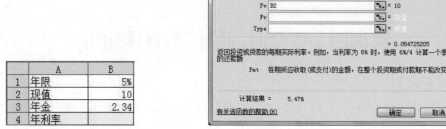

图 3-36　贷款年利率计算表格

图 3-37　RATE 函数的参数设置

(3) 单击【确定】按钮，计算结果如图 3-38 所示。

B4　fx =RATE(B1, -B3, B2)

	A	B	C	D
1	年限	5		
2	现值	10		
3	年金	2.34		
4	年利率	5.47%		

图 3-38　贷款年利率计算结果

从图 3-38 可以看出其贷款年利率为 5.47%。

二、贷款偿还期的计算

计算贷款偿还期可以利用 NPER 函数、规划求解方程法、单变量求解方程法等。其中，用 NPER 函数进行求解是最简单的方法。

NPER 函数的主要功能是基于固定利率及等额分期付款方式，返回某项投资的总期数。

NPER 函数的语法为 NPER(rate, pmt, pv, fv, type)，其中：

- rate 为各期利率，是一个固定值。
- pmt 为各期所应支付的金额，其数值在整个年金期间保持不变。通常，pmt 包括本金和利息，但不包括其他的费用及税款。
- pv 为现值，即从该项投资开始计算时已经入账的款项，或一系列未来付款的当前值的累积和，也称为本金。
- fv 为未来值，或在最后一次付款后希望得到的现金余额。如果省略 fv，则假设其值为零(例如，一笔贷款的未来值即为零)。
- type 为数字 0 或 1，用以指定各期的付款时间是在期初(1)还是期末(0)，默认为期末。

【例 3-18】某公司拟对原有的一台设备进行更新改造，预计现在一次性支付 10 万元，可使公司每年成本节约 2.5 万元。若现在银行复利年利率为 6%，那么这项更新设备至少使用几年才合算？

(1) 设计如图 3-39 所示的表格。

图 3-39 贷款偿还期计算表格

(2) 在单元格 B4 中插入财务函数 NPER，参数设置如图 3-40 所示。

(3) 单击【确定】按钮，调整 B4 单元格格式后，计算结果如图 3-41 所示。

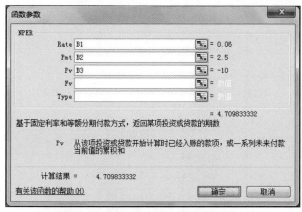

图 3-40 NPER 函数的参数设置

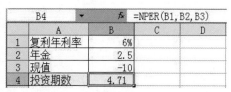

图 3-41 贷款偿还期计算结果

从图 3-41 可以看出其投资期数为 4.71 年。

三、等额分期付款方式下贷款年偿还额的计算

1. 等额分期付款方式下贷款年偿还总额的计算

等额分期付款方式下，其付款既可以在年末，也可以在年初。年末或者年初年偿还总额的计算，实际上分别是普通年金终值和先付年金终值的反计算过程，都可利用 PMT 函数求解。

PMT 函数的主要功能是基于固定利率及等额分期付款方式，返回投资或贷款的每期付款额。

PMT 函数的语法为 PMT(rate, nper, pv, fv, type)，其中：

- rate 为各期利率，是一个固定值。
- nper 为总投资期，即该项投资的付款期总数。
- pv 为现值，即从该项投资开始计算时已经入账的款项，或一系列未来付款的当前值的累积和，也称为本金。
- fv 为未来值，或在最后一次付款后希望得到的现金余额。如果省略 fv，则假设其值为零(例如，一笔贷款的未来值即为零)。
- type 为数字 0 或 1，用以指定各期的付款时间是在期初(1)还是期末(0)，默认为期末。

【例 3-19】某企业有一笔贷款，复利年利率 12%，5 年后到期，若到期一次性还本付息，需偿还 100 万，那么：①如果每年末等额偿债，每期应偿还多少？②如果每年初等额偿债，每期应偿还多少？

(1) 设计如图 3-42 所示的表格。

	A	B
1	复利年利率	12%
2	年数	5
3	终值	100
4	普通年金	
5	先付年金	

图 3-42　贷款偿还额计算表格

(2) 在单元格 B4 中插入财务函数 PMT，参数设置如图 3-43 所示。

(3) 单击【确定】按钮，调整 B4 单元格格式后，计算结果如图 3-44 所示。

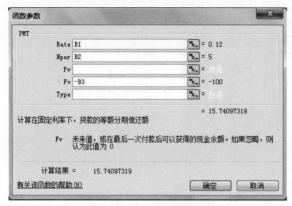

图 3-43　PMT 函数的参数设置

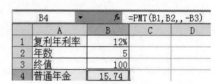

图 3-44　年末偿还额计算结果

(4) 在单元格 B5 中插入财务函数 PMT，参数设置如图 3-45 所示。

(5) 单击【确定】按钮，调整 B5 单元格格式后，计算结果如图 3-46 所示。

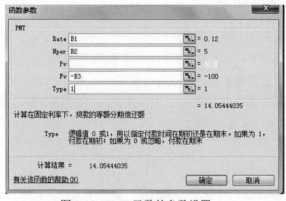

图 3-45　PMT 函数的参数设置

图 3-46　年初偿还额计算结果

即：①如果每年末等额偿债，每期应偿还 15.74 万元；②如果每年初等额偿债，每期应偿还 14.05 万元。

2. 等额分期付款方式下贷款年本金偿还额的计算

等额分期付款方式下贷款年偿还总额包括两个部分，一部分是偿还的年金，另一部分是偿还的利息。计算等额分期付款方式下贷款的年本金偿还额，可使用 PPMT 函数。PPMT 函数的主要功能是基于固定利率及等额分期付款方式，返回投资在某一给定期间内的本金偿还额。

PPMT 函数的语法为 PPMT(rate,per,nper,pv,fv,type)，其中：
- rate 为各期利率。
- per 用于计算其本金数额的期数，必须介于 1 到 nper 之间。
- nper 为总投资期，即该项投资的付款期总数。
- pv 为现值，即从该项投资开始计算时已经入账的款项，或一系列未来付款的当前值的累积和，也称为本金。
- fv 为未来值，或在最后一次付款后希望得到的现金余额。如果省略 fv，则假设其值为零(例如，一笔贷款的未来值即为零)。
- type 为数字 0 或 1，用以指定各期的付款时间是在期初(1)还是期末(0)，默认为期末。

【例 3-20】某企业向银行取得借款 6000 万元，期限 5 年，年利率 10%，与银行约定以等额分期付款方式每期期末偿付借款，则每年的本金偿还额为多少？

(1) 设计如图 3-47 所示的表格。
(2) 在 B5 单元格中插入财务函数 PPMT，参数设置如图 3-48 所示。

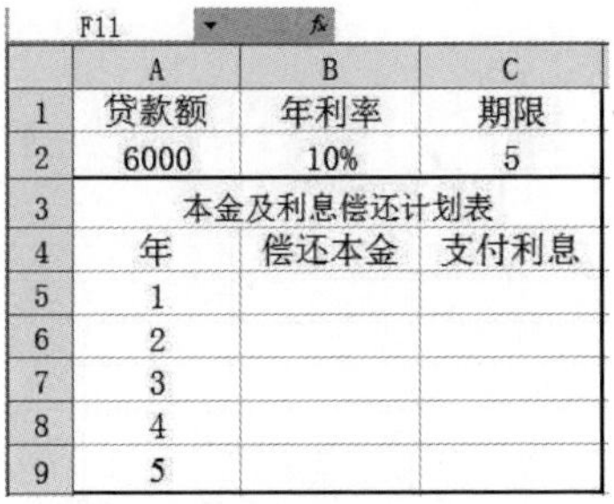

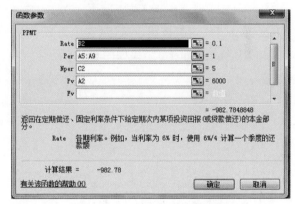

图 3-47 本金偿还额计算表格　　图 3-48 PPMT 函数参数设置

(3) 单击【确定】按钮，剪切 B5 单元格中的公式，选中 B5:B9，将公式粘贴到编辑栏，同时按 Ctrl+Shift+Enter，结果如图 3-49 所示。

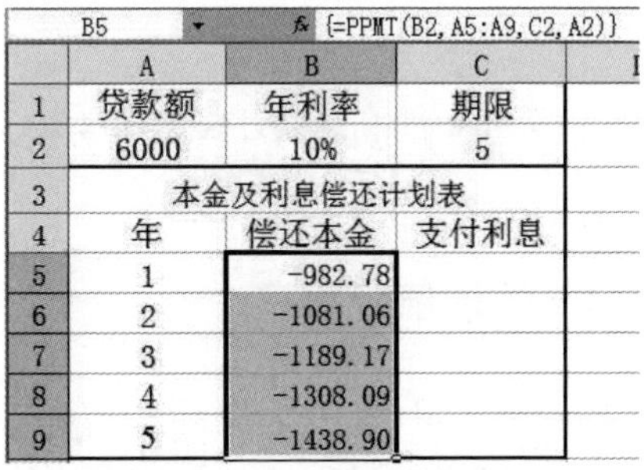

图 3-49 本金偿还额计算结果

由图 3-49 可知，第 1 年的本金偿还额为 982.78 万元；第 2 年的本金偿还额为 1081.06 万元；第 3 年的本金偿还额为 1189.17 万元；第 4 年的本金偿还额为 1308.09 万元；第 5 年的本金偿还额为 1438.90 万元。

3. 等额分期付款方式下贷款年利息的计算

等额分期付款方式下贷款年利息的计算可使用 IPMT 函数。IPMT 函数的主要功能是基于固定利率及等额分期付款方式，返回给定期数内对投资的利息偿还额。

IPMT 函数的语法为 IPMT(rate,per,nper,pv,fv,type)，其中：

- rate 为各期利率。
- per 用于计算其本金数额的期数，必须介于 1 到 nper 之间。
- nper 为总投资期，即该项投资的付款期总数。
- pv 为现值，即从该项投资开始计算时已经入账的款项，或一系列未来付款的当前值的累积和，也称为本金。
- fv 为未来值，或在最后一次付款后希望得到的现金余额。如果省略 fv，则假设其值为零(例如，一笔贷款的未来值即为零)。
- type 为数字 0 或 1，用以指定各期的付款时间是在期初(1)还是期末(0)，默认为期末。

【例 3-21】根据上例中的数据，用 IPMT 函数计算各年的利息偿还额。

(1) 在 C5 单元格中插入财务函数 IPMT，参数设置如图 3-50 所示。

(2) 单击【确定】按钮，剪切 C5 单元格中的公式，选中 C5:C9，将公式粘贴到编辑栏，同时按 Ctrl+Shift+Enter，结果如图 3-51 所示。

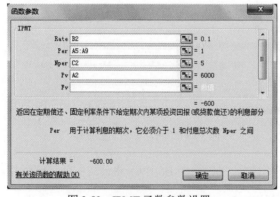

图 3-50　IPMT 函数参数设置　　　　　图 3-51　利息偿还额计算结果

由图 3-51 可知，第 1 年的利息偿还额为 600 万元；第 2 年的利息偿还额为 501.72 万元；第 3 年的利息偿还额为 393.62 万元；第 4 年的利息偿还额为 274.70 万元；第 5 年的利息偿还额为 143.89 万元。

四、现金流不规则分布情况下的现值计算

1. 不规则现金流在某年内均匀发生的情况

此时，由于各期现金流在某年内均匀发生，它们可以被均匀分割，故现值计算公式为

$$PV = \sum_{t=1}^{m \cdot n} \frac{F_t / m}{(1 + i/m)^t} \tag{3-13}$$

其中：PV 为不同计息周期时的现值；F_t 为第 t 年的现金流；n 为年数；m 为每年计息的次数；i 为年利率。这里认为各年的现金流及利率被均匀分割，即第 t 年每个计息期的现金流为 F_t/m，

利率为 i/m。

由于各年的现金流不同，故不能直接用现值函数 PV 计算，而必须对上述公式进行简化，得

$$PV = \frac{1-(1+i/m)^{-m}}{i} \cdot \sum_{t=1}^{n} \frac{F_t}{(1+i/m)^{m\cdot(t-1)}} \tag{3-14}$$

【例 3-22】某企业在第 1~5 年的现金流分别为 300 万元、600 万元、400 万元、800 万元和 500 万元，年利率为 10%，当按年、半年、季、月和天计息，且各期现金流在某年内均匀发生时，各种情况下的现值如何？

(1) 设计如图 3-52 所示的表格。

	A	B	C	D	E	F	G
1	年份	1	2	3	4	5	年利率
2	现金流分布	300	600	400	800	500	10%
3	计息方式	按年	按半年	按季	按月	按天	
4	每年计息次数	1	2	4	12	365	
5	现值						

图 3-52　现金流不规则分布情况下的现值计算表格

(2) 在 B5 单元格中插入现值计算公式"=(1-(1+$G$2/B4)^-B4)/$G$2*SUMPRODUCT($B$2:$F$2,(1+$G$2/B4)^-(B4*($B$1:$F$1-1)))"，其中 SUMPRODUCT 函数的参数设置如图 3-53 所示。

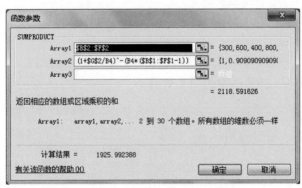

图 3-53　SUMPRODUCT 函数的参数设置

(3) 复制 B5 单元格中的公式到 C5:F5，结果如图 3-54 所示。

	A	B	C	D	E	F	G
1	年份	1	2	3	4	5	年利率
2	现金流分布	300	600	400	800	500	10%
3	计息方式	按年	按半年	按季	按月	按天	
4	每年计息次数	1	2	4	12	365	
5	现值	1925.99	1960.46	1978.35	1990.54	1996.51	

图 3-54　现金流不规则分布情况下的现值计算结果

由图 3-54 可知，按年计息的现金流现值为 1925.99 万元，按半年计息的现金流现值为 1960.46 万元，按季计息的现金流现值为 1978.35 万元，按月计息的现金流现值为 1990.54 万元，按天计息的现金流现值为 1996.51 万元。

2. 现金流在某期末一次性发生的情况

【例 3-23】上例中，假设各期现金流在某年末一次性发生，求现值各为多少？

(1) 设计如图 3-55 所示的表格。

	A	B	C	D	E	F	G	H	I
1	年份		1	2	3	4	5	总现值	年利率
2	计息方式	每年计息次数	300	600	400	800	500		10%
3	按年计息	1							
4	按半年计息	2							
5	按季计息	4							
6	按月计息	12							
7	按日计息	365							

图 3-55 现金流不规则分布情况下的现值计算表格

(2) 在 C3 单元格中插入财务函数 PV，参数设置如图 3-56 所示。

图 3-56 PV 函数的参数设置

(3) 单击【确定】按钮，剪切 C3 单元格中的公式，选中 C3:G7，将公式粘贴到编辑栏，同时按 Ctrl+Shift+Enter，计算结果如图 3-57 所示。

	A	B	C	D	E	F	G	H	I
1	年份		1	2	3	4	5	总现值	年利率
2	计息方式	每年计息次数	300	600	400	800	500		10%
3	按年计息	1	272.73	495.87	300.53	546.41	310.46		
4	按半年计息	2	272.11	493.62	298.49	541.47	306.96		
5	按季计息	4	271.79	492.45	297.42	538.90	305.14		
6	按月计息	12	271.56	491.65	296.70	537.15	303.89		
7	按日计息	365	271.45	491.25	296.34	536.29	303.29		

图 3-57 PV 函数的计算结果

(4) 在 H3 单元格中插入求和公式=SUM(C3:G3)，复制到 H4:H7 中，计算结果如图 3-58 所示。

	A	B	C	D	E	F	G	H	I
1	年份		1	2	3	4	5	总现值	年利率
2	计息方式	每年计息次数	300	600	400	800	500		10%
3	按年计息	1	272.73	495.87	300.53	546.41	310.46	1925.99	
4	按半年计息	2	272.11	493.62	298.49	541.47	306.96	1912.64	
5	按季计息	4	271.79	492.45	297.42	538.90	305.14	1905.69	
6	按月计息	12	271.56	491.65	296.70	537.15	303.89	1900.95	
7	按日计息	365	271.45	491.25	296.34	536.29	303.29	1898.62	

图 3-58 最终计算结果

由图 3-58 可知，按年计息的现金流现值为 1925.99 万元，按半年计息的现金流现值为

1912.64 万元,按季计息的现金流现值为 1905.69 万元,按月计息的现金流现值为 1900.95 万元,按天计息的现金流现值为 1898.62 万元。

五、其他资金时间价值问题的计算

前面已经介绍的复利终值和现值、年金终值和现值、利率和期限等资金时间价值问题的计算,可以用到 PV 函数、FV 函数、EFFECT 函数、NOMINAL 函数、RATE 函数、NPER 函数、PMT 函数、PPMT 函数和 IPMT 函数。此外,还有一些其他的资金时间价值问题,需要用到其他的资金时间价值的计算函数,下面分别介绍这些函数。

1. CUMIPMT 函数

CUMIPMT 函数的主要功能是返回一笔贷款在给定的首期到末期期间累计偿还的利息数额。如果该函数不可用,则返回错误 #NAME?。

CUMIPMT 函数的语法为 CUMIPMT(rate,nper,pv,start_period,end_period,type),其中:
- rate 为利率。
- nper 为总付款期数。
- pv 为现值。
- start_period 为计算中的首期,付款期数从 1 开始计数。
- end_period 为计算中的末期。
- type 为付款时间类型,0 表示期末,1 表示期初,无默认值。

【例 3-24】某人向银行借入一笔住房抵押贷款 200 000 元,年利率 9%,期限 20 年,每月末还本付息,则各月和各年支付的利息为多少?

(1) 设计如图 3-59 所示的表格。

	A	B	C	D	E	F	G	H
1	期数	利息	年合计	本金	年合计		现值	200,000
2	1						年利率	9%
3	2						期限	20
4	3							
5	4							
6	5							

图 3-59 计算表格

(2) 在 B2 单元格中插入财务函数 CUMIPMT,参数设置如图 3-60 所示。

图 3-60 CUMIPMT 函数的参数设置

注意:参数 type=0 必须输入。

(3) 单击【确定】按钮，复制 B2 单元格中的公式到 B3:B241，计算结果如图 3-61 所示。

(4) 在 C13 单元格中输入公式=SUM(B2:B13)，将复制 C2:C13 中的公式到 C14:C241，系统自动在每年 12 月份旁边计算该年的利息合计。

	A	B	C	D	E	F	G	H
1	期数	利息	年合计	本金	年合计		现值	200,000
2	1	-1500					年利率	9%
3	2	-1497.75					期限	20
4	3	-1495.49						
5	4	-1493.21						
6	5	-1490.91						
7	6	-1488.6						
8	7	-1486.27						

图 3-61　最终计算结果

2. CUMPRINC 函数

CUMPRINC 函数的主要功能是返回一笔贷款在给定的首期到末期期间累计偿还的本金数额。

CUMPRINC 函数的语法为 CUMPRINC(rate,nper,pv,start_period,end_period,type)，其中：

- rate 为利率。
- nper 为总付款期数。
- pv 为现值。
- start_period 为计算中的首期，付款期数从 1 开始计数。
- end_period 为计算中的末期。
- type 为付款时间类型，0 表示期末，1 表示期初，无默认值。

【例 3-25】仍然采用上例中的数据，求各月和各年支付的本金为多少？

(1) 设计如图 3-62 所示的表格。

	A	B	C	D	E	F	G	H
1	期数	利息	年合计	本金	年合计		现值	200,000
2	1						年利率	9%
3	2						期限	20
4	3							
5	4							
6	5							

图 3-62　计算表格

(2) 在 D2 单元格中插入财务函数 CUMPRINC，参数设置如图 3-63 所示。

图 3-63　CUMPRINC 函数的参数设置

注意：参数 type=0 必须输入。

(3) 单击【确定】按钮，复制 D2 单元格中的公式到 D3:D241，计算结果如图 3-64 所示。

期数	利息	年合计	本金	年合计		现值	200,000
1	-1500		-299.45			年利率	9%
2	-1497.75		-301.70			期限	20
3	-1495.49		-303.96				
4	-1493.21		-306.24				
5	-1490.91		-308.54				
6	-1488.6		-310.85				
7	-1486.27		-313.18				
8	-1483.92		-315.53				
9	-1481.55		-317.90				
10	-1479.17		-320.28				
11	-1476.77		-322.68				
12	-1474.35	-17848	-325.10				

图 3-64 最终计算结果

(4) 在 E13 单元格中输入公式=SUM(D2:D13)，将复制 E2:E13 中的公式到 E14:E241，系统自动在每年 12 月份旁边计算该年的本金合计。

3. FVSCHEDULE 函数

FVSCHEDULE 函数的主要功能是基于一系列复利返回本金的未来值。函数 FVSCHDULE 用于计算某项投资在变动或可调利率下的未来值。

FVSCHEDULE 函数的语法为 FVSCHEDULE(principal,schedule)，其中：

- principal 为现值。
- schedule 为利率数组。

注意：schedule 中的值可以是数字或空白单元格；其他任何值都将在函数 FVSCHEDULE 的运算中产生错误值#VALUE!。空白单元格被认为是 0(没有利息)。

【例 3-26】某人现存入银行 1000 元，3 年后取出。预计未来 3 年的利率可能值分别为 8%、8.5%、9%，则 3 年后他得到的本利和为多少？

(1) 设计如图 3-65 所示的表格。

(2) 在 D3 单元格中插入财务函数 FVSCHEDULE，参数设置如图 3-66 所示。

	A	B	C	D
1	年限	1	2	3
2	利率	8%	8.5%	9%
3	现值	1000	终值	

图 3-65 计算表格

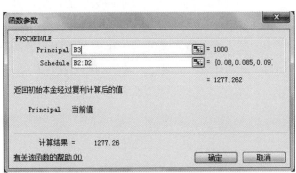

图 3-66 FVSCHEDULE 函数的参数设置

(3) 单击【确定】按钮，计算结果如图 3-67 所示。

	A	B	C	D
1	年限	1	2	3
2	利率	8%	8.5%	9%
3	现值	1000	终值	1277.26

图 3-67　最终计算结果

实 训 练 习

1. 某人在银行存款 10 000 元，存款期 10 年，年利率为 5%，按复利计息，10 年后的本息和是多少？

2. 某人希望 10 年后能存够 50 000 元，年利率为 4%，按照复利计息，现在该在银行存入多少钱？

3. 某人在 8 年的期限内每年等额地向银行存入 2 万元，年利率为 4%，按复利计息，则 8 年末可以从银行取出本息多少钱？如果每年年初存入，又可取出多少钱？

4. 某人打算在今后的 10 年中每年年末从银行取出 5000 元，在银行按照 8% 的年利率复利计息的情况下，现在应一次性存入银行多少钱？如果是每年年初取出 5000 元，现在又该一次性存入多少钱？

5. 某人现在存入一笔钱，希望能够在第 4 年至第 10 年末每年等额取出 5000 元，存款年利率为 5%，按复利计息，此人现在应当一次性存入银行多少钱？

6. 某人从银行取得一笔住房抵押贷款，需要在未来 20 年的期限内每月等额还款 3000 元，假设银行贷款的年利率为 4.75%，按月复利计息，那么这笔贷款的现值是多少？

7. 某企业向银行取得借款 400 万元，期限 4 年，复利年利率为 8%，与银行约定每年等额偿付借款，那么：①如果每年末等额偿债，每期应偿还多少？②如果每年初等额偿债，每期应偿还多少？

8. 某人现存入银行 50 000 元，5 年后取出，预计未来 5 年的利率分别为 4%、4.3%、4.5%、5%、5.2%，那么 5 年后从银行取出的本息和是多少？

9. 某人向银行贷款 10 万元购买住房，在今后的 5 年中，每年年末要向银行等额还款 2.34 万元，那么银行贷款的年利率是多少？

10. 某人准备在未来的若干年内每年年末等额存入银行 20 000 元钱，假定存款的年利率为 5%，复利计息，如果此人希望到期一次性从银行取出 150 000 元，那么至少应连续存款多少年？

项目四　筹资决策实训

【实训目标】

思政目标：

做好筹资工作，培养学生的信用意识和创新精神，树立诚信的社会主义核心价值观，增强法治意识。

知识目标：

- 使用 Excel 建立股票筹资分析模型。
- 使用 Excel 建立长期借款筹资决策分析模型。
- 使用 Excel 建立债券筹资决策分析模型。
- 使用 Excel 建立租赁筹资决策分析模型。

能力目标：

学生能够使用 Excel 建立股票筹资分析模型、长期负债筹资分析模型及租赁筹资分析模型，并能够进行筹资决策，从而提高筹资决策能力。

【教学建议】

建议本项目主要采取讲授与实训相结合的教学方法，课时安排为 3 个课时，将实训练习作为学生的课后练习，学生应记录实训步骤。

实训一　股票筹资分析模型

【知识准备】

股票定价主要有未来报酬折现法和市盈率法两种方法。

(1) 未来报酬折现法。这种方法认为股票的价值等于预期未来可收到的全部现金股利的现值与出售股票时取得的变现收入的现值之和，计算公式为

$$V = \sum_{t=1}^{n} \frac{D_t}{(1+R)^t} + \frac{P_n}{(1+R)^n} \tag{4-1}$$

其中：

- V 为每股普通股的内在投资价值。
- D_t 为各年底预期得到的每股现金股利。
- P_n 为未来出售普通股的变现收入。
- R 为投资者预期必要报酬率。

在对发行公司未来盈利水平做出准确判断的条件下，可以采用该方法来确定股票价值，以此作为股票发行价格的依据。

(2) 市盈率法。这种方法以发行公司所在行业的市盈率作为参考，结合公司预期收益来确定股票的价值。用公式表示为

$$每股普通股价值=行业市盈率×预期每股收益 \tag{4-2}$$

【实训目标与要求】

熟练掌握运用 Excel 建立股票筹资分析模型。

【实训指导】

本实训主要介绍运用 Excel 建立股票筹资的决策分析模型。企业利用发行股票筹资时就需要对股票的发行价格进行估算，一般采用市盈率定价法和股息贴现定价法计算出股票的发行价格，从而合理地筹集所需资金。另外，还需计算股票的内在价值，并与当前股票市价进行比较，当股票的内在价值大于当前股票的市价时，股票才具有投资价值。

市盈率定价法是根据股票每股收益与发行市盈率的乘积来确定股票的价格，即股票发行价=每股收益×发行市盈率，其中发行市盈率一般根据该股票成长性及其所在行业状况等相关因素来测算。

【例 4-1】截至 2022 年 6 月，公司总股本为 60 000 万股，现因扩大生产拟于 2022 年 9 月增发新股 150 000 万股。股票的发行市盈率经估算确定为 15 倍，当年可实现利润为 20 000 万元，波动区间为[-10%，20%]，要求计算该公司股票的发行价格。

(1) 新建一张工作表，命名为"股票市盈率定价法"，在工作表中建立股票市盈率定价法计算表格，将已知数据输入到相应单元格中，具体如图 4-1 所示。

(2) 设置净利润变动区间。根据利润波动区间为[-10%，20%]，可以计算出利润的最大值和最小值分别为 24 000 万元和 18 000 万元，在 B6 单元格上添加一条滚动条(在【开发工具】功能选项卡下单击【插入控件】，然后再单击【滚动条】即可)，单击右键，在弹出的快捷菜单中选择【设置控件格式】，在【控制】选项卡中将【最小值】设为 18 000，【最大值】设为 24 000，【步长】设为 1，【单元格链接】设为$B$6，如图 4-2 所示。

	A	B
1	股票市盈率定价法	
2	当前总股本（万股）	60000
3	拟增发股本（万股）	150000
4	发行市盈率	15
5	发行月份	9
6	当年预计净利润（万元）	20000
7	每股收益（元）	
8	股票发行价（元）	

图 4-1 股票市盈率定价法计算表格

图 4-2 滚动条的设置

(3) 调整滚动条。单击确定后，适当地调整滚动条大小，如图4-3所示。

(4) 计算每股收益。在单元格B7中输入每股收益的计算公式(每股收益=净利润/发行在外的普通股股数)=B6/(B2+B3* (12−B5)/12)，确定后得到计算结果，如图4-4所示。

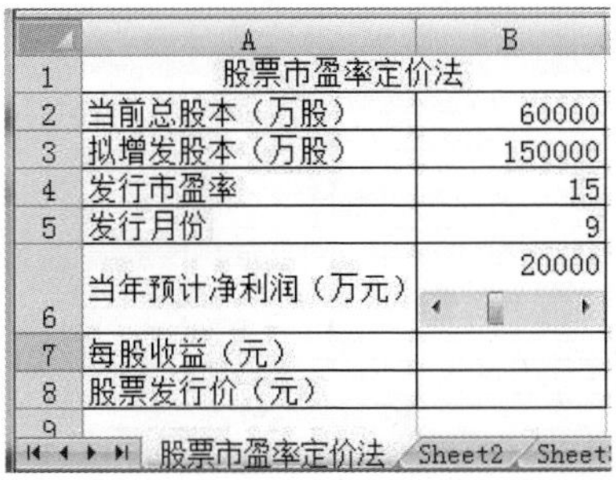

图4-3　滚动条大小的调整

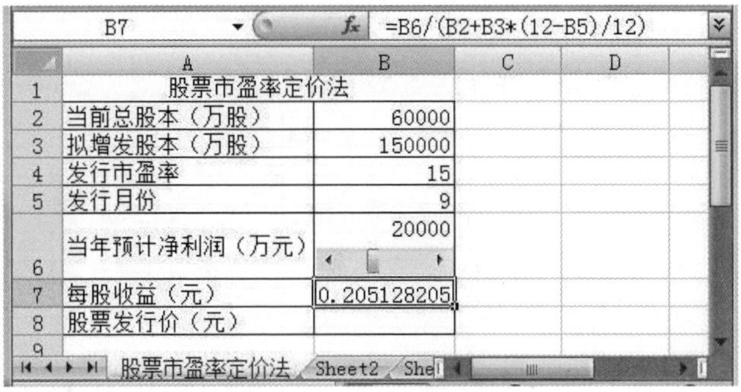

图4-4　每股收益的计算

(5) 计算股票发行价。由于市盈率=每股市价/每股收益，所以每股市价=市盈率×每股收益。在单元格B8中输入公式"=B7*B4"，可以得到股票发行价的计算结果，如图4-5所示。

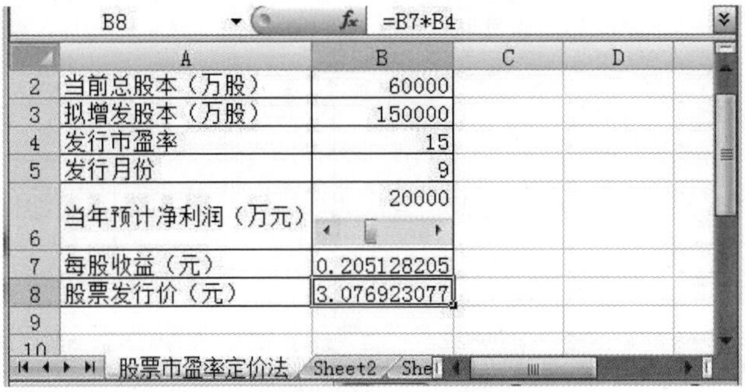

图4-5　股票发行价格的计算

(6) 改变预计净利润。拖动滚动条改变预计净利润，则可以得到相应的每股收益和股票发行价格，如图4-6所示。

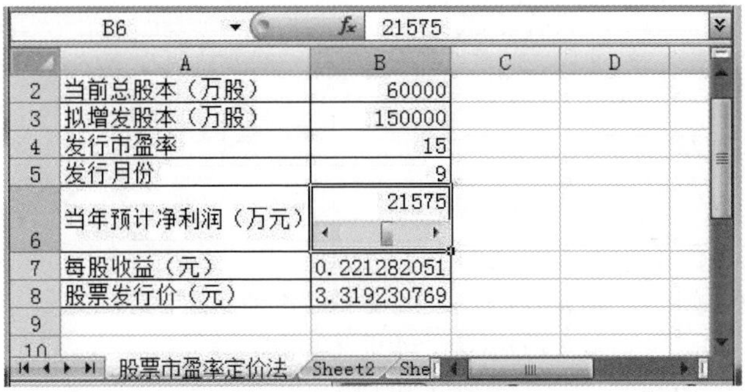

图4-6　每股收益和发行价的变动

通过图4-6可以看出，当该公司的净利润发生变动时，可以自动计算得出该公司对应的股票发行价。

股息贴现定价法是以适当的贴现率将股票未来预计将派发的股息折算为现值，以评估股票的价值。

【**例 4-2**】培正公司当前支付的股息为每股 0.6 元，预计该股票未来 5 年内的股息增长率分别为 10%、9%、8%、7%、6%，之后按照 5%的股息增长率，权益资本成本为 12%，计算该公司的股票价值。

(1) 在工作簿中建立“股息贴现定价法”计算表格，输入相关数据，如图 4-7 所示。

	A	B	C	D	E	F	G	H
1	股息贴现定价法							
2	权益资本成本	12%						
3	年份	0	1	2	3	4	5	6
4	股息增长率		10%	9%	8%	7%	6%	5%
5	股息（元）	0.6						
6	现金流（元）							
7	现值（元）							
8	股票价格（元）							
9								

股息贴现定价法 / Sheet2 / Sheet3

图 4-7　股息贴现定价法计算表格

(2) 计算每年的股息。在单元格 C5 中输入公式“=B5*(1+C4)”，拖动复制柄复制公式到单元格 H5，如图 4-8 所示。

C5　fx　=B5*(1+C4)

	A	B	C	D	E	F	G	H
1	股息贴现定价法							
2	权益资本成本	12%						
3	年份	0	1	2	3	4	5	6
4	股息增长率		10%	9%	8%	7%	6%	5%
5	股息（元）	0.6	0.66	0.7194	0.776952	0.831339	0.881219	0.92528
6	现金流（元）							
7	现值（元）							
8	股票价格（元）							
9								

股息贴现定价法 / Sheet2 / Sheet3

图 4-8　股息的计算

(3) 计算 1～4 年的现金流，其现金流主要是每年派发的股息。在单元格 C6 中输入公式“=C5”，拖动复制柄复制公式到单元格 F6，如图 4-9 所示。

C6　fx　=C5

	A	B	C	D	E	F	G	H
1	股息贴现定价法							
2	权益资本成本	12%						
3	年份	0	1	2	3	4	5	6
4	股息增长率		10%	9%	8%	7%	6%	5%
5	股息（元）	0.6	0.66	0.7194	0.776952	0.831339	0.881219	0.92528
6	现金流（元）		0.66	0.7194	0.776952	0.831339		
7	现值（元）							
8	股票价格（元）							
9								

股息贴现定价法 / Sheet2 / Sheet3

图 4-9　1～4 年现金流的计算

(4) 计算第 5 年的现金流，由于从第 6 年开始，股息增长率将按照 5%的固定增长率持续增长，我们可以使用股利增长模型来确定第 5 年的现金流。在单元格 G6 中输入公式“=G5+H5/(B2−H4)”，计算结果如图 4-10 所示。

G6　=G5+H5/(B2-H4)

	A	B	C	D	E	F	G	H
1	股息贴现定价法							
2	权益资本成本	12%						
3	年份	0	1	2	3	4	5	6
4	股息增长率		10%	9%	8%	7%	6%	5%
5	股息（元）	0.6	0.66	0.7194	0.776952	0.831339	0.881219	0.92528
6	现金流（元）		0.66	0.7194	0.776952	0.831339	14.0995	
7	现值（元）							
8	股票价格（元）							

图 4-10　第 5 年现金流的计算

(5) 计算现值。在单元格 C7 中输入公式“=C6/((1+$B$2)^C3)”，拖动复制柄复制公式到单元格 G7，如图 4-11 所示。

C7　=C6/((1+$B$2)^C3)

	A	B	C	D	E	F	G	H
1	股息贴现定价法							
2	权益资本成本	12%						
3	年份	0	1	2	3	4	5	6
4	股息增长率		10%	9%	8%	7%	6%	5%
5	股息（元）	0.6	0.66	0.7194	0.776952	0.831339	0.881219	0.92528
6	现金流（元）		0.66	0.7194	0.776952	0.831339	14.0995	
7	现值（元）		0.589286	0.573501	0.553019	0.528331	8.000437	
8	股票价格（元）							

图 4-11　现值的计算

(6) 计算股票价格。在单元格 B8 中输入公式“=SUM(C7:G7)”，得到计算结果，如图 4-12 所示。

或者在单元格 B8 中输入公式“=NPV(B2, C6:G6)”，也可以计算得出股票的价格。

B8　=SUM(C7:G7)

	A	B	C	D	E	F	G	H
1	股息贴现定价法							
2	权益资本成本	12%						
3	年份	0	1	2	3	4	5	6
4	股息增长率		10%	9%	8%	7%	6%	5%
5	股息（元）	0.6	0.66	0.7194	0.776952	0.831339	0.881219	0.92528
6	现金流（元）		0.66	0.7194	0.776952	0.831339	14.0995	
7	现值（元）		0.589286	0.573501	0.553019	0.528331	8.000437	
8	股票价格（元）	10.24457						

图 4-12　股票价格的计算

从图 4-12 可以看出，该股票的内在价值约为 10.25 元，只有当股票的市价小于 10.25 元时才值得购买。不过需要注意的是，股票的价格在很大程度上受市场经济环境和利息率等因素的影响，投资者还需要对此进行风险分析。

实训二　长期负债筹资分析模型

【知识准备】

企业长期负债筹资主要包括长期借款和债券两种方式。长期借款是指企业向银行等金融机构以及其他单位借入的，期限在 1 年以上的各种借款。长期借款按照不同的标准可以分为不同种类。按照提供贷款的机构不同，可分为政策性银行贷款、商业银行贷款和其他金融机构贷款。按照有无抵押品作担保，可分为抵押贷款和信用贷款。

长期银行借款的还本付息方式主要包括一次性偿还法、等额利息法、等额本金法及等额偿还法几种。

在利用等额偿还法还本付息的情况下，计算各期的等额偿还额及各期还本付息的金额可以分别利用 PMT、PPMT 和 IPMT 函数。

公司债券发行价格的高低，主要取决于债券面额、票面利率、市场利率、债券期限和付息期限五个因素，这五个因素也被称为债券的基本要素。由于债券的发行价格需要根据其内在的投资价值来确定，所以利用未来报酬折现法可以对债券的发行价格进行测算：

$$V_B = \sum_{t=1}^{n} \frac{I}{(1+R_m)^t} + \frac{F}{(1+R_m)^n} \tag{4-3}$$

式中：V_B 表示债券的发行价格；F 表示债券面额，即到期偿付的本金；I 表示债券支付的年利息，即债券面额与票面利率的乘积；R_m 表示债券发行时的市场利率；n 表示债券期限；t 表示债券付息的期数。

【实训目标与要求】

熟练掌握运用 Excel 建立长期借款筹资分析模型和债券筹资分析模型。

【实训指导】

一、长期银行借款筹资分析模型

在长期银行借款筹资分析中，需要用到 PMT、PPMT 和 IPMT 函数，下面分别做简单介绍。

(1) PMT 函数，是基于固定利率及等额分期付款方式，返回投资或贷款的每期付款额。

PMT 函数的语法为 PMT(rate,nper,pv,fv,type)，其中：rate 为贷款利率，是一个固定值；nper 为该贷款的付款总数；pv 为现值，也称为本金；fv 为未来值；type 为数字 0 或 1，用以指定各期的付款时间是在期初还是期末，0 表示期末，1 表示期初。

(2) IPMT 函数，是基于固定利率及等额分期付款方式，返回投资或贷款在某一给定期次内的利息偿还额。

IPMT 函数的语法为 IPMT(rate,per,nper,pv,fv,type)，其中：per 为计算其本金数额的期次，必须在 1 至 nper 之间。

(3) PPMT 函数，是基于固定利率及等额分期付款方式，返回投资或贷款在某一给定期次内的本金偿还额。

PPMT 函数的语法为 PPMT(rate,per,nper,pv,fv,type)。

【例 4-3】某公司准备从银行取得长期借款 20 万元，借款期限为 5 年，借款年利率为 6%，拟考虑 4 种还本付息方案：到期一次还本付息、分期等额还本余额计息、分期付息到期还本和分期等额还本付息，具体资料如图 4-13 所示。要求利用 Excel 建立一个计算在 4 种不同方案下每年还本付息数额的模型。

	A	B	C	D	E
1		已知条件		还款方案	
2	借款金额		200000	方案1	到期一次还本付息
3	借款年利率		6%	方案2	分期等额还本余额计息
4	借款期限		5	方案3	分期付息到期还本
5				方案4	分期等额还本付息

图 4-13　长期银行借款筹资的数据资料

(1) 设计长期银行借款筹资分析模型，具体如图 4-14 所示。

	A	B	C	D	E	F	G	H
1		已知条件			还款方案			
2	借款金额		200000	方案1	到期一次还本付息			
3	借款年利率		6%	方案2	分期等额还本余额计息			
4	借款期限		5	方案3	分期付息到期还本			
5				方案4	分期等额还本付息			
6								
7				计算结果（单位：元）				
8	年	方案1			方案2			
9		偿还本金	支付利息	合计	偿还本金	剩余本金	支付利息	合计
10	1							
11	2							
12	3							
13	4							
14	5							
15	合计							
16	年	方案3			方案4			
17		偿还本金	支付利息	合计	每年还款额	偿还本金	支付利息	还本付息合计
18	1							
19	2							
20	3							
21	4							
22	5							
23	合计							

图 4-14　长期银行借款筹资分析模型

(2) 计算到期一次还本付息方案下每年还本付息数额，在单元格 B10 中输入公式 "=IF(A10<>$C$4,0,$C$2)"，并将其复制到单元格 B11:B14 中，可以计算出每年偿还的本金数额；在单元格 C10 中输入公式 "=IF(A10<>$C$4,0,$C$2*(1+$C$3)^$C$4-$C$2)"，并将其复制到单元格区域 C11:C14 中，可以计算出每年支付的利息数额；在单元格 D10 中输入公式 "=B10+C10"，并将其复制到单元格区域 D11:D14 中，计算得出每年的偿还额。

(3) 计算分期等额还本余额计息方案下每年还本付息数额，在单元格 E10 中输入公式 "=$C$2/$C$4"，并将其复制到单元格区域 E11:E14 中，可以计算出每年偿还的本金数额；在单元格 F10 中输入公式 "=$C$2-SUM($E$10:E10)"，并将其复制到单元格区域 F11:F14 中，可以计算出每年剩余本金数额；在单元格 G10 中输入公式 "=IF(A10=1,$C$2*$C$3, F9*$C$3)"，并将其复制到单元格区域 G11:G14 中，可以计算出每年支付的利息数额；在单元格 H10 中输入公式 "=E10+G10"，并将其复制到单元格区域 H11:H14 中，计算得出每年的偿还额。

(4) 计算分期付息到期还本方案下每年还本付息数额，在单元格 B18 中输入公式 "=IF(A18<>$C$4,0,$C$2)"，并将其复制到单元格区域 B19:B22 中，可以计算出每年偿还的本金数额；在单元格 C18 中输入公式 "=$C$2*$C$3"，并将其复制到单元格区域 C19:C22

中,可以计算出每年支付的利息数额;在单元格 D18 中输入公式"=B18+C18",并将其复制到单元格区域 D19:D22 中,计算得出每年的偿还额。

(5) 计算分期等额还本付息方案下每年还本付息数额,在单元格 E18 中输入公式"=PMT($C$3, $C$4,-$C$2)",并将其复制到单元格区域 E19:E22 中,可以计算出每年还款额;在单元格 F18 中输入公式"=PPMT($C$3,A18,$C$4,-$C$2)",并将其复制到单元格区域 F19:F22 中,可以计算出每年偿还的本金数额;在单元格 G18 中输入公式"=IPMT($C$3,A18,$C$4,-$C$2)",并将其复制到单元格区域 G19:G22 中,可以计算出每年支付的利息数额;在单元格 H18 中输入公式"=F18+G18",并将其复制到单元格区域 H19:H22 中,可以计算出每年的偿还额。

(6) 在单元格 B15 中输入公式"=SUM(B10:B14)",并将其复制到单元格区域 C15:E15、G15:H15、B23:H23,可以计算出每种方案的合计数。

最终计算结果如图 4-15 所示。

	A	B	C	D	E	F	G	H
1		已知条件			还款方案			
2	借款金额(元)	200000		方案1	到期一次还本付息			
3	借款年利率		6%	方案2	分期等额还本余额计息			
4	借款期限(年)		5	方案3	分期付息到期还本			
5				方案4	分期等额还本付息			
6								
7				计算结果(单位:元)				
8	年	方案1			方案2			
9		偿还本金	支付利息	合计	偿还本金	剩余本金	支付利息	合计
10	1	0	0	0	40000	160000	12000	52000
11	2	0	0	0	40000	120000	9600	49600
12	3	0	0	0	40000	80000	7200	47200
13	4	0	0	0	40000	40000	4800	44800
14	5	200000	67645.12	267645.1	40000	0	2400	42400
15	合计	200000	67645.12	267645.1	200000	-	36000	236000
16	年	方案3			方案4			
17		偿还本金	支付利息	合计	每年还款额	偿还本金	支付利息	还本付息合计
18	1	0	12000	12000	47479.28	35479.28	12000.00	47479.28
19	2	0	12000	12000	47479.28	37608.04	9871.24	47479.28
20	3	0	12000	12000	47479.28	39864.52	7614.76	47479.28
21	4	0	12000	12000	47479.28	42256.39	5222.89	47479.28
22	5	200000	12000	212000	47479.28	44791.77	2687.51	47479.28
23	合计	200000	60000	260000	237396.40	200000.00	37396.40	237396.40

图 4-15 计算结果

二、债券筹资分析模型

企业通过发行债券筹资,最主要是需要确定债券的发行价格,因为发行价格过高可能会导致发行失败,发行价格过低又会减少筹资额。同时由于资金市场的供求关系及市场利率的波动,债券的市场价格往往不等于其面值,所以需要对债券进行估价,从而确定其发行价格。

【例 4-4】甲公司发行面值为 1000 元、票面利率为 5%、期限为 10 年、每年年末付息的债券,当市场利率分别为 4%、5%和 6%时,债券的发行价格分别为多少?

(1) 创建工作簿。

在工作表中建立"债券估价分析模型"表格,并输入相关数据,如图 4-16 所示。

	A	B
1	债券估价分析模型	
2	发行面值（元）	1000
3	期限（年）	10
4	票面利率	5%
5		
6	市场利率	发行价格
7	4%	
8	5%	
9	6%	

图 4-16　债券估价分析模型

(2) 计算发行价格。

首先选中 B7:B9 单元格，然后输入公式"=ABS(PV(A7:A9,B3,B2*B4,B2))"，最后同时按下组合键 Ctrl+Shift+Enter，可以计算得出债券的发行价格，如图 4-17 所示。可以看出，当市场利率>票面利率时，属于折价发行；当市场利率=票面利率时，属于平价发行；当市场利率<票面利率时，属于溢价发行。

	A	B
1	债券估价分析模型	
2	发行面值（元）	1000
3	期限（年）	10
4	票面利率	5%
5		
6	市场利率	发行价格
7	4%	1081
8	5%	1000
9	6%	926

图 4-17　发行价格的计算

【例 4-5】甲公司发行面值为 1000 元、票面利率为 6%、期限为 10 年、每年年末付息的债券，公司最初决定发行债券时，认为 6%的市场利率是合理的。当债券期限和市场利率均做调整后，债券的发行价格将如何变动？

(1) 创建工作簿。

在工作表中建立"平息债券估值分析模型"表格，并输入相关数据，如图 4-18 所示。

	A	B	C	D	E	F	G
1	平息债券估值分析模型						
2	发行面值（元）	1000					
3	期限（年）	10					
4	票面利率	6%					
5	市场利率	6%					
6	发行价格（元）						
7							
8	期限和市场利率调整后的发行价格						
9	市场利率	期限					
10		0	10	9	8	7	6	5
11		6%						
12		7%						
13		8%						
14		9%						
15		10%						
16							

图 4-18　平息债券估值分析模型

(2) 计算发行价格。

在单元格 B6 中输入公式"=ABS(PV(B5,B3,B2*B4,B2))",单击【确定】,可以计算出债券的发行价格,如图 4-19 所示。

	A	B	C	D	E	F	G
1	平息债券估值分析模型						
2	发行面值(元)	1000					
3	期限(年)	10					
4	票面利率	6%					
5	市场利率	6%					
6	发行价格(元)	1000					
7							
8		期限和市场利率调整后的发行价格					
9	市场利率			期限			
10		0	10	9	8	7	6	5
11		6%						
12		7%						
13		8%						
14		9%						
15		10%						

图 4-19 发行价格的计算

(3) 双变量模拟运算表。

在单元格 A10 中输入公式"=B6",选中区域单元格 A10:G15,单击主菜单栏中的【数据】,然后单击【假设分析】,选中下拉菜单中的【数据表】,打开【数据表】对话框,在【输入引用行的单元格】文本框中输入$B$3,在【输入引用列的单元格】文本框中输入$B$5,单击【确定】,则可在单元格区域计算出不同利率和期限下的债券发行价格,如图 4-20 所示。

	A	B	C	D	E	F	G
1	平息债券估值分析模型						
2	发行面值(元)	1000					
3	期限(年)	10					
4	票面利率	6%					
5	市场利率	6%					
6	发行价格(元)	1000					
7							
8		期限和市场利率调整后的发行价格					
9	市场利率			期限			
10	1000	10	9	8	7	6	5
11	6%	1000	1000	1000	1000	1000	1000
12	7%	929.7641846	934.8477	940.287	946.1071	952.3346	958.998
13	8%	865.798372	875.0622	885.0672	895.8726	907.5424	920.1458
14	9%	807.470269	820.1426	833.9554	849.0114	865.4224	883.3105
15	10%	754.2173158	769.639	786.603	805.2632	825.7896	848.3685

图 4-20 双变量模拟运算表

(4) 绘制关系图。

选中单元格区域 B10:G15,单击主菜单栏中的【插入】,选择图表当中的散点图,可以得到散点图。调整图表,可以得到反映发行价格和市场利率及期限之间的关系图,如图 4-21 所示。

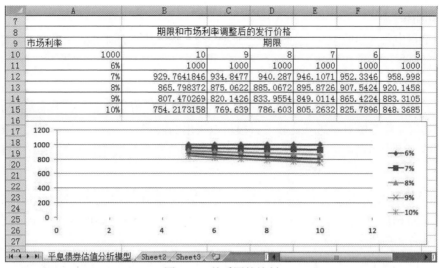

图 4-21 关系图的绘制

实训三　租赁筹资分析模型

【知识准备】

在我国融资租赁实务中，常用的融资租赁租金计算方法有平均分摊法和等额年金法。

(1) 平均分摊法。

平均分摊法是指承租人将应付的租金总额(包括资产购置成本、利息和手续费)在租赁期限内按支付次数平均计算租金的一种方式。这种方法计算简单，但没有充分考虑货币时间价值因素。其计算公式可表示为

$$A=\frac{(C-S)+I+F}{N} \qquad (4-4)$$

式中：A 表示每次支付的租金；C 表示租赁资产购置成本；S 表示租赁资产预计残值；I 表示租赁期间利息总额；F 表示租赁期间手续费；N 表示租期。

(2) 等额年金法。

等额年金法是指运用年金现值的计算原理，测算每期应付租金的方法。在这种方法下，通常以资本成本率(综合利息率和手续费用率)作为折现率。承租人与出租人商定的租金支付方式，大多为后付等额租金，一般情况下资产残值归承租人所有。根据项目三普通年金现值的计算公式，经推导可得到后付等额租金方式下每年末支付租金的计算公式为

$$A=\frac{\text{PVA}_n}{(P/A,i,n)} \qquad (4-5)$$

式中：A 表示每年支付的租金；PVA_n 表示等额租金现值；$(P/A,i,n)$ 表示年金现值系数；n 表示支付租金期数；i 表示资本成本率。

【实训目标与要求】

熟练掌握使用 Excel 建立租赁筹资分析模型。

【实训指导】

租赁是指出租人以收取租金为条件，在合同或协议规定的期限内，将资产租借给承租人使用的一种经济行为。租赁行为虽然表面上涉及物而不是资金，但在实质上具有借贷属性，是企业普遍采用的一种特殊筹资方式。

租赁筹资方案可以看作债务方案的替代方案，评价租赁筹资方案是否具有经济上的可行性，应将其与债务筹资方案进行比较。一般可以采用的决策方法是：分别计算债务筹资方案和租赁筹资方案的税后成本，并比较两种方案的成本现值，选择成本现值最小的方案作为最优方案。

【例 4-6】兴庆公司租入一套设备，价值 150 万元，使用期限 5 年，假设期末没有残值，租赁年利率为 6%，每年年初支付租金，企业所得税税率为 25%，贴现率为 5%，要求计算每期支付金额及其现值。

(1) 在工作表中建立租赁筹资模型表格，并输入相关的已知数据，具体如图 4-22 所示。

(2) 计算还款总期数，在单元格 B7 中输入公式"=B5*B6"，可以得出还款总期数为 5 期，如图 4-23 所示。

图 4-22　租赁筹资模型

图 4-23　还款总期数的计算

(3) 计算每期支付金额。在单元格 B9 中输入公式"=PMT($B$4/$B$6,$B$7,-$B$3,1)"，计算得出每期支付金额，如图 4-24 所示。

图 4-24　每期支付金额的计算

(4) 建立租赁筹资现值的计算模型，具体如图 4-25 所示。

(5) 计算每期的租金支付额，在单元格 B16 中输入公式"=$B$9"，并将公式复制到单元格区域 B17:B20 中，计算得出每期的租金支付额，如图 4-26 所示。

(6) 计算抵税额。在单元格 C16 中输入公式"=B16*$B$13"，并将公式复制到单元格区域 C17:C20 中，计算得出每期的租金抵税额，如图 4-27 所示。

	A	B	C	D	E
1	租赁筹资模型				
2	租赁资产	设备			
3	租金	1500000			
4	租赁年利率	6%			
5	租期	5			
6	每年支付次数	1			
7	总支付次数	5			
8	支付时点	期初			
9	每期支付金额	¥356,094.42			
10					
11					
12	租赁筹资现值的计算				
13	所得税税率	25%			
14	贴现率	5%			
15	年末	租金支付额	抵税额	税后现金流量	现值
16	0				
17	1				
18	2				
19	3				
20	4				
21	合计				

图 4-25　租赁筹资现值计算模型

B16		f_x	=$B$9	
	A	B	C	D	E
1	租赁筹资模型				
2	租赁资产	设备			
3	租金	1500000			
4	租赁年利率	6%			
5	租期	5			
6	每年支付次数	1			
7	总支付次数	5			
8	支付时点	期初			
9	每期支付金额	¥356,094.42			
10					
11					
12	租赁筹资现值的计算				
13	所得税税率	25%			
14	贴现率	5%			
15	年末	租金支付额	抵税额	税后现金流量	现值
16	0	¥356,094.42			
17	1	¥356,094.42			
18	2	¥356,094.42			
19	3	¥356,094.42			
20	4	¥356,094.42			
21	合计				

图 4-26　每期租金支付额的计算

	A	B	C	D	E
1	租赁筹资模型				
2	租赁资产	设备			
3	租金	1500000			
4	租赁年利率	6%			
5	租期	5			
6	每年支付次数	1			
7	总支付次数	5			
8	支付时点	期初			
9	每期支付金额	¥356,094.42			
10					
11					
12	租赁筹资现值的计算				
13	所得税税率	25%			
14	贴现率	5%			
15	年末	租金支付额	抵税额	税后现金流量	现值
16	0	¥356,094.42	¥89,023.61		
17	1	¥356,094.42	¥89,023.61		
18	2	¥356,094.42	¥89,023.61		
19	3	¥356,094.42	¥89,023.61		
20	4	¥356,094.42	¥89,023.61		
21	合计				

图 4-27　抵税额的计算

(7) 计算税后现金流量。在单元格 D16 中输入公式"=B16-C16",并将公式复制到单元格区域 D17:D20 中,计算得出每期的税后现金流量,如图 4-28 所示。

	A	B	C	D	E
1	租赁筹资模型				
2	租赁资产	设备			
3	租金	1500000			
4	租赁年利率	6%			
5	租期	5			
6	每年支付次数	1			
7	总支付次数	5			
8	支付时点	期初			
9	每期支付金额	¥356,094.42			
10					
11					
12	租赁筹资现值的计算				
13	所得税税率	25%			
14	贴现率	5%			
15	年末	租金支付额	抵税额	税后现金流量	现值
16	0	¥356,094.42	¥89,023.61	¥267,070.82	
17	1	¥356,094.42	¥89,023.61	¥267,070.82	
18	2	¥356,094.42	¥89,023.61	¥267,070.82	
19	3	¥356,094.42	¥89,023.61	¥267,070.82	
20	4	¥356,094.42	¥89,023.61	¥267,070.82	
21	合计				

图 4-28 税后现金流量的计算

(8) 计算现金流量的现值。在单元格 E16 中输入公式"=D16/((1+$B$14)^A16)",并将公式复制到单元格区域 E17:E20 中,计算得出每期现金流量的现值,如图 4-29 所示。

	A	B	C	D	E
1	租赁筹资模型				
2	租赁资产	设备			
3	租金	1500000			
4	租赁年利率	6%			
5	租期	5			
6	每年支付次数	1			
7	总支付次数	5			
8	支付时点	期初			
9	每期支付金额	¥356,094.42			
10					
11					
12	租赁筹资现值的计算				
13	所得税税率	25%			
14	贴现率	5%			
15	年末	租金支付额	抵税额	税后现金流量	现值
16	0	¥356,094.42	¥89,023.61	¥267,070.82	267070.82
17	1	¥356,094.42	¥89,023.61	¥267,070.82	254353.16
18	2	¥356,094.42	¥89,023.61	¥267,070.82	242241.1
19	3	¥356,094.42	¥89,023.61	¥267,070.82	230705.81
20	4	¥356,094.42	¥89,023.61	¥267,070.82	219719.82
21	合计				

图 4-29 现金流量现值的计算

(9) 计算各项目的合计数。在单元格 B21 中输入公式"=SUM(B16:B20)",并将公式复制到单元格区域 C21:E21 中。最终计算结果如图 4-30 所示。

	A	B	C	D	E
1	租赁筹资模型				
2	租赁资产	设备			
3	租金	1500000			
4	租赁年利率	6%			
5	租期	5			
6	每年支付次数	1			
7	总支付次数	5			
8	支付时点	期初			
9	每期支付金额	¥356,094.42			
10					
11					
12	租赁筹资现值的计算				
13	所得税税率	25%			
14	贴现率	5%			
15	年末	租金支付额	抵税额	税后现金流量	现值
16	0	¥356,094.42	¥89,023.61	¥267,070.82	267070.8174
17	1	¥356,094.42	¥89,023.61	¥267,070.82	254353.1595
18	2	¥356,094.42	¥89,023.61	¥267,070.82	242241.1043
19	3	¥356,094.42	¥89,023.61	¥267,070.82	230705.8136
20	4	¥356,094.42	¥89,023.61	¥267,070.82	219719.8225
21	合计	¥1,780,472.12	¥445,118.03	¥1,335,354.09	¥1,214,090.72

图 4-30 最终计算结果

【例 4-7】 某公司需要一台设备，现有租赁设备和借款购置设备两个备选方案，有关资料如图 4-31 的【已知条件】区域所示。假定每期的租金可以全额抵减所得税，要求建立一个可以选择最优方案的决策分析模型。

	A	B	C	D
1	已知条件			
2	租赁设备方案		借款购置设备方案	
3	租赁设备的购置成本（元）	100000	设备购置成本与借款金额（元）	100000
4	租赁期限（年）	5	设备折旧年限与借款年限（年）	5
5	出租人回收的设备残值（元）	5000	设备残值（元）	5000
6	出租人要求的年利率	9.50%	借款年利率	8%
7	租金支付方式	每年末等额支付	还款方式	每年末等额偿还
8	租金抵税方式	年租金全额抵免	折旧方法	平均年限法
9	所得税税率	25%	资本成本率	6%

图 4-31 已知条件

(1) 设计租赁和借款筹资决策模型，如图 4-32 所示。

	A	B	C	D	E	F
1	已知条件					
2	租赁设备方案		借款购置设备方案			
3	租赁设备的购置成本（元）	100000	设备购置成本与借款金额（元）	100000		
4	租赁期限（年）	5	设备折旧年限与借款年限（年）	5		
5	出租人回收的设备残值（元）	5000	设备残值（元）	5000		
6	出租人要求的年利率	9.50%	借款年利率	8%		
7	租金支付方式	每年末等额支付	还款方式	每年末等额偿还		
8	租金抵税方式	年租金全额抵免	折旧方法	平均年限法		
9	所得税税率	25%	资本成本率	6%		
10						
11	计算与决策结果					
12	税后租金总现值的计算（元）				决策结论	
13	每年年末支付租金	租金抵税额	税后租金	租金的总现值	最优方案	租赁设备
14						
15	税后还款总现值的计算（元）					
16	年末	还款额	年利息	年折旧	年抵税额	税后现金流出量
17	1					
18	2					
19	3					
20	4					
21	5					
22	税后还款的总现值					

图 4-32 租赁和借款筹资决策模型

(2) 在单元格 A14 中输入公式"=PMT(B6,B4,-B3,B5)",可以计算得出租赁设备方案的每年支付租金。

(3) 在单元格 B14 中输入公式"=A14*B9",可以计算得出租赁设备方案的租金抵免额。

(4) 在单元格 C14 中输入公式"=A14-B14",可以计算得出租赁设备方案的税后租金。

(5) 在单元格 D14 中输入公式"=PV(E9,B4,-C14)",可以计算得出租赁设备方案的租金总现值。

(6) 选取单元格区域 B17:B21,输入数组公式"=PMT(D6,D4,-D3)",可以计算得出借款购置设备方案的每年还款额。

(7) 选取单元格区域 C17:C21,输入数组公式"=IPMT(D6,A17:A21,D4,-D3)",可以计算得出借款购置设备方案的每年利息额。

(8) 选取单元格区域 D17:D21,输入数组公式"=(D3-D5)/D4",可以计算得出借款购置设备方案的每年折旧额。

(9) 选取单元格区域 E17:E21,输入数组公式"=(C17:C21+D17:D21)*B9",可以计算得出借款购置设备方案的每年折旧抵税额。

(10) 选取单元格区域 F17:F21,输入数组公式"=B17:B21-E17:E21",可以计算得出借款购置设备方案的每年税后现金流出量。

(11) 在单元格 B22 中输入公式"=NPV(E9,F17:F21)",可以计算得出借款购置设备方案的税后还款总现值。

(12) 在合并单元格 F13 中输入公式"=IF(D14=B22,"两个方案都一样",IF(D14<B22,"租赁设备","借款购置设备"))"。

最终计算结果如图 4-33 所示。

	A	B	C	D	E	F
1			已知条件			
2		租赁设备方案		借款购置设备方案		
3	租赁设备的购置成本(元)	100000	设备购置成本与借款金额(元)	100000		
4	租赁期限(年)	5	设备折旧年限与借款年限(年)	5		
5	出租人回收的设备残值(元)	5000	设备残值(元)	5000		
6	出租人要求的年利率	9.50%	借款年利率	8%		
7	租金支付方式	每年末等额支付	还款方式	每年末等额偿还		
8	租金抵税方式	年租金全额抵免	折旧方法	平均年限法		
9	所得税税率	25%	资本成本率	6%		
10						
11			计算与决策结果			
12		税后租金总现值的计算(元)			决策结论	
13	每年年末支付租金	租金抵税额	税后租金	租金的总现值	最优方案	租赁设备
14	¥25,216.46	¥6,304.11	¥18,912.34	¥94,561.72		
15		税后还款总现值的计算(元)				
16	年末	还款额	年利息	年折旧	年抵税额	税后现金流出量
17	1	25045.64546	8000	19000	6750	18295.64546
18	2	25045.64546	6636.348363	19000	6409.087	18636.55837
19	3	25045.64546	5163.604596	19000	6040.901	19004.74431
20	4	25045.64546	3573.041327	19000	5643.26	19402.38512
21	5	25045.64546	1855.232997	19000	5213.808	19831.83721
22	税后还款的总现值	¥95,171.17				

图 4-33 最终计算结果

从图 4-33 可以看出,租赁设备方案的税后租金总现值为 79 665.68 元,而贷款购置设备的税后还款额总现值为 79 991.27 元,由于租赁设备方案的税后租金总现值更小,显然租赁设备的方案更可行。

实 训 练 习

1. 假设鑫发公司需要购置一条生产线，需要 200 万元的资金，公司决定向银行贷款，贷款年利率为 8%，借款期限为 5 年，每年年末等额偿还本息，试用 Excel 模拟运算表来计算当利率分别为 8%、9%、10%，借款期限分别为 5 年、6 年和 7 年时的每期还款额。进一步地，在企业所得税税率为 25%，现金利率的贴现率为 5% 的条件下，对年利率为 8%，借款期限为 5 年时的等额还款筹资决策进行分析。

2. 天雅公司发行面值为 2000 元、期限为 6 年、票面利率为 8% 的平息债券，要求利用 Excel 计算：

(1) 若发行时市场利率为 10%，则债券的发行价格应定为多少？

(2) 若公司以 1910 元的发行价格发行，则市场利率应为多少？

3. 天龙公司打算以融资租赁的方式租入一台设备，该设备的价款为 300 万元，租期为 5 年，期末没有残值，双方商定的年利率为 8%，每年期初偿还一次，该公司企业所得税税率为 25%，现金利率的贴现率为 6%，要求计算每期支付金额及其现值。

4. 诚信公司因筹集资金的需要打算在 6 月增发新股 1500 万股，初始总股本为 3000 万股，经部门预测，年度可实现利润为 2000 万元，通过与同行业的其他公司比较，估算市盈率为 25 倍，要求计算该公司股票的发行价格。

项目五　资本成本和资本结构实训

【实训目标】

思政目标：
培养节约意识，树立诚信理念。

知识目标：
- 运用 Excel 计算个别资本成本。
- 运用 Excel 计算综合资本成本。
- 运用 Excel 建立边际资本成本规划模型。
- 运用 Excel 计算经营杠杆系数、财务杠杆系数和联合杠杆系数。
- 运用 Excel 进行资本结构决策。

能力目标：
学生能够运用 Excel 计算和分析资本成本、杠杆系数，并据此做出最佳资本结构决策，从而提升运用 Excel 解决筹资问题的能力。

【教学建议】

建议本项目主要采取讲授与实训相结合的教学方法，课时安排为 3 个课时，将实训练习作为学生的课后练习，学生应记录实训步骤。

实训一　资本成本实训

【知识准备】

资本成本是指企业为筹集和使用资金而付出的代价。资本成本一般包括筹资费用和用资费用两部分。

资本成本在财务管理中一般用相对数表示，即表示为年用资费用与实际筹得资金(筹资总额减去筹资费用)的比率，计算公式为

$$资本成本率 = \frac{年用资费用}{筹资总额 - 筹资费用} \tag{5-1}$$

【实训目标与要求】

熟练掌握使用 Excel 计算个别资本成本、综合资本成本和边际资本成本。

【实训指导】

一、基于 Excel 的个别资本成本率的计算

1. 长期借款资本成本率

根据企业所得税法的规定，企业长期借款的利息可以从税前利润扣除，从而可以抵免企业所得税。因此，企业的长期借款资本成本率应当考虑所得税因素，具体计算公式为

$$长期借款资本成本率=\frac{年利率\times(1-所得税税率)}{1-筹资费率} \tag{5-2}$$

另外，由于长期借款的筹资费用较少，所以有时可将筹资费用忽略不计，则

$$长期借款资本成本率=年利率\times(1-所得税税率) \tag{5-3}$$

【例 5-1】 西城公司取得 3 年期借款 800 万元，年利率 8%，每年付息一次，到期一次还本。已知企业所得税率为 25%，筹资费率为 0.5%，求该项长期借款的资本成本率。

(1) 在工作表中建立长期借款资本成本计算模型，并输入相关已知数据。

(2) 在单元格 B5 中输入公式“=B2*(1-B3)/(1-B4)”，计算结果如图 5-1 所示。

B5　=B2*(1-B3)/(1-B4)

	A	B	C	D
1	借款（万元）	800		
2	年利率	8%		
3	所得税税率	25%		
4	筹资费率	0.50%		
5	长期借款资本成本率	6.03%		

图 5-1　长期借款资本成本率的计算

2. 债券资本成本率

债券资本成本计算基本与银行借款一致，债券的利息费用也可以从税前利润扣除，计算公式为

$$长期债券的资本成本率=\frac{债券年利息\times(1-所得税税率)}{筹资总额\times(1-筹资费率)} \tag{5-4}$$

其中

$$债券利息=债券面值\times利率$$

$$筹资总额=债券发行价格\times发行数量$$

【例 5-2】 西城公司发行五年期的债券，票面面值为 100 万元，票面年利率为 10%，每年付一次利息，发行价为 120 万元，发行费率为 5%，所得税率为 25%，求该笔债券的资本成本率。

(1) 在工作表中建立债券资本成本计算模型，并输入相关已知数据。

(2) 在单元格 B6 中输入公式“=B1*B3*(1-B4)/(B2*(1-B5))”，计算结果如图 5-2 所示。

B6　=B1*B3*(1-B4)/(B2*(1-B5))

	A	B	C	D
1	面值（万元）	100		
2	发行价（万元）	120		
3	年利率	10%		
4	所得税税率	25%		
5	发行费率	5%		
6	长期债券资本成本率	6.58%		

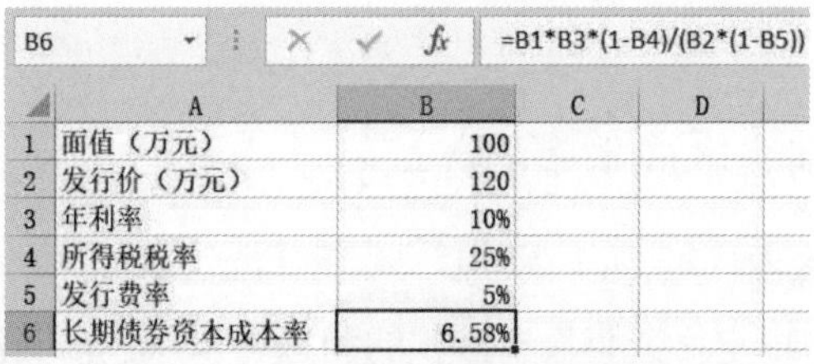

图 5-2　债券资本成本率的计算

3. 优先股资本成本

企业发行优先股，要支付筹资费用，还要定期支付股利。但它与债券不同，股利在税后支付，且没有固定的到期日。因此，计算公式为

$$优先股资本成本率=\frac{优先股每年股利额}{发行总额\times(1-筹资费率)} \tag{5-5}$$

【例 5-3】西城公司按面值发行 5000 万元的优先股股票，共支付筹资费用 50 万元，年优先股股利率为 10%，求优先股的资本成本率。

(1) 在工作表中建立优先股资本成本计算模型，并输入相关已知数据。

(2) 在单元格 B4 中输入公式“=B1*B2/(B1−B3)”，计算结果如图 5-3 所示。

B4　=(B1*B2)/(B1-B3)

	A	B	C	D
1	面值（万元）	5000		
2	股利率	10%		
3	筹资费用（万元）	50		
4	优先股资本成本率	10.10%		

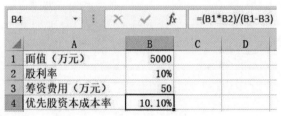

图 5-3　优先股资本成本率的计算

4. 普通股资本成本

普通股股票为企业基本资金，其股利要取决于企业生产经营情况，不能事先确定，因此，普通股的资本成本率很难预先准确地加以计算，计算公式为

$$普通股资本成本率=\frac{预计第一年每股股利}{普通股每股市价\times(1-筹资费率)}+股利增长率 \tag{5-6}$$

【例 5-4】公司发行普通股，市价为 2000 万元，股利率为 10%，筹资费用率为 2%，预计未来股利每年增长率为 3%，求普通股的资本成本率。

(1) 在工作表中建立普通股资本成本计算模型，并输入相关已知数据。

(2) 在单元格 B4 中输入公式“=B2/(B1−B3)+B4”，计算结果如图 5-4 所示。

B5　=B2/(1-B3)+B4

	A	B	C
1	市价（万元）	2000	
2	股利率	10%	
3	筹资费率	2%	
4	股利增长率	3%	
5	普通股资本成本率	13.20%	

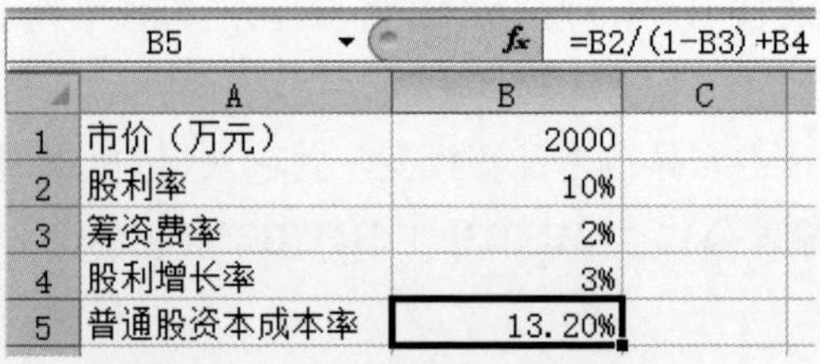

图 5-4　普通股资本成本率的计算

普通股资本成本也可以采用资本资产定价模型来进行计算，即普通股的必要报酬率等于无风险报酬率加上风险报酬率，计算公式为

$$K=R_f+\beta_i(R_m-R_f) \tag{5-7}$$

式中：K 为普通股投资的必要报酬率；R_f 为无风险报酬率，β_i 为某股票的贝塔系数；R_m 为市场报酬率。

【例 5-5】 西城公司普通股 β 系数为 1.5，市场报酬率为 10%，无风险报酬率为 6%，求普通股的资本成本率。

(1) 在工作表中建立普通股资本成本计算模型，并输入相关已知数据。

(2) 在单元格 B4 中输入公式“=B3+B1*(B2-B3)”，计算结果如图 5-5 所示。

B4 fx =B3+B1*(B2-B3)

	A	B	C	D
1	β 系数	1.5		
2	市场报酬率	10%		
3	无风险报酬率	6%		
4	普通股资本成本率	12.00%		

图 5-5 普通股资本成本率的计算

普通股资本成本率还可以采用风险溢价模型，根据“风险越大，要求的报酬率越高”的原理，股票的报酬率应该在债券的报酬率之上再加一定的风险溢价。

【例 5-6】 西城公司发行债券的投资报酬率为 8%，现准备发行普通股，经过分析，该股票投资高于债券投资的风险溢价为 4%，求普通股的资本成本率。

运用 Excel 计算，在单元格 B3 中输入公式“=B1+B2”，计算结果如图 5-6 所示。

B3 fx =B1+B2

	A	B	C
1	债券的投资报酬率	8%	
2	风险溢价	4%	
3	普通股资本成本率	12%	

图 5-6 普通股资本成本率的计算

5. 留存收益资本成本率

企业所获利润，按规定可留存一定比例的资金，满足自身发展资金需要。留存收益作为内部筹资的资本用于再投资时，其资本成本可以按上述例子计算。因为留存收益若不用于再投资，则可分发给股东。普通股要求收益率是留存收益再投资的机会成本。所以，留存收益的成本等于现有的普通股成本，只是没有筹资费用，计算公式为

$$\text{留存收益资本成本率}=\frac{\text{普通股股利}}{\text{留存收益}}+\text{股利增长率} \tag{5-8}$$

二、基于 Excel 的综合资本成本率的计算

如前所述，企业取得资金的渠道不尽相同，其资本成本率也不同。在决策资金运用时，如果以某一种资本成本率作为依据，往往会造成决策失误。计算综合资本成本率主要是保证

企业有一个合理的资金来源结构,使各种资金保持合理的比率,并尽可能使企业综合资本成本率有所降低。综合资本成本率是以各种资金所占的比重为权数,对各种资金的成本进行加权平均计算出来的,也称为加权平均资本成本率,计算公式为

综合资本成本率 = $\sum$ (各种资金来源资本成本率×这种资金来源占全部资金的比重)　　(5-9)

【例 5-7】 西城公司采用多种筹资方式,共筹资 8000 万元,其中银行借款筹资 800 万元,资本成本为 5.4%;长期债券筹资 100 万元,资本成本为 5.88%;优先股筹资 5000 万元,资本成本为 10.10%;普通股筹资 2000 万元,资本成本为 13.20%;留存收益筹资 100 万元,资本成本为 13%,求综合资本成本率。

(1) 构建综合资本成本率的计算表格,如图 5-7 所示。

	A	B	C	D
1	筹资方式	筹资总额	所占比重	资本成本
2	银行借款	800		5.40%
3	长期债券	100		5.88%
4	优先股	5000		10.10%
5	普通股	2000		13.20%
6	留存收益	100		13%
7	合计	8000		

图 5-7　综合资本成本率的计算表格

(2) 计算每种筹资方式所占的比重,在单元格 C2 中输入公式"=B2/$B$7",依次复制到单元格 C7,如图 5-8 所示。

	A	B	C	D
1	筹资方式	筹资总额	所占比重	资本成本
2	银行借款	800	10.00%	5.40%
3	长期债券	100	1.25%	5.88%
4	优先股	5000	62.50%	10.10%
5	普通股	2000	25.00%	13.20%
6	留存收益	100	1.25%	13%
7	合计	8000		

图 5-8　资金比重的计算

(3) 在单元格 D7 中输入公式"=SUMPRODUCT(C2:C6,D2:D6)",即可计算综合资本成本,如图 5-9 所示。

D7			fx	=SUMPRODUCT(C2:C6,D2:D6)	
	A	B	C	D	E
1	筹资方式	筹资总额	所占比重	资本成本	
2	银行借款	800	10.00%	5.40%	
3	长期债券	100	1.25%	5.88%	
4	优先股	5000	62.50%	10.10%	
5	普通股	2000	25.00%	13.20%	
6	留存收益	100	1.25%	13%	
7	合计	8000	100.00%	10.39%	

图 5-9　综合资本成本率的计算

按照企业价值最大化的目标,资本权重中各类资本的价值应按市场价值计算。若市场价值无法得到或资本的市场价值接近账面价值,则可按资产负债表上资本的账面价值计算。

三、基于 Excel 的边际资本成本率的计算

公司无法以某一固定的资本成本筹集无限的资金,当筹集的资金超过一定限度时,原来的资本成本就会增加。追加一个单位的资本增加的成本称为边际资本成本率。

通常地,资本成本率在一定范围内不会改变,而在保持某资本成本率的条件下可以筹集到的资金总限度称为保持现有资本结构下的筹资突破点。一旦筹资额超过突破点,即使维持现有的资本结构,其资本成本率也会增加。筹集新资本都按一定的数额批量进行,故其边际资本成本可以绘成一条有间断点(即筹资分界点)的曲线,若将该曲线和投资机会曲线置于同一图中,则可进行投资决策:内部收益率高于边际资本成本的投资项目应接受;反之则拒绝;两者相等时则是最优的资本预算。

边际资本成本规划步骤如下。

(1) 确定拟追加筹资的资本结构。

一般情况下,应根据原有资本结构和目标资本结构的差距,确定追加筹资的资本结构。

(2) 预测各种追加筹资的个别资本成本。

随着企业规模的变化,筹资能力发生变化,再加上资本市场状况也会随经济情况有所变化,因此,各种追加筹资的个别资本成本不是一成不变的,需要预先预测。

(3) 计算筹资总额分界点。

对于每种筹资方式,在一定的资本成本下,筹资数额是有限的,超过这个数额就会引起资本成本的阶跃,因此有必要了解此时相应的追加筹资总额。这时的筹资总额,对应着个别资本成本的阶跃,也必然对应着边际资本成本的阶跃,具有明显的分界特征,所以称为筹资总额分界点。筹资总额分界点计算公式为

$$筹资分界点 = \frac{可用某一特定成本筹集到的某种资金额}{该种资金在资本结构中所占的比重} \qquad (5\text{-}10)$$

(4) 计算边际资本成本。

根据筹资总额分界点的计算,可以得出追加筹资总额按边际资本成本分界的范围。最后,应分别计算各段筹资范围内追加筹资总额的边际资本成本。

【例 5-8】西城公司的目标资本结构及个别资本成本的有关资料如图 5-10 中【已知条件】区域所示。要求建立一个该公司的边际资本成本规划模型。

	A	B	C	D	E
1			已知条件		
2	资本种类	目标资本结构	新增筹资额范围(万元)		个别资本成本
3			下限	上限	
4	长期负债	35%	1	50	6%
5			51	100	7%
6			101	以上	8%
7	优先股	15%	0	75	10%
8			76	以上	12%
9	优先股	50%	0	150	14%
10			151	350	15%
11			351	以上	16%

图 5-10 已知条件

(1) 设计【筹资总额分界点的计算】区域,如图 5-11 所示。

	A	B	C	D	E	F
1			已知条件			筹资总额分界点的计算
2	资本种类	目标资本结构	新增筹资额范围（万元）		个别资本成本	
3			下限	上限		
4	长期负债	35%	1	50	6%	
5			51	100	7%	
6			101	以上	8%	
7	优先股	15%	0	75	10%	
8			76	以上	12%	
9	优先股	50%	0	150	14%	
10			151	350	15%	
11			351	以上	16%	

图 5-11　【筹资总额分界点的计算】区域

(2) 计算筹资总额分界点。在单元格 F4 中输入公式"=ROUND(D4/$B$4,0)"，并将其复制到单元格 F5；在单元格 F7 中输入公式"=ROUND(D7/$B$7,0)"；在单元格 F9 中输入公式"=ROUND(D9/$B$9,0)"，并将其复制到单元格 F10。计算结果如图 5-12 所示。

	A	B	C	D	E	F
1			已知条件			筹资总额分界点的计算
2	资本种类	目标资本结构	新增筹资额范围（万元）		个别资本成本	
3			下限	上限		
4	长期负债	35%	1	50	6%	143
5			51	100	7%	286
6			101	以上	8%	
7	优先股	15%	0	75	10%	500
8			76	以上	12%	
9	优先股	50%	0	150	14%	300
10			151	350	15%	700
11			351	以上	16%	

图 5-12　筹资总额分界点的计算

(3) 设计【边际资本成本的计算结果】区域，如图 5-13 所示。

	A	B	C	D	E	F	G
13				边际资本成本的计算结果			
14	筹资总额范围（万元）		资本种类	目标资本结构	个别资本成本	边际资本成本	新增筹资额范围（万元）
15	下限	上限					
16			长期负债				
17			优先股				
18			普通股				
19			长期负债				
20			优先股				
21			普通股				
22			长期负债				
23			优先股				
24			普通股				
25			长期负债				
26			优先股				
27			普通股				
28			长期负债				
29			优先股				
30			普通股				
31			长期负债				
32			优先股				
33			普通股				

图 5-13　【边际资本成本的计算结果】区域

(4) 填写筹资总额范围的上限和下限。在合并单元格 A16 中输入公式"=C4"；在合并单元格 B16 中输入公式"=F4"；在合并单元格 A19 中输入公式"=B16+1"，并将其分别复制到合并单元格 A22、A25、A28 和 A31；在合并单元格 B19 中输入公式"=F5"；在合并单元格 B22 中输入公式"=F9"；在合并单元格 B25 中输入公式"=F7"；在合并单元格 B28 中输入公式"=F10"；在合并单元格 B31 中输入公式"=""以上"""，如图 5-14 所示。

	A	B	C	D	E	F	G
13				边际资本成本的计算结果			
14	筹资总额范围（万元）		资本种类	目标资本结构	个别资本成本	边际资本成本	新增筹资额范围（万元）
15	下限	上限					
16	1	143	长期负债				
17			优先股				
18			普通股				
19	144	286	长期负债				
20			优先股				
21			普通股				
22	287	300	长期负债				
23			优先股				
24			普通股				
25	301	500	长期负债				
26			优先股				
27			普通股				
28	501	700	长期负债				
29			优先股				
30			普通股				
31	701	以上	长期负债				
32			优先股				
33			普通股				

图 5-14　筹资总额范围的计算

(5) 填写目标资本结构。在单元格 D16 中输入公式"=$B$4"；在单元格 D17 中输入公式"=$B$7"；在单元格 D18 中输入公式"=$B$9"。选取单元格区域 D16:D18，将其分别复制到单元格区域 D19:D21、D22:D24、D25:D27、D28:D30 和 D31:D33，如图 5-15 所示。

	A	B	C	D	E	F	G
13				边际资本成本的计算结果			
14	筹资总额范围（万元）		资本种类	目标资本结构	个别资本成本	边际资本成本	新增筹资额范围（万元）
15	下限	上限					
16	1	143	长期负债	35%			
17			优先股	15%			
18			普通股	50%			
19	144	286	长期负债	35%			
20			优先股	15%			
21			普通股	50%			
22	287	300	长期负债	35%			
23			优先股	15%			
24			普通股	50%			
25	301	500	长期负债	35%			
26			优先股	15%			
27			普通股	50%			
28	501	700	长期负债	35%			
29			优先股	15%			
30			普通股	50%			
31	701	以上	长期负债	35%			
32			优先股	15%			
33			普通股	50%			

图 5-15　目标资本结构的计算

(6) 在单元格 E16 中输入公式"=IF(B16>$F$5,$E$6,IF(B16>$F$4,$E$5,$E$4))"，将其分别复制到单元格 E19、E22、E25、E28 和 E31；在单元格 E17 中输入公式"=IF(B16>$F$7,$E$8,$E$7)"，将其分别复制到单元格 E20、E23、E26、E29 和 E32；在单元格 E18 中输入公式"=IF(B16>$F$10,$E$11,IF(B16>$F$9,$E$10,$E$9))"，将其分别复制到单元格 E21、E24、E27、E30 和 E33。可以计算得出不同筹资范围各种筹资方式的个别资本成本，如图 5-16 所示。

	A	B	C	D	E	F	G
13			边际资本成本的计算结果				
14	筹资总额范围（万元）		资本种类	目标资本结构	个别资本成本	边际资本成本	新增筹资额范围（万元）
15	下限	上限					
16	1	143	长期负债	35%	6%		
17			优先股	15%	10%		
18			普通股	50%	14%		
19	144	286	长期负债	35%	7%		
20			优先股	15%	10%		
21			普通股	50%	14%		
22	287	300	长期负债	35%	8%		
23			优先股	15%	10%		
24			普通股	50%	14%		
25	301	500	长期负债	35%	8%		
26			优先股	15%	10%		
27			普通股	50%	15%		
28	501	700	长期负债	35%	8%		
29			优先股	15%	12%		
30			普通股	50%	15%		
31	701	以上	长期负债	35%	8%		
32			优先股	15%	12%		
33			普通股	50%	16%		

图 5-16　个别资本成本的计算

（7）在合并单元格 F16 中输入公式"=SUMPRODUCT(D16:D18,E16:E18)"，将其分别复制到单元格 F19、F22、F25、F28 和 F31，可以计算得出边际资本成本，如图 5-17 所示。

	A	B	C	D	E	F	G
13			边际资本成本的计算结果				
14	筹资总额范围（万元）		资本种类	目标资本结构	个别资本成本	边际资本成本	新增筹资额范围（万元）
15	下限	上限					
16	1	143	长期负债	35%	6%	10.60%	
17			优先股	15%	10%		
18			普通股	50%	14%		
19	144	286	长期负债	35%	7%	10.95%	
20			优先股	15%	10%		
21			普通股	50%	14%		
22	287	300	长期负债	35%	8%	11.30%	
23			优先股	15%	10%		
24			普通股	50%	14%		
25	301	500	长期负债	35%	8%	11.80%	
26			优先股	15%	10%		
27			普通股	50%	15%		
28	501	700	长期负债	35%	8%	12.10%	
29			优先股	15%	12%		
30			普通股	50%	15%		
31	701	以上	长期负债	35%	8%	12.60%	
32			优先股	15%	12%		
33			普通股	50%	16%		

图 5-17　边际资本成本的计算

（8）在合并单元格 G16 中输入公式"=A16&"～"&B16"，将其分别复制到单元格 G19、G22、G25 和 G28。在合并单元格 G31 中输入公式"=A31&B31"，可以计算筹资总额范围。最终计算结果如图 5-18 所示。

	A	B	C	D	E	F	G
1			已知条件			筹资总额分界点的计算（万元）	
2	资本种类	目标资本结构	新增筹资额范围（万元）		个别资本成本		
3			下限	上限			
4	长期负债	35%	1	50	6%	143	
5			51	100	7%	286	
6			101	以上	8%		
7	优先股	15%	0	75	10%	500	
8			76	以上	12%		
9	普通股	50%	0	150	14%	300	
10			151	350	15%	700	
11			351	以上	16%		
12							
13			边际资本成本的计算结果				
14	筹资总额范围（万元）		资本种类	目标资本结构	个别资本成本	边际资本成本	筹资总额范围（万元）
15	下限	上限					
16	1	143	长期负债	35%	6%	10.60%	1～143
17			优先股	15%	10%		
18			普通股	50%	14%		
19	144	286	长期负债	35%	7%	10.95%	144～286
20			优先股	15%	10%		
21			普通股	50%	14%		
22	287	300	长期负债	35%	8%	11.30%	287～300
23			优先股	15%	10%		
24			普通股	50%	14%		
25	301	500	长期负债	35%	8%	11.80%	301～500
26			优先股	15%	10%		
27			普通股	50%	15%		
28	501	700	长期负债	35%	8%	12.10%	501～700
29			优先股	15%	12%		
30			普通股	50%	15%		
31	701	以上	长期负债	35%	8%	12.60%	701以上
32			优先股	15%	12%		
33			普通股	50%	16%		

图 5-18　边际资本成本规划模型

实训二　杠　杆　计　算

【知识准备】

财务管理中的杠杆主要包括经营杠杆、财务杠杆和联合杠杆。

1. 经营杠杆

经营杠杆，又称营业杠杆或营运杠杆，反映销售额和息税前利润的杠杆关系，指在企业生产经营中由于存在固定成本而使利润变动率大于产销量变动率的规律。

经营杠杆系数也称经营杠杆程度，是息税前利润的变动率相当于销售额(营业额)变动率的倍数。

经营杠杆系数反映着经营杠杆的作用程度。为了反映经营杠杆的作用程度，估计经营杠杆利益的大小，评价经营风险的高低，需要测算经营杠杆系数，计算公式为

$$\text{DOL} = \frac{\Delta \text{EBIT} / \text{EBIT}}{\Delta S / S} \tag{5-11}$$

其中：DOL 为经营杠杆系数；EBIT 为营业利润，即息税前利润；ΔEBIT 为营业利润的变动额；S 为销售额；ΔS 为销售额的变动额。

为了便于计算，可将上列公式简化为

$$DOL = \frac{Q(P-V)}{Q(P-V)-F} \tag{5-12}$$

或者：

$$DOL = \frac{S-C}{S-C-F} \tag{5-13}$$

其中：Q 为销售数量；P 为销售单价；V 为单位销量的变动成本额；F 为固定成本总额；C 为变动成本总额，可按变动成本率乘以销售总额来确定。

2. 财务杠杆

财务杠杆是指资本结构中债务的运用对普通股每股收益的影响能力。财务杠杆系数是普通股每股税后利润变动率相当于息税前利润变动率的倍数，是反映财务杠杆作用程度的指标，财务杠杆系数越大说明企业的财务风险越大。

企业的融资来源不外乎两种：债务资金与权益资金。不论企业营业利润为多少，债务的利息通常都是固定不变的。这种由于固定性财务费用的存在而导致普通股股东权益变动大于息税前利润变动的杠杆效应，称作财务杠杆效应。财务杠杆效应的大小用财务杠杆系数(degree of financial Leverage, DFL)来度量。它是指普通股每股收益 EPS 的变动率与息税前利润 EBIT 变动率的比率。用公式表示为

$$DFL = \frac{\Delta EPS / EPS}{\Delta EBIT / EBIT} \tag{5-14}$$

其中，DFL 为财务杠杆系数，ΔEPS 为普通股每股收益的变动额，EPS 为基期每股收益。

上述公式是计算财务杠杆系数的理论公式，必须同时已知变动前后两期的资料才能计算，比较麻烦。可以化简为

$$DFL = \frac{EBIT}{EBIT - I} \tag{5-15}$$

从简化公式可以看出，在资金总额、息税前利润相同的情况下，负债比率越高，财务杠杆系数越大，普通股每股收益波动幅度越大，财务风险就越大；反之，负债比率越低，财务杠杆系数越小，普通股每股收益波动幅度越小，财务风险就越小。

3. 联合杠杆

从公司整个生产经营的全过程来看，既存在固定的生产经营成本，又存在固定的财务成本，这使得每股收益的变动率远远大于销售量的变动率，这种现象就叫作联合杠杆。

联合杠杆由经营杠杆和财务杠杆共同起作用，用于衡量销售量的变动对普通股每股收益变动的影响程度。

联合杠杆系数(degree of combining leverage, DCL)又称总杠杆系数，是指普通股每股收益变动率相当于产销量变动率的倍数。

$$DCL(联合杠杆系数)=DOL(经营杠杆系数)\times DFL(财务杠杆系数) \tag{5-16}$$

【实训目标与要求】

熟练掌握运用 Excel 计算经营杠杆系数、财务杠杆系数和联合杠杆系数。

【实训指导】

一、基于 Excel 的经营杠杆的计算

在 Excel 中，经营杠杆系数的计算主要依据公式进行。

【例 5-9】西域公司产销一种产品，该产品的销售单价为 25 元，单位变动成本为 10 元，每月固定成本为 50 000 元，试计算并分析该公司不同产销量下的经营杠杆系数。

(1) 在工作簿中建立经营杠杆系数计算表格，并输入相关已知数据，具体如图 5-19 所示。

	A	B	C	D
1	产销量对经营杠杆系数的影响计算与分析			
2	已知条件		经营杆杠系数计算	
3	产品单价（元）	25	产销量（件）	经营杠杆系数
4	单位变动成本（元）	10	0	
5	固定成本（元）	50000	1000	
6			2000	
7			3000	
8			4000	
9			5000	
10			6000	
11			7000	
12			8000	
13			9000	
14			10000	

经营杠杆系数计算 / Sheet2 / Sheet3

图 5-19　经营杠杆系数计算表格

(2) 在单元格 D4 中输入公式“=C4*($B$2−$B$3)/(C4*($B$2−$B$3)−$B$4)”，拖动复制柄一直复制到单元格 D14，这样就可以得到不同产销量下的经营杠杆系数，具体如图 5-20 所示。

D4　fx　=C4*($B$3-$B$4)/(C4*($B$3-$B$4)-$B$5)

	A	B	C	D	E	F
1	产销量对经营杠杆系数的影响计算与分析					
2	已知条件		经营杆杠系数计算			
3	产品单价（元）	25	产销量（件）	经营杠杆系数		
4	单位变动成本（元）	10	0	0.00		
5	固定成本（元）	50000	1000	-0.43		
6			2000	-1.50		
7			3000	-9.00		
8			4000	6.00		
9			5000	3.00		
10			6000	2.25		
11			7000	1.91		
12			8000	1.71		
13			9000	1.59		
14			10000	1.50		

经营杠杆系数计算 / Sheet2 / Sheet3

图 5-20　经营杠杆系数计算结果

一般而言，公司的营业杠杆系数越大，营业杠杆利益和营业风险就越高；公司的营业杠杆系数越小，营业杠杆利益和营业风险就越低。

二、基于 Excel 的财务杠杆的计算

在 Excel 中，财务杠杆系数的计算也主要根据公式进行。

【例 5-10】西域公司 2022 年末的负债总额为 2000 万元，负债利率为 8%，2022 年度的

息税前利润为 500 万元，计算该公司的财务杠杆系数。

在工作表中输入相关已知数据，并在单元格 B4 中输入公式"=B3/(B3-B1*B2)"，计算结果如图 5-21 所示。

图 5-21 财务杠杆系数计算结果

一般而言，公司的财务杠杆系数越大，财务杠杆利益和财务风险就越高；公司的财务杠杆系数越小，财务杠杆利益和营业风险就越低。因此在实际工作中，公司的财务决策者在确定公司负债的水平时，必须认识到负债可能带来的财务杠杆收益和相应的财务风险，从而在利益与风险之间做出合理的权衡。

三、基于 Excel 的联合杠杆的计算

在 Excel 中，联合杠杆系数的计算也主要依据公式进行。计算公式为

联合杠杆系数=经营杠杆系数×财务杠杆系数

【例 5-11】西域公司 2022 年销售收入为 4000 万元，变动成本为 1500 万元，固定成本为 1000 万元，利息费用为 500 万元，普通股总股本为 2000 万股，所得税税率为 25%，公司预测 2023 年销售收入将会有 30%的增长幅度，其他条件不变，计算该公司两年的经营杠杆系数、财务杠杆系数和联合杠杆系数。

(1) 建立杠杆系数计算表格，输入相关数据，如图 5-22 所示。

(2) 计算 2023 年度的销售收入和变动成本。在单元格 C3 中输入公式"=B3*(1+D3)"，可以计算得到 2023 年度的销售收入，拖动复制柄复制公式到单元格 C4，可以计算得出 2023 年度的变动成本，如图 5-23 所示。

图 5-22 杠杆系数计算表格

图 5-23 销售收入和变动成本的计算

(3) 计算息税前利润。在单元格 B9 中输入公式"=B3-B4-B5"，拖动复制柄复制公式

到单元格 C9，可以计算得出息税前利润，如图 5-24 所示。

(4) 计算净利润。在单元格 B10 中输入公式"=(B9-B6)*(1-B8)"，拖动复制柄复制公式到单元格 C10，可以计算得出净利润，如图 5-25 所示。

	A	B	C	D
1	杠杆系数计算			
2	项目	2022年度	2023年度	变动率
3	销售收入（万元）	4000	5200	30%
4	变动成本（万元）	1500	1950	30%
5	固定成本（万元）	1000	1000	
6	利息费用（万元）	500	500	
7	总股本（万股）	2000	2000	
8	所得税税率	25%	25%	
9	息税前利润（万元）	1500	2250	
10	净利润（万元）			
11	每股收益（元）			
12	经营杠杆系数			
13	财务杠杆系数			
14	联合杠杆系数			

图 5-24　息税前利润的计算

	A	B	C	D
1	杠杆系数计算			
2	项目	2022年度	2023年度	变动率
3	销售收入（万元）	4000	5200	30%
4	变动成本（万元）	1500	1950	30%
5	固定成本（万元）	1000	1000	
6	利息费用（万元）	500	500	
7	总股本（万股）	2000	2000	
8	所得税税率	25%	25%	
9	息税前利润（万元）	1500	2250	
10	净利润（万元）	750	1312.5	
11	每股收益（元）			
12	经营杠杆系数			
13	财务杠杆系数			
14	联合杠杆系数			

图 5-25　净利润的计算

(5) 计算每股收益。在单元格 B11 中输入公式"=B10/B7"，拖动复制柄复制公式到单元格 C11，可以计算得出每股收益，如图 5-26 所示。

(6) 计算变动率。在单元格 D9 中输入公式"=C9/B9-1"，拖动复制柄复制公式到单元格 D11，可以计算得出对应的变动率，如图 5-27 所示。

	A	B	C	D
1	杠杆系数计算			
2	项目	2022年度	2023年度	变动率
3	销售收入（万元）	4000	5200	30%
4	变动成本（万元）	1500	1950	30%
5	固定成本（万元）	1000	1000	
6	利息费用（万元）	500	500	
7	总股本（万股）	2000	2000	
8	所得税税率	25%	25%	
9	息税前利润（万元）	1500	2250	
10	净利润（万元）	750	1312.5	
11	每股收益（元）	0.375	0.65625	
12	经营杠杆系数			
13	财务杠杆系数			
14	联合杠杆系数			

图 5-26　每股收益的计算

	A	B	C	D
1	杠杆系数计算			
2	项目	2022年度	2023年度	变动率
3	销售收入（万元）	4000	5200	30%
4	变动成本（万元）	1500	1950	30%
5	固定成本（万元）	1000	1000	
6	利息费用（万元）	500	500	
7	总股本（万股）	2000	2000	
8	所得税税率	25%	25%	
9	息税前利润（万元）	1500	2250	50%
10	净利润（万元）	750	1312.5	75%
11	每股收益（元）	0.375	0.65625	75%
12	经营杠杆系数			
13	财务杠杆系数			
14	联合杠杆系数			

图 5-27　变动率的计算

(7) 计算经营杠杆系数。在单元格 B12 中输入公式"=D9/D3"，可以计算得出对应的经营杠杆系数，如图 5-28 所示。

(8) 计算财务杠杆系数。在单元格 B13 中输入公式"=D10/D9"，可以计算得出对应的经营杠杆系数，如图 5-29 所示。

(9) 计算联合杠杆系数。在单元格 B13 中输入公式"=D11/D3"或者"=B12*B13"，可以计算得出对应的联合杠杆系数，如图 5-30 所示。

图 5-28 经营杠杆系数的计算

图 5-29 财务杠杆系数的计算

图 5-30 联合杠杆系数的计算

实训三 资本结构决策

【知识准备】

资本结构决策有两种方法：比较资本成本法和每股收益分析法。比较资本成本法主要是计算不同筹资方案的综合资本成本，选择综合资本成本最低的筹资方案。每股收益分析法主要是计算不同筹资方案下的每股收益，从而选择每股收益最大的筹资方案。

每股收益分析法需要测算每股收益无差异点处的息税前利润。计算公式为

$$\frac{(\overline{EBIT}-I_1)(1-T)-D_1}{N_1}=\frac{(\overline{EBIT}-I_2)(1-T)-D_2}{N_2} \tag{5-17}$$

其中：$\overline{EBIT}$ 为每股收益无差异点处的息税前利润；I_n 为两种筹资方式下的年利息；D_n 为两种筹资方式下的优先股股利；N_n 为两种筹资方式下的流通在外的普通股股数。

【实训目标与要求】

熟练掌握使用 Excel 进行资本结构决策。

【实训指导】

一、基于 Excel 的比较资本成本法

比较资本成本法是计算不同资本结构(或筹资方案)的加权平均资本成本,并以此为标准相互比较进行资本结构决策。在实际中,企业对拟定的筹资总额,可以采用多种筹资方式来筹集,同时每种筹资方式的筹资数额亦可有不同安排,由此形成若干个资本结构(或筹资方案)可供选择。

【例 5-12】西域公司拟筹资 2000 万元资本,共有 3 个备选的筹资方案,有关数据如图 5-31 中【已知条件】区域所示。要求根据比较资本成本法,建立一个确定该公司的最优筹资方案的模型。

	A	B	C	D	E	F	G
1		已知条件（金额单位：万元）					
2	筹资方案	方案A		方案B		方案C	
3		筹资额	资本成本率	筹资额	资本成本率	筹资额	资本成本率
4	长期借款	300	6.50%	500	6.70%	200	6.80%
5	长期债券	400	7.00%	500	7.00%	600	7.20%
6	优先股	500	11.90%	400	12.50%	500	12.00%
7	普通股	800	14.80%	600	14.80%	700	15.00%
8	合计	2000		2000		2000	

图 5-31 【已知条件】区域

① 在工作表中设计模型的结构,如图 5-32 所示。

	A	B	C	D	E	F	G
1		已知条件（金额单位：万元）					
2	筹资方案	方案A		方案B		方案C	
3		筹资额	资本成本率	筹资额	资本成本率	筹资额	资本成本率
4	长期借款	300	6.50%	500	6.70%	200	6.80%
5	长期债券	400	7.00%	500	7.00%	600	7.20%
6	优先股	500	11.90%	400	12.50%	500	12.00%
7	普通股	800	14.80%	600	14.80%	700	15.00%
8	合计	2000		2000		2000	
9							
10			计算与决策结果				
11			权重系数的计算		决策结论		
12	筹资方案	方案A	方案B	方案C	最低的综合		
13	长期借款				资本成本率		
14	长期债券						
15	优先股				最优的筹资		
16	普通股				方案		
17	合计						
18	综合资本成本率						

图 5-32 比较资本成本法决策模型

② 计算方案 A 中各筹资方式的权重系数。选取单元格区域 B13:B17,输入数组公式"=B4:B8/B8",如图 5-33 所示。

③ 计算方案 B 中各筹资方式的权重系数。选取单元格区域 C13:C17,输入数组公式"=D4:D8/D8",如图 5-34 所示。

④ 计算方案 C 中各筹资方式的权重系数。选取单元格区域 D13:D17,输入数组公式"=F4:F8/F8",如图 5-35 所示。

B13 `{=B4:B8/B8}`

	A	B	C	D	E	F	G
1			已知条件（金额单位：万元）				
2	筹资方案	方案A		方案B		方案C	
3		筹资额	资本成本率	筹资额	资本成本率	筹资额	资本成本率
4	长期借款	300	6.50%	500	6.70%	200	6.80%
5	长期债券	400	7.00%	500	7.00%	600	7.20%
6	优先股	500	11.90%	400	12.50%	500	12.00%
7	普通股	800	14.80%	600	14.80%	700	15.00%
8	合计	2000		2000		2000	
9							
10			计算与决策结果				
11			权重系数的计算		决策结论		
12	筹资方案	方案A	方案B	方案C	最低的综合		
13	长期借款	15.00%			资本成本率		
14	长期债券	20.00%					
15	优先股	25.00%			最优的筹资		
16	普通股	40.00%			方案		
17	合计	100%					
18	综合资本成本率						

图 5-33　方案 A 各筹资方式权重系数的计算

C13 `{=D4:D8/D8}`

	A	B	C	D	E	F	G
1			已知条件（金额单位：万元）				
2	筹资方案	方案A		方案B		方案C	
3		筹资额	资本成本率	筹资额	资本成本率	筹资额	资本成本率
4	长期借款	300	6.50%	500	6.70%	200	6.80%
5	长期债券	400	7.00%	500	7.00%	600	7.20%
6	优先股	500	11.90%	400	12.50%	500	12.00%
7	普通股	800	14.80%	600	14.80%	700	15.00%
8	合计	2000		2000		2000	
9							
10			计算与决策结果				
11			权重系数的计算		决策结论		
12	筹资方案	方案A	方案B	方案C	最低的综合		
13	长期借款	15.00%	25.00%		资本成本率		
14	长期债券	20.00%	25.00%				
15	优先股	25.00%	20.00%		最优的筹资		
16	普通股	40.00%	30.00%		方案		
17	合计	100%	100.00%				
18	综合资本成本率						

图 5-34　方案 B 各筹资方式权重系数的计算

D13 `{=F4:F8/F8}`

	A	B	C	D	E	F	G
1			已知条件（金额单位：万元）				
2	筹资方案	方案A		方案B		方案C	
3		筹资额	资本成本率	筹资额	资本成本率	筹资额	资本成本率
4	长期借款	300	6.50%	500	6.70%	200	6.80%
5	长期债券	400	7.00%	500	7.00%	600	7.20%
6	优先股	500	11.90%	400	12.50%	500	12.00%
7	普通股	800	14.80%	600	14.80%	700	15.00%
8	合计	2000		2000		2000	
9							
10			计算与决策结果				
11			权重系数的计算		决策结论		
12	筹资方案	方案A	方案B	方案C	最低的综合		
13	长期借款	15.00%	25.00%	10.00%	资本成本率		
14	长期债券	20.00%	25.00%	30.00%			
15	优先股	25.00%	20.00%	25.00%	最优的筹资		
16	普通股	40.00%	30.00%	35.00%	方案		
17	合计	100%	100.00%	100.00%			
18	综合资本成本率						

图 5-35　方案 C 各筹资方式权重系数的计算

⑤ 在单元格 B18 中输入数组公式"=SUMPRODUCT(B13:B16,C4:C7)";在单元格 C18 中输入数组公式"=SUMPRODUCT(C13:C16,E4:E7)";在单元格 D18 中输入数组公式"=SUMPRODUCT (D13:D16,G4:G7)",这样计算得出 3 种筹资方案的综合资本成本,如图 5-36 所示。

图 5-36　综合资本成本的计算

⑥ 选择最优的筹资方案。在单元格 E14 中输入公式"=MIN(B18:D18)";在合并单元格 E17 中输入数组公式"=INDEX(B12:D12,MATCH(E14,B18:D18,0))",具体计算结果如图 5-37 所示。

从图 5-37 可以看出,方案 A、B、C 的综合资本成本分别为 11.27%、10.37%、11.09%,其中方案 B 的资本成本最低,因此应当选择方案 B。

图 5-37　比较资本成本法最终计算结果

在比较资本成本法决策模型中主要涉及以下几个函数。
(1) SUMPRODUCT 函数。
SUMPRODUCT 函数的功能是在给定的几组数组中,将数组间对应的元素相乘,并返回乘积之和。
其语法为 SUMPRODUCT (array1, [array2], [array3], ...),其中:

- array1 为必需。其相应元素需要进行相乘并求和的第一个数组参数。
- array2, array3...为可选。有 2 到 255 个数组参数，其相应元素需要进行相乘并求和。

使用 SUMPRODUCT 函数有两点需要注意：

① 数组参数必须具有相同的维数。否则，函数 SUMPRODUCT 将返回#VALUE!错误值。

② 函数 SUMPRODUCT 将非数值型的数组元素作为 0 处理。

(2) INDEX 函数。

INDEX 函数的功能是返回表格或区域中的数值或对数值的引用。INDEX 函数有两种形式：数组和引用。数组形式通常返回数值或数值数组，引用形式通常返回引用。

① INDEX(array,row_num,column_num)返回数组中指定单元格或单元格数组的数值。其中：

- array 为单元格区域或数组常数。
- row_num 为数组中某行的行序号，函数从该行返回数值。
- column_num 为数组中某列的列序号，函数从该列返回数值。

需要注意的是，row_num 和 column_num 必须指向 array 中的某一单元格，否则，函数 INDEX 返回错误值#REF!。

② INDEX(reference,row_num,column_num,area_num)返回引用中指定单元格或单元格区域的引用。其中：

- reference 为对一个或多个单元格区域的引用。
- row_num 为引用中某行的行序号，函数从该行返回一个引用。
- column_num 为引用中某列的列序号，函数从该列返回一个引用。

需要注意的是，row_num、column_num 和 area_num 必须指向 reference 中的单元格；否则，函数 INDEX 返回错误值#REF!。如果省略 row_num 和 column_num，函数 INDEX 返回由 area_num 所指定的区域。

(3) MATCH 函数。

MATCH 函数的功能是返回在指定方式下与指定数值匹配的数组中元素的相应位置。

其语法为 MATCH(lookup_value,lookup_array,match_type)，其中：

- lookup_value 为需要在 lookup_array 中查找的数值，可以是数字、文本或逻辑值，也可以是对这些值的单元格引用。
- lookup_array 包含所要查找的数值的连续单元格区域。lookup_array 应为数组或数组引用。
- match_type 为数字-1、0 或 1。如果 match_type 为 1，函数 MATCH 查找小于或等于 lookup_value 的最大数值，此时 lookup_array 必须按升序排列。如果 match_type 为 0，函数 MATCH 查找等于 lookup_value 的第一个数值，此时 lookup_array 可以按任何顺序排列。如果 match_type 为-1，函数 MATCH 查找大于或等于 lookup_value 的最小数值，此时 lookup_array 必须按降序排列。

二、基于 Excel 的每股收益(EPS)分析法

每股收益分析法是利用每股收益无差别点来进行资本结构决策的方法。每股收益无差别

点，是指在两种筹资方式下，普通股每股收益相等时的息税前利润点，也称息税前利润平衡点或筹资无差别点。当息税前利润大于每股收益无差别点时，负债筹资会增加每股收益。

【例 5-13】 西域公司现有普通股 600 万股，股本总额 6000 万元，公司债券 3600 万元。公司拟扩大筹资规模，有两个备选方案：一是增发普通股 300 万股，每股发行价格 15 元；一是平价发行公司债券 4500 万元。若公司债券年利率 8%，所得税率 25%。

要求：(1) 计算两个筹资方案的每股收益无差别点。

(2) 假设该公司预计息税前利润为 1800 万元，请对两个筹资方案做出择优决策。

① 在工作表中构建资本结构决策模型，输入相关已知数据，如图 5-38 所示。

	A	B	C	D	E
1	债券年利率	8%			
2	所得税税率	25%			
3			方案一		方案二
4	筹资方式	股数	金额	股数	金额
5	普通股	600	6000	600	6000
6	新增普通股	300	4500		
7	公司债券		3600		3600
8	新增债券				4500
9	EPS1				
10	EPS2				
11	EPS1-EPS2				
12	EBIT				
13	预计EBIT				
14	决策结果				

图 5-38　资本结构决策模型

② 计算每股收益无差别点。在单元格 B9 中输入公式 "=(B12-C7*B1)*(1-B2)/(B6+B5)"，计算方案一的每股收益；在单元格 B10 中输入公式 "=(B12-E7*B1-E8*B1)*(1-B2)/D5"，计算方案二的每股收益；在单元格 B11 中输入公式 "=B9-B10"，利用单变量求解。在【数据】选项卡下选择【数据工具】，再选择【假设分析】中的【单变量求解】，在弹出的对话框【目标单元格】中输入$B$11，【目标值】中输入 0，【可变单元格】中输入$B$12，如图 5-39 所示。

计算结果如图 5-40 所示。

图 5-39　【单变量求解】对话框

图 5-40　每股收益无差别点的计算

③ 当息税前利润 EBIT＞1368 万时，利用债券筹资较为有利；当息税前利润 EBIT＜1368 万元时，以发行普通股筹资较为有利。本公司预计 EBIT=1800 万元，故采用发行公司债券的方式较为有利。在单元格 B14 中输入公式 "=IF(B13>B12,"发行债券","发行股票")"，最终计

算结果如图 5-41 所示。

	A	B	C	D	E
1	债券年利率	8%			
2	所得税税率	25%			
3			方案一		方案二
4	筹资方式	股数	金额	股数	金额
5	普通股	600	6000	600	6000
6	新增普通股	300	4500		
7	公司债券		3600		3600
8	新增债券				4500
9	EPS1	0.90			
10	EPS2	0.90			
11	EPS1-EPS2	0			
12	EBIT	1368			
13	预计EBIT	1800			
14	决策结果	发行债券			

图 5-41　计算结果

实 训 练 习

1. 凯德公司拟筹资 5000 万元，现有两个备选方案，其中甲方案：长期借款 1500 万元，债券筹资 1000 万元，普通股筹资 2500 万元，各资本成本分别为 8%、9%、12%。乙方案：长期借款 1000 万元，债券筹资 2000 万元，普通股筹资 2000 万元，各资本成本与甲方案相同。要求利用 Excel 计算该公司的最佳筹资方案。

2. 凯德公司打算筹资 1000 万元，其中：长期借款 200 万元，年利率为 7%，筹资费率为 1%；债券筹资 300 万元，票面利率为 10%，发行费率为 4%；普通股筹资 500 万元，预计第一年股利率为 10%，之后每年增长率为 2%，发行费率为 5%，所得税税率为 25%。要求利用 Excel 计算各筹资方式的个别资本成本和综合资本成本率。

3. 凯德公司 2022 年度的销售收入为 1000 万元，变动成本率为 40%，固定成本为 100 万元，利息费用为 100 万元，所得税为 132 万元。要求利用 Excel 计算经营杠杆系数、财务杠杆系数和联合杠杆系数。

4. 凯德公司目前拥有长期资金 600 万元，其中普通股 400 万元，长期债券 200 万元。由于开发新项目的需要，公司计划明年筹集新资金，且维持目前的资本结构不变。随着筹资额的增加，各筹资方式的资本成本变化见表 5-1。

表 5-1　凯德公司各筹资方式的资本成本表

筹资方式	新筹资额	资本成本
普通股	80 万元以下	12%
	80 万元以上	14%
长期债券	60 万元以下	6%
	60 万元~100 万元	8%
	100 万元	10%

要求利用 Excel 计算各筹资总额范围内边际资本成本。

5. 凯德公司初创时拟筹资 2000 万元，有 A、B 两个筹资方案可供选择，有关资料见表 5-2。

表 5-2　凯德公司筹资资料　　　　　　　　　　　　　单位：万元

资本来源	A 方案		B 方案	
	筹资额	资本成本	筹资额	资本成本
长期借款	600	6%	800	7%
长期债券	400	7%	600	8%
优先股	200	10%	200	15%
普通股	800	15%	400	20%
合计	2000		2000	

要求利用 Excel 确定最佳资本结构。

项目六　投资决策实训

【实训目标】

思政目标：
增强学生理性投资意识，培养学生不怕失败的精神。

知识目标：
- 熟练掌握 NPV、IRR、RATE、MIRR 等函数。
- 熟练掌握 Excel 中关于固定资产折旧的函数。
- 熟练掌握使用 Excel 构建独立方案和互斥方案的可行性评价模型。
- 熟练掌握使用 Excel 构建资金有限额情况下的多个投资方案的组合决策模型。
- 熟练掌握使用 Excel 构建固定资产更新的投资决策模型。
- 熟练掌握使用 Excel 构建证券投资决策模型。

能力目标：
学生能够使用 Excel 构建各种投资方案决策模型，并运用模型进行投资决策，从而提升其投资决策能力。

【教学建议】

建议本项目主要采取讲授与实训相结合的教学方法，课时安排为 6 个课时，将实训练习作为学生的课后练习，学生应记录实训步骤。

实训一　投资决策指标计算

【知识准备】

常用的项目投资评价指标，既有非折现评价指标，也有折现评价指标。

1. 非折现评价指标

所谓非折现评价指标是指没有考虑资金时间价值的指标，主要包括投资回收期和平均报酬率。

(1) 投资回收期。

投资回收期是指投资项目的未来现金流量与初始投资额相等时所经历的时间，表示初始投资额通过未来现金流量回收所需要的时间。

(2) 平均报酬率。

平均报酬率是投资项目寿命期内平均每年的投资报酬率，也称平均投资报酬率，计算公式为

$$平均报酬率(ARR)=平均现金流量÷初始投资额 \qquad (6\text{-}1)$$

2. 折现评价指标

所谓折现评价指标是指考虑了资金时间价值的指标，主要包括净现值、内含报酬率和获利指数。

(1) 净现值。

净现值，是指投资项目投入使用后的净现金流量，按资本成本或企业要求达到的报酬率折算为现值之和，减去初始投资以后的余额。若各期净现金流量相等，计算公式为

$$NPV = NCF \times (P/A,i,n) - C \tag{6-2}$$

其中，NPV 表示净现值，NCF 表示各期相等的净现金流量，i 表示折现率，n 表示项目预计使用年限，C 表示初始投资。

若各期净现金流量不相等，计算公式为

$$NPV = \sum_{t=1}^{n} NCF(P/F,i,n) - C \tag{6-3}$$

其中，$\sum_{t=1}^{n} NCF$ 表示各期不等的净现金流量，即项目投资后第 t 年的净现金流量。

一般来说，如果净现值大于或等于 0，则投资方案可行，且净现值越大，投资效益越好，方案越优；如果净现值小于 0，则方案不可行。

(2) 内含报酬率。

内含报酬率又称为内部报酬率，是使净现值为 0 的报酬率，是使现金流入的折现总额与初始投资相等的贴现率，它反映了投资项目的实际报酬率，计算公式为

$$\frac{NCF_1}{(1+i)^1} + \frac{NCF_2}{(1+i)^2} + \cdots + \frac{NCF_n}{(1+i)^n} - C = 0 \tag{6-4}$$

即

$$\sum_{t=1}^{n} \frac{NCF_t}{(1+i)^t} - C = 0 \tag{6-5}$$

其中，NCF_t 表示第 t 年的净现金流量，i 表示内含报酬率，n 表示项目寿命期限，C 表示项目初始投资额度。

(3) 获利指数。

获利指数又称盈利指数、利润指数、现值指数，是投资项目初始投资后，所有预期未来现金流量的现值之和与初始投资额的比值，计算公式为

$$PI = 未来现金流量的总现值 \div 初始投资额 \tag{6-6}$$

【实训目标与要求】

熟练掌握使用 Excel 建立投资决策的现金流量分析模型，并且计算投资回收期、平均报酬率、净现值、内含报酬率和获利指数等投资决策评价指标。

【实训指导】

一、投资决策的现金流量分析

按照现金流量的发生时间,投资活动的现金流量又可分为初始现金流量、营业现金流量和终结现金流量。

(1) 初始现金流量。

初始现金流量是指项目在投入时购买(购建)固定资产,垫支营运资金及其他活动产生的现金流。由于一个项目的启动往往需要很大的资金投入,这个时候的现金流主要是现金流出。具体包括以下项目。

① 项目投资前的费用。包括项目投资设计费用、土地购入费及其他费用。

② 形成固定资产的费用。包括固定资产购入、建造、安装等的费用。

③ 营运资金垫支。项目投资完成时,必须垫支一部分资金才能投入营运,如原材料购买的资金等。这部分垫支的资金,一般要到项目寿命终结时才能收回。

④ 原有固定资产的变价收入。这里主要是指固定资产变更时,变卖原有固定资产所得的现金收入。

⑤ 其他费用。这里指与投资项目相关的培训费、注册费等资金。

⑥ 不可预见费。这里指在投资项目运转前可能发生的不能准确估计的费用,如设备价格的突然上涨,自然灾害造成的损失等。

(2) 营业现金净流量。

营业现金净流量一般以年为单位计算。现金流入量是指营业现金收入。现金流出量是指营业现金支出和缴纳的税金等。那么,年营业现金净流量NCF(Net Cash Flow)可用下列公式计算:

$$每年营业现金净流量(NCF) = 年营业收入 - 年付现成本 - 所得税 \quad (6\text{-}7)$$

上式中,年付现成本是指总成本扣去折旧后的成本。故又可以写作:

$$每年营业现金净流量(NCF) = 税后净利 + 折旧 \quad (6\text{-}8)$$

(3) 终结现金流量。

终结现金流量主要包括:

① 固定资产残值收入或变价收入(指需扣除所需上缴的税金等支出后的净收入)。

② 原有垫支在各种流动资产上的资金的回收。

③ 停止使用的土地的变价收入等。

在项目投资决策的过程中,首要的任务就是估算项目在其各个时期的现金流。这一环节直接影响到投资项目评估的正确性。

【例6-1】长城公司拟购入一台设备扩大生产能力,现有甲、乙两个方案可供选择,各方案基本情况如图6-1所示。试用Excel编制甲、乙方案的现金流量表。

① 在工作表中构建营业现金流计算表格。计算营业现金流量,这里既可以采用式(6-7),也可以采用式(6-8),计算出甲、乙两个方案的营业现金流量,过程不再赘述,具体如图6-2所示。

	A	B	C
1	项目	甲方案	乙方案
2	设备投资额	15000	20000
3	垫支营运资金	0	4000
4	使用年限	5	5
5	期末残值	0	4000
6	每年折旧（直线法）	3000	3200
7	年销售收入	8000	11000
8	年付现成本	2500	第一年3000，以后每年增加200
9	所得税税率	25%	25%

图 6-1　长城公司购入设备的两个方案

② 结合初始现金流量和终结现金流量，编制方案甲、乙的现金流量如图 6-3 所示。

图 6-2 和图 6-3 中，$t=0$ 代表第一年年初，$t=1$ 代表第一年年末，$t=2$ 代表第二年年末，后面的以此类推。在现金流量的计算中，为了简化计算，一般都假定各年投资在年初一次进行，各年经营现金流量在年末一次发生，终结现金流量则假设是最后一年年末发生的。

	A	B	C	D	E	F
1	年份	1	2	3	4	5
2	方案					
3	甲方案					
4	销售收入(1)	8000	8000	8000	8000	8000
5	付现成本(2)	2000	2000	2000	2000	2000
6	折旧(3)	3000	3000	3000	3000	3000
7	税前利润(4)=(1)-(2)-(3)	3000	3000	3000	3000	3000
8	所得税(5)=(4)×25%	750	750	750	750	750
9	净利润(6)=(4)-(5)	2250	2250	2250	2250	2250
10	净现金流量(7)=(3)+(6)	5250	5250	5250	5250	5250
11	乙方案					
12	销售收入(1)	11000	11000	11000	11000	11000
13	付现成本(2)	3200	3200	3400	3600	3800
14	折旧(3)	3200	3200	3200	3200	3200
15	税前利润(4)=(1)-(2)-(3)	4800	4600	4400	4200	4000
16	所得税(5)=(4)×25%	1200	1150	1100	1050	1000
17	净利润(6)=(4)-(5)	3600	3450	3300	3150	3000
18	净现金流量(7)=(3)+(6)	6800	6650	6500	6350	6200

图 6-2　营业现金流量的计算

	A	B	C	D	E	F	G
1	年份	0	1	2	3	4	5
2	方案						
3	甲方案：						
4	固定资产投资	-15000					
5	营业净现金流量		5250	5250	5250	5250	5250
6	现金流量合计	-15000	5250	5250	5250	5250	5250
7	乙方案：						
8	固定资产投资	-20000					
9	垫支流动资产	-4000					
10	营业净现金流量		6800	6650	6500	6350	6200
11	固定资产残值收入						4000
12	收回流动资金						4000
13	现金流量合计	-24000	6800	6650	6500	6350	14200

图 6-3　现金流量的计算

按照上述方法计算现金流量，以此评价公司投资项目的经济效益，并将其作为投资决策的基础。主要考虑的是，采用现金流量有利于科学地考虑资金的时间价值因素，并且可以使项目投资决策更符合客观实际情况。

二、投资决策评价指标的计算

投资评价指标包括非折现评价指标和折现评价指标。

1. 非折现评价指标

非折现评价指标没有考虑资金时间价值，主要包括投资回收期和平均报酬率两个指标。

(1) 投资回收期。

在 Excel 中计算投资回收期非常简单，直接根据公式计算即可。

【例 6-2】长城公司的净现金流量如图 6-4 所示，要求计算该项目的投资回收期。

① 在工作表中构建投资回收期的计算表格，输入相关的已知数据。

② 计算累计净现金流量，在单元格 B6 中输入公式"=-B2"，在单元格 C6 中输入公式"=B6-C2+C5"，并拖动复制柄将公式一直复制到单元格 H6，计算出累计现金流量。

③ 在单元格 B7 中输入公式"=F1-1-E6/F5"，即可计算该项目的投资回收期为 3.7 年。最终计算结果如图 6-4 所示。

	A	B	C	D	E	F	G	H
1	年份	0	1	2	3	4	5	6
2	1.总投资	6000	4000					
3	2.收入			5000	6000	8000	8000	7500
4	3.支出			2000	2500	3000	3500	3500
5	4.净现金流量(2-3)			3000	3500	5000	4500	4000
6	5.累计净现金流量	-6000	-10000	-7000	-3500	1500	6000	10000
7	静态投资回收期	3.7						

图 6-4　投资回收期的计算

投资回收期法的优点是，能够直观地反映初始投资的返本期限，计算比较简单，也容易理解。当投资者急于收回投资资金时，该指标可给予大致的提示。主要缺点有两个：一是没有考虑货币的时间价值，二是没有考虑回收期满后投资方案的现金流状况。当面临两个投资回收期相等但总现金流量不等的投资方案时，仅用这一个指标往往无法做出正确的判断。

例如，长城公司两个投资方案的现金流量如图 6-5 所示。

	A	B	C	D	E
1	年 份	0	1	2	3
2	甲方案现金流量	-30000	11000	19000	20000
3	乙方案现金流量	-30000	13000	17000	18000

图 6-5　甲、乙两个方案的现金流量

由图 6-5 可知，甲、乙两方案的投资回收期相同，都是 2 年；如果用投资回收期指标进行评价，则应得出的结论是：甲、乙两方案的经济效果一样。但实际情况是甲方案优于乙方案。

(2) 平均报酬率。

在 Excel 中计算平均报酬率也非常简单，直接根据公式计算即可。

【例 6-3】沿用上例图 6-5 提供的资料，分别计算甲、乙两方案的平均报酬率。

① 在工作表中构建平均报酬率的计算表格，输入相关已知数据。

② 在单元格 B4 中输入公式"=AVERAGE(C2:E2)/ABS(B2)"，可以计算出甲方案的平均报酬率；在单元格 B5 中输入公式"=AVERAGE(C3:E3)/ABS(B3)"，可以计算出乙方案的平均报酬率，具体如图 6-6 所示。

	B4	▼	fx	=AVERAGE(C2:E2)/ABS(B2)	
	A	B	C	D	E
1	年 份	0	1	2	3
2	甲方案现金流量	-30000	11000	19000	20000
3	乙方案现金流量	-30000	13000	17000	18000
4	甲方案的平均报酬率	55.56%			
5	乙方案的平均报酬率	53.33%			

图 6-6　平均报酬率的计算

从图 6-6 可以看出，甲方案的平均报酬率比乙方案的平均报酬率更高，因此选择甲方案。

2. 折现评价指标

所谓折现评价指标是指那些考虑了资金时间价值的指标，主要包括净现值、内含报酬率和获利指数。

(1) 净现值。

Excel 中可以使用 NPV 函数计算净现值。NPV 函数通过使用贴现率及一系列未来支出(负值)和收入(正值)，返回一项投资的净现值。

其语法为 NPV(rate,value1,value2,...)，其中：

- rate 为某一期间的贴现率，是一个固定值。
- value1, value2, ...代表支出及收入的 1 到 254 个参数。

NPV 函数需要注意以下问题。

① value1, value2, ...在时间上必须具有相等间隔，并且都发生在期末。

② NPV 使用 value1,value2, ... 的顺序来解释现金流的顺序，所以务必保证支出和收入的数额按正确的顺序输入。

③ 如果参数为数值、空白单元格、逻辑值或数字的文本表达式，则都会计算在内；如果参数是错误值或不能转化为数值的文本，则被忽略。

④ 如果参数是一个数组或引用，则只计算其中的数字。数组或引用中的空白单元格、逻辑值或文本将被忽略。

⑤ 函数 NPV 假定投资开始于 value1 现金流所在日期的前一期，并结束于最后一笔现金流的当期。函数 NPV 依据未来的现金流来进行计算。如果第一笔现金流发生在第一个周期的期初，则第一笔现金必须添加到函数 NPV 的结果中，而不应包含在 values 参数中。

【例 6-4】长城公司一项投资项目的甲、乙两个方案的预计现金流量如图 6-7 所示，资本成本为 10%，计算甲、乙两个方案的净现值。

① 在工作表中构建净现值的计算表格，输入相关已知数据。

② 在单元格 B7 中输入公式"=NPV(B6,C5:G5)+B5"，可以计算出甲方案的净现值。

③ 在单元格 B13 中输入公式"=NPV(B12,C11:G11)+B11"，可以计算出乙方案的净现值，如图 6-7 所示。

从图 6-7 可以看出，甲方案的净现值为 3195.78 元，而乙方案的净现值为 1802.76 元，显然应采用甲方案。

	A	B	C	D	E	F	G
1	年份t	0	1	2	3	4	5
2	甲方案						
3	固定资产投资	-15000					
4	营业现金流量		4800	4800	4800	4800	4800
5	现金流量合计	-15000	4800	4800	4800	4800	4800
6	资本成本率	10%					
7	甲方案净现值			3195.78			
8	乙方案						
9	固定资产投资	-15000					
10	营运资金垫支	-3000					
11	营业现金流量	-18000	4800	5860	5320	5080	5040
12	资本成本率	10%					
13	乙方案净现值			¥1,802.76			

图 6-7　净现值的计算

(2) 内含报酬率。

Excel 中内含报酬率的计算可以使用 IRR 函数。IRR 函数的主要功能是返回由数值代表的一组现金流的内部收益率。其语法为 IRR(values,guess)，其中：

- values 为数组或单元格的引用，包含用来计算返回的内部收益率的数字，且必须包含至少一个正值和一个负值。

函数 IRR 根据数值的顺序来解释现金流的顺序，故应确定按需要的顺序输入了支付和收入的数值。如果数组或引用包含文本、逻辑值或空白单元格，则这些非数字项将被忽略。

- guess 为对函数 IRR 计算结果的估计值。Microsoft Excel 使用迭代法计算函数 IRR。从 guess 始，函数 IRR 进行循环计算，直至结果的精度达到 0.00001%。如果函数 IRR 经过 20 次迭代，仍未找到结果，则返回错误值#NUM!。在大多数情况下，并不需要为函数 IRR 的计算提供 guess 值。如果省略 guess，则假设它为 0.1(10%)。如果函数 IRR 返回错误值#NUM!，或结果没有靠近期望值，则可用另一个 guess 值再试一次。

【例 6-5】在例 6-4 中，计算甲、乙两个方案的内含报酬率。

① 在工作表中构建内含报酬率的计算表格，输入相关已知数据。

② 在单元格 B6 中输入公式"=IRR(B5:G5)"，可以计算出甲方案的内含报酬率。

③ 在单元格 B11 中输入公式"=IRR(B10:G10)"，可以计算出乙方案的内含报酬率，如图 6-8 所示。

	A	B	C	D	E	F	G
1	年份t	0	1	2	3	4	5
2	甲方案						
3	固定资产投资	-15000					
4	营业现金流量		4800	4800	4800	4800	4800
5	现金流量合计	-15000	4800	4800	4800	4800	4800
6	甲方案内含报酬率			18.03%			
7	乙方案						
8	固定资产投资	-15000					
9	营运资金垫支	-3000					
10	营业现金流量	-18000	4800	5860	5320	5080	5040
11	乙方案内含报酬率			13.85%			

图 6-8　内含报酬率的计算

从图 6-8 可以看出，甲方案的内含报酬率为 18.03%，而乙方案的内含报酬率为 13.85%，显然应采用甲方案。

内含报酬率法的优点是：其基本原理是试图找出一个能体现项目内在价值的数值，它充分考虑了资金的时间价值,反映了投资项目的真实报酬率。此外,它克服了基础不同(如初始投资额或经济寿命期不同)的方案比较的困难。其缺点是计算过程比较复杂,特别是对于每年 NCF 不相等的投资项目,一般需要经过多次测算,才能算出近似的内含报酬率。

另外,修正内部报酬率函数是返回某连续期间现金流量(values)的修正内部报酬率。MIRR 函数同时考虑了投入资金的成本(finance_rate)及各期收入的再投资报酬率(reinvest_rate)。其语法为 MIRR(values,finance_rate,reinvest_rate),其中:

- values 必须是一个含有数值的数组或参考地址,这些数值分别代表各期的支出(负数)及收入(正数)数额,values 参数中至少必须含有一个正数及一个负数,否则 MIRR 函数会返回错误值 #DIV/0!。
- finance_rate 代表资本成本或必要报酬率。
- reinvest_rate 代表再投资资本成本或再投资报酬率。

【例 6-6】在例 6-4 中,假设投资报酬率为 15%,再投资收益率为 12%,计算甲、乙两个方案的修正内含报酬率。

① 在工作表中构建修正内含报酬率的计算表格,输入相关已知数据。

② 在单元格 B8 中输入公式"=MIRR(B5:G5,B6,B7)",可以计算出甲方案的修正内含报酬率。

③ 在单元格 B15 中输入公式"=MIRR(B12:G12,B13,B14)",可以计算出乙方案的修正内含报酬率,如图 6-9 所示。

	A	B	C	D	E	F	G
1	年份 t	0	1	2	3	4	5
2	甲方案						
3	固定资产投资	-15000					
4	营业现金流		4800	4800	4800	4800	4800
5	现金流量合计	-15000	4800	4800	4800	4800	4800
6	投资报酬率	15%					
7	再投资收益率	12%					
8	甲方案修正内含报酬率	15.25%					
9	乙方案						
10	固定资产投资	-15000					
11	营运资金垫支	-3000					
12	现金流量合计	-18000	4800	5860	5320	5080	5040
13	投资报酬率	15%					
14	再投资收益率	12%					
15	甲方案修正内含报酬率	13.02%					

图 6-9 修正内含报酬率的计算

从图 6-9 可以看出,甲方案的修正内含报酬率为 15.25%,而乙方案的修正内含报酬率为 13.02%,显然也应该采用甲方案。

(3) 获利指数。

在 Excel 中,获利指数的计算可以借助 NPV 函数。

【例 6-7】在例 6-4 中,计算甲、乙两个方案的获利指数。

① 在工作表中构建获利指数的计算表格,输入相关已知数据。

② 在单元格 B7 中输入公式"=NPV(B6,C5:G5)/ABS(B5)",可以计算出甲方案的获利指数。

③ 在单元格 B13 中输入公式"=NPV(B12,C11:G11)/ABS(B11)",可以计算出乙方案的

获利指数，如图 6-10 所示。

	A	B	C	D	E	F	G
1	年份t	0	1	2	3	4	5
2	甲方案						
3	固定资产投资	-15000					
4	营业现金流量		4800	4800	4800	4800	4800
5	现金流量合计	-15000	4800	4800	4800	4800	4800
6	资金成本率	10%					
7	甲方案获利指数	1.21					
8	乙方案						
9	固定资产投资	-15000					
10	营运资金垫支	-3000					
11	营业现金流量	-18000	4800	5860	5320	5080	5040
12	资金成本率	10%					
13	乙方案获利指数	1.10					

B7 单元格公式：=NPV(B6,C5:G5)/ABS(B5)

图 6-10 获利指数的计算

从图 6-10 可以看出，甲方案的获利指数为 1.21，而乙方案的获利指数为 1.10，显然应采用甲方案。

实训二　固定资产折旧计算

【知识准备】

固定资产折旧主要有以下几种折旧方法。

(1) 直线法。

直线法又称年限平均法，是将固定资产的应计折旧额均衡地分摊到固定资产预计使用寿命(年)内的一种方法。采用这种方法计算的每期折旧额均是等额的，计算公式为

$$年折旧率=(1-预计净残值率)/预计使用寿命 \tag{6-9}$$
$$月折旧率=年折旧率/12$$
$$月折旧额=固定资产原价 \times 月折旧率$$

(2) 工作量法。

工作量法，是根据实际工作量计提固定资产折旧额的一种方法，计算公式为

$$单位工作量折旧额=固定资产原价 \times (1-预计净残值率)/预计总工作量 \tag{6-10}$$
$$某项固定资产月折旧额=该项固定资产当月工作量 \times 单位工作量折旧额$$

(3) 双倍余额递减法。

双倍余额递减法，是在不考虑固定资产预计净残值的情况下，根据每年年初固定资产净值和双倍的直线法折旧率计算固定资产折旧额的一种方法。应用这种方法计算折旧额时，由于每年年初固定资产净值没有扣除预计净残值，在计算固定资产折旧额时，应在其折旧年限到期前两年内，将固定资产的净值扣除预计净残值后的余额平均摊销，也就是说在最后两年需要换成直线法折旧，计算公式为

$$年折旧率=2/预计的使用年限 \tag{6-11}$$
$$月折旧率=年折旧率/12$$
$$月折旧额=固定资产年初账面余额 \times 月折旧率$$

(4) 年数总和法。

年数总和法是将固定资产的原价减去预计净残值后的余额，乘以一个以固定资产尚可使用寿命为分子，以预计使用寿命逐年数字之和为分母的逐年递减的分数计算每年的折旧额，计算公式为

$$年折旧率=尚可使用寿命/预计使用寿命的年数总和 \quad (6\text{-}12)$$
$$月折旧率=年折旧率/12$$
$$月折旧额=(固定资产原价-预计净残值)×月折旧率$$

【实训目标与要求】

熟练掌握使用 Excel 计算固定资产折旧的直线法、工作量法、双倍余额递减法和年数总和法，构建固定资产折旧模型。

【实训指导】

固定资产折旧方法主要包括直线法、工作量法、双倍余额递减法和年数总和法。

一、直线法

在 Excel 中，直线法折旧可以使用 SLN 函数。SLN 函数的主要功能是返回一项资产每期的直线折旧额，其语法为 SLN(cost,salvage,life)，其中：

- cost 为资产原值。
- salvage 为资产在折旧期末的价值(也称为资产残值)。
- life 为折旧期限(有时也称作资产的使用寿命)。

【例6-8】长城公司的一台设备原值为 30 万元，期末净残值为 2 万，使用寿命 10 年，请求出该设备每年的折旧额。

(1) 在工作表中构建直线法的计算表格，输入相关已知数据。

(2) 在单元格 B4 中输入公式"=SLN(B1,B2,B3)"，可以计算得出每年的折旧额为 2.8 万元，如图 6-11 所示。

	A	B
1	原值	30
2	净残值	2
3	使用寿命	10
4	年折旧额	2.80

图 6-11 直线法的计算

二、工作量法

在 Excel 中，工作量法折旧同样可以使用 SLN 函数，不过这时 SLN 函数中的 life 参数中输入的是预计的工作量。

【例6-9】长城公司的一台机器设备原价为 680 000 元，预计生产产品产量为 2 000 000 件，预计净残值率为 3%，本月生产产品 34 000 件，请求出该台机器设备的月折旧额。

(1) 在工作表中构建工作量法的计算表格，输入相关已知数据。

(2) 在单元格 B5 中输入公式"=SLN(B1,B1*B2,B3)",可以得出单位折旧额为 0.33 元。

(3) 在单元格 B6 中输入公式"=B5*B4",可以计算得出当月的折旧额为 11 213.2 元,如图 6-12 所示。

	A	B
1	原值	680000
2	净残值率	3%
3	预计总产量	2000000
4	本月产量	34000
5	单位折旧额	0.33
6	本月折旧额	11213.2

图 6-12 工作量法的计算

三、双倍余额递减法

在 Excel 中,使用双倍余额递减法计算折旧可以使用 DDB 函数和 VDB 函数。DDB 函数的主要功能是使用双倍余额递减法,计算一笔资产在给定期间内的折旧值,其语法为 DDB(cost,salvage,life,period,factor),其中:

- cost 为资产原值。
- salvage 为资产在折旧期末的价值(有时也称为资产残值)。
- life 为折旧期限(有时也称作资产的使用寿命)。
- period 为需要计算折旧值的期间,period 必须使用与 life 相同的单位。
- factor 为余额递减速率,如果 factor 被省略,则假设为 2(双倍余额递减法)。

VDB 函数的主要功能是使用双倍余额递减法,返回指定的任何期间内的资产折旧值,其语法为 VDB(cost,salvage,life,start_period,end_period,factor,no_switch),其中:

- cost 为资产原值。
- salvage 为资产在折旧期末的价值(有时也称为资产残值)。
- life 为折旧期限(有时也称作资产的使用寿命)。
- start_period 为进行折旧计算的起始期间,start_period 必须与 life 的单位相同。
- end_period 为进行折旧计算的截止期间,end_period 必须与 life 的单位相同。
- factor 为余额递减速率(折旧因子),如果 factor 被省略,则假设为 2(双倍余额递减法)。如果不想使用双倍余额递减法,则可改变参数 factor 的值。
- no_switch 为一逻辑值,指定当折旧值大于余额递减计算值时,是否转用直线折旧法。如果 no_switch 为 TRUE,即使折旧值大于余额递减计算值,Microsoft Excel 也不转用直线折旧法。如果 no_switch 为 FALSE 或被忽略,且折旧值大于余额递减计算值时,Excel 将转用线性折旧法。除 no_switch 外的所有参数必须为正数。

【例 6-10】长城公司有一台机器设备原价为 200 000 元,预计使用寿命为 10 年,预计净残值为 10 000 元。按双倍余额递减法计算每年的折旧额。

(1) 在工作表中构建双倍余额递减法的计算表格,输入已知数据,如图 6-13 所示。

图 6-13 双倍余额递减法计算表格

(2) 取单元格区域 B6:B15，输入数组公式"=DDB(B2,B3,D2,A6:A15)"，可以得到按双倍余额递减法计算的每年折旧额，计算结果如图 6-14 所示。

图 6-14 DDB 函数的计算

(3) 选取单元格区域 C6:C15，输入数组公式"=VDB(B2,B3,D2,0,A6:A15,2,TRUE)"，可以得到按双倍余额递减法计算的累计折旧额，在这种情况下，即使按直线法计算的折旧额大于按余额递减的计算值，也不用转用直线折旧法计算折旧，计算结果如图 6-15 所示。

(4) 选取单元格区域 D6:D15，输入数组公式"=VDB(B2,B3,D2,0,A6:A15,2,FALSE)"，可以得到按双倍余额递减法计算的累计折旧额，在这种情况下，如果按直线法计算的折旧额大于按余额递减的计算值，则转用直线折旧法计算折旧，计算结果如图 6-16 所示。

	A	B	C	D
			C6	{=VDB(B2,B3,D2,0,A6:A15,2,TRUE)}
1			已知条件	
2	原值	200000	使用年限	10
3	净残值	10000	折旧方法	双倍余额递减法
4			计算结果	
5	年份	使用DDB函数计算的年折旧额	使用VDB函数计算的年折旧额 (No_switch=TRUE)	使用VDB函数计算的年折旧额 (No_switch=FALSE)
6	1	40000.00	40000.00	
7	2	32000.00	72000.00	
8	3	25600.00	97600.00	
9	4	20480.00	118080.00	
10	5	16384.00	134464.00	
11	6	13107.20	147571.20	
12	7	10485.76	158056.96	
13	8	8388.61	166445.57	
14	9	6710.89	173156.45	
15	10	5368.71	178525.16	

图 6-15 VDB 函数的计算(No_switch=TRUE)

	A	B	C	D
			D6	{=VDB(B2,B3,D2,0,A6:A15,2,FALSE)}
1			已知条件	
2	原值	200000	使用年限	10
3	净残值	10000	折旧方法	双倍余额递减法
4			计算结果	
5	年份	使用DDB函数计算的年折旧额	使用VDB函数计算的年折旧额 (No_switch=TRUE)	使用VDB函数计算的年折旧额 (No_switch=FALSE)
6	1	40000.00	40000.00	40000.00
7	2	32000.00	72000.00	72000.00
8	3	25600.00	97600.00	97600.00
9	4	20480.00	118080.00	118080.00
10	5	16384.00	134464.00	134464.00
11	6	13107.20	147571.20	147571.20
12	7	10485.76	158056.96	158178.40
13	8	8388.61	166445.57	168785.60
14	9	6710.89	173156.45	179392.80
15	10	5368.71	178525.16	190000.00

图 6-16 VDB 函数的计算(No_switch=FALSE)

四、年数总和法

在 Excel 中，年数总和法折旧可以使用 SYD 函数，SYD 函数的主要功能是返回一项资产按年数总和法计算的每期的折旧额，其语法为 SYD(cost,salvage,life,per)，其中：

- cost 为资产原值。
- salvage 为资产在折旧期末的价值(有时也称为资产残值)。
- life 为折旧期限(有时也称作资产的使用寿命)。
- per 为期间，其单位与 life 相同。

【例 6-11】长城公司购置的一台设备，原值为 100 000 元，预计净残值为 10 000 元，使用年限为 5 年，使用年数总和法计算每年的折旧额。

(1) 在工作表中构建年数总和法的计算表格，输入相关已知数据。

(2) 选取单元格区域 D3:D7，输入数组公式"=SYD(B2,B3,B4,C3:C7)"，计算结果如图 6-17 所示。

图 6-17 SYD 函数的计算

五、折旧对现金流量计算的影响

在计算利润时，需要减去固定资产折旧，但是在计算现金流量时，固定资产的折旧属于非付现成本，需要加回折旧，所以折旧会对投资项目现金流量的计算会造成影响。因此，在计算投资项目现金流时要注意固定资产折旧的影响。

【例 6-12】甲公司某投资项目的有关资料如图 6-18 的【已知条件】区域所示，假设固定资产采用直线法折旧，要求建立一个计算该投资项目各年净现金流量的模型。

图 6-18 已知条件

(1) 在工作表中设计模型的结构，具体如图 6-19 所示。

图 6-19 投资项目净现金流量的计算模型

(2) 计算初始现金流量，在单元格 B11 中输入公式"=-C3"，在单元格 C12 中输入公式"=-C4"。

(3) 填入销售收入和付现成本，选取单元格区域 D13:I14，输入数组公式"=B6:G7"。

(4) 计算折旧额，选取单元格区域 D15:I15，输入数组公式"=SLN(C3,G3,G2)"。

(5) 计算税前利润，选取单元格区域 D16:I16，输入数组公式"=D13:I13-D14:I14-D15:I15"。

(6) 计算所得税，选取单元格区域 D17:I17，输入数组公式"=D16:I16*G4"。

(7) 计算税后净利，选取单元格区域 D18:I18，输入数组公式"=D16:I16-D17:I17"。

(8) 计算经营净现金流量，选取单元格区域 D19:I19，输入数组公式"=D18:I18+D15:I15"。

(9) 计算终结现金流量，选取单元格 I20，输入公式"=G3+G4"。

(10) 计算净现金流量，选取单元格区域 B21:I21，输入数组公式"=B11:I11+B12:I12+B19:I19+B20:I20"。

最终计算结果如图 6-20 所示。

	A	B	C	D	E	F	G	H	I
1				已知条件					
2	项目的建设期（年）		1	项目的经营期（年）			6		
3	第1年初固定资产投资（万元）		600	期末固定资产残值（万元）			70		
4	第1年末流动资产投资（万元）		150	所得税税率			25%		
5	经营期（年）	1	2	3	4	5	6		
6	销售收入（万元）	210	230	260	290	300	240		
7	付现经营成本（万元）	120	130	160	170	175	140		
8									
9				计算结果（万元）					
10	年份	0	1	2	3	4	5	6	7
11	固定资产投资	-600							
12	流动资产投资		-150						
13	销售收入			210	230	260	290	300	240
14	付现经营成本			120	130	160	170	175	140
15	年折旧			88	88	88	88	88	88
16	税前利润			2	12	12	32	37	12
17	所得税			0	3	3	8	9	3
18	税后净利			1	9	9	24	28	9
19	经营净现金流量			90	97	97	112	116	97
20	终结现金流量								220
21	净现金流量	-600	-150	90	97	97	112	116	317

图 6-20　净现金流量计算结果

实训三　投资方案评价

【知识准备】

公司最典型的投资，就是把资金投放于生产经营的厂房、设备、设施等，以形成或扩大生产能力。在投资项目的决策分析中，现金流量的分析和计算至关重要，在计算现金流量时，尤其要注意成本分析。在投资方案的可行性评价中，需要注意以下几个方面的问题。

(1) 相关成本和非相关成本。相关成本是指与某一决策有关的、在决策中必须加以考虑的成本。非相关成本是指与该决策无关的、不应该计入决策方案中的成本。非相关成本中有一种成本叫作沉没成本，是指已经付出且不可收回的成本，它是不应计入决策方案的，决策时应加以注意。

(2) 机会成本。机会成本是指为了进行某项投资而放弃其他投资所能获得的潜在收益。在投资决策中，要认真对待。

(3) 税负与折旧对投资的影响，应予以充分注意。

【实训目标与要求】

熟练掌握使用 Excel 评价独立方案和互斥方案，以及固定资产更新的决策。

【实训指导】

一、独立方案的评价

独立方案是指方案之间相互不存在排斥性,即在多方案之间,在条件允许的情况下(如资金条件),可以选择多个有利的方案,即多方案可以同时存在。对于单一的独立投资方案,利用净现值、内含报酬率和获利指数等指标对项目进行评价。

【例 6-13】长城公司的一个投资项目,固定资产投资 2000 万元,其中第 0 年和第 1 年分别投资 1500 万元和 500 万元,预计第 2~10 年每年的销售收入为 1500 万元,年固定性费用为 800 万元,固定资产折旧按直线法折旧,不考虑残值和营运资金的回收,所得税税率为 25%,基准收益率为 15%,使用 Excel 评价该项目是否可行。

(1) 设计独立方案评价的工作表格,并输入相关已知数据,如图 6-21 所示。

	A	B	C	D	E	F	G	H	I	J	K	L
1				投资项目计算与评价			单位:万元					
2	基准收益率	15%	所得税税率	25%								
3			建设期					经营期				
4	年份	0	1	2	3	4	5	6	7	8	9	10
5	1.现金流入											
6	销售收入			1500	1500	1500	1500	1500	1500	1500	1500	1500
7	2.现金流出											
8	固定资产投资	1500	500									
9	付现的固定费用			800	800	800	800	800	800	800	800	800
10	所得税											
11	3.净现金流量											
12	计算结果											
13	净现值											
14	内含报酬率											
15	获利指数											
16	结论											

图 6-21 独立方案的计算与评价模型

(2) 根据企业所得税=(销售收入-付现的固定费用-折旧费)×所得税税率,在单元格区域 D10:L10 中输入数组公式"=(D6:L6-D9:L9-SLN(SUM(B8:C8),0,10))*D2",计算得出每年的企业所得税。

(3) 根据营业现金流=销售收入-付现的固定费用-所得税,在单元格区域 B11:L11 中输入数组公式"=B6:L6-B8:L8-B9:L9-B10:L10",计算得出每年的净现金流量。

(4) 在单元格 B13 中输入净现值的计算公式"=NPV(B2,C11:L11)+B11",计算得出项目的净现值。

(5) 在单元格 B14 中输入内含报酬率的计算公式"=IRR(B11:L11)",计算得出项目的内含报酬率。

(6) 在单元格 B15 中输入公式"=NPV(B2,D11:L11)/(1+B2)/ABS((B11+NPV(B2,C11)))",计算得出项目的获利指数。

(7) 在单元格 B16 中输入公式"=IF(B13>0,"可行","不可行")"。

最终计算结果如图 6-22 所示。

图 6-22 独立方案的计算与评价结果

从图 6-22 可以看出，该项目的净现值为 451.01 万元，内含报酬率为 20.20%，获利指数为 1.23，最终的计算结果表明该方案是可行的。

二、互斥方案的评价

互斥方案是指方案中存在某些元素互相排斥的行为或事例。比如 A 和 B 两个方案，只能选择其中一个，那么 A 和 B 为互斥方案。互斥方案分为以下几种情况。

1. 投资额相同的互斥方案的比较和优选

对于投资额相同的多个互斥方案的比较和优选问题，一般使用净现值法进行评价。如果使用内含报酬率和获利指数等指标，则可能会出现与净现值相反的评价结论，这时需要使用修正的内含报酬率指标。

【例 6-14】长城公司投资两个互斥方案，初始投资都为 1000 万元，寿命均为 3 年，其中项目 A 的净现金流量分别为 100 万元、200 万元和 2000 万元，项目 B 的净现金流量都为 650 万元。基准收益率为 10%，再投资收益率为 10%，应该选择哪个方案？

(1) 设计互斥方案评价的工作表格，并输入相关已知数据，如图 6-23 所示。

图 6-23 互斥方案的计算与评价模型

(2) 计算项目 A 的净现值，在单元格 F4 中输入项目 A 的净现值计算公式"=NPV($B$6,C4:E4)-ABS(B4)"，可以得出项目 A 的净现值。

(3) 计算项目 A 的获利指数，在单元格 G4 中输入项目 A 的获利指数计算公式"=NPV($B$6,C4:E4)/ABS(B4)"，可以得出项目 A 的获利指数。

(4) 计算项目 A 的修正的内含报酬率，在单元格 H4 中输入项目 A 的修正的内含报酬率计算公式"=MIRR(B4:E4,$B$6,$B$7)"，可以得出项目 A 的修正的内含报酬率。

(5) 计算项目 A 的传统的内含报酬率,在单元格 I4 中输入项目 A 的传统的内含报酬率计算公式"=IRR(B4:E4)",可以得出项目 A 的传统的内含报酬率。

(6) 计算项目 B 的净现值、获利指数、修正的内含报酬率、传统的内含报酬率,将单元格区域 F4:I4 中的公式复制到单元格区域 F5:I5 中,得到项目 B 的各项评价指标。

(7) 按照净现值最大的原则,在单元格 C8 中输入公式"=IF(G4>G5,"A 项目","B 项目")",可以得知应该选择 A 项目,具体计算结果如图 6-24 所示。

	A	B	C	D	E	F	G	H	I
1				项目A、B的比较分析		单位:万元			
2	年份	初始投资	净现金流量			净现值	获利指数	修正的内含报酬率	传统的内含报酬率
3		0	1	2	3				
4	项目A	-1000	100	200	2000	758.83	1.76	32.78%	34.84%
5	项目B	-1000	650	650	650	616.45	1.62	29.10%	42.57%
6	基准收益率	10%							
7	再投资收益率	10%							
8	结论		A项目						

图 6-24 互斥方案的计算与评价结果

由图 6-24 可知,净现值、获利指数和修正的内含报酬率的结论是一致的,但传统的内含报酬率的结论相反。

2. 投资额不同的互斥方案的比较和优选

对于多个投资额不同的互斥方案的比较和优选问题,应当使用净现值法进行评价,这样符合企业价值最大化原则。

【例 6-15】长城公司现有 4 个互斥项目,相关资料如图 6-25 所示,假设基准收益率为 10%,应当选择哪个方案?

	A	B	C	D	E	F
1	方案的相关资料及评价			单位:万元		基准收益率
2	方案	A	B	C	D	10%
3	初始投资	2000	2750	1900	3500	
4	年净现金流量	300	450	220	520	
5	寿命期	20	20	20	20	
6	净现值					
7	选择方案					

图 6-25 多个互斥方案的计算与评价模型

(1) 设计多个互斥方案评价的工作表格,并输入相关已知数据,如图 6-25 所示。

(2) 计算 4 个方案的净现值,在单元格 B6 中输入项目 A 的净现值计算公式"=PV($F$2,B5,-B4)-B3",将单元格 B6 中的公式分别复制到单元格 C6、D6 和 E6 中,得到项目 B、C 和 D 的净现值。

(3) 选择净现值最大的方案,在单元格 B7 中输入公式"=INDEX(B2:E2,,MATCH (MAX(B6:E6),B6:E6,0))",得出应当选择项目 B,最终计算结果如图 6-26 所示。

	A	B	C	D	E	F
1	方案的相关资料及评价			单位:万元		基准收益率
2	方案	A	B	C	D	10%
3	初始投资	2000	2750	1900	3500	
4	年净现金流量	300	450	220	520	
5	寿命期	20	20	20	20	
6	净现值	¥554.07	¥1,081.10	¥-27.02	¥927.05	
7	选择方案	B				

图 6-26 多个互斥方案的计算与评价结果

3. 寿命期不等的互斥方案决策

当寿命期不等的时候，不能直接根据各个项目的净现值大小进行决策，这时有两种方法进行决策，一是最小公倍寿命法，二是年均净现值法。

最小公倍寿命法，就是将两个方案使用寿命的最小公倍数作为比较期间，并假设两个方案在这个比较区间进行多次重复投资，将各自多次投资的净现值进行比较的分析方法。

年均净现值法，就是把投资项目在使用寿命期内总的净现值转化为每年的平均净现值，并进行比较的分析方法。

年均净现值的计算公式为

$$ANPV = \frac{NPV}{(P/A,i,n)} \tag{6-13}$$

其中，ANPV 表示年均净现值。

【例 6-16】长城公司计划更新生产线，现有 A、B 两个投资方案供选择，A 方案的初始投资额为 200 万元，每年产生净现金流量均为 95 元，项目使用寿命 4 年，4 年后必须更新，并且期满无残值；B 方案的初始投资额为 340 万元，每年净现金流量均为 100 万元，项目可使用寿命 8 年，8 年后必须更新，并且期满无残值。公司的资本成本率为 15%。要求对 A、B 两个投资方案做出评价和选择。

使用 Excel 计算，采用最小公倍寿命法比较烦琐，采用年均净现值法比较简单，计算步骤如下。

(1) 设计计算表格，并输入已知数据，具体如图 6-27 所示。

(2) 计算项目 A 和项目 B 的净年值，在单元格 B6 中输入公式"=(PV($D$2,B5,-B4)-B3)/PV($D$2,B5,-1)"，计算得出项目 A 的年均净现值，然后将单元格 B6 中的公式复制到单元格 C6，得到项目 B 的年均净现值。

(3) 在单元格 B7 中输入公式"=IF(B6>C6,"A 项目","B 项目")"，得出应当选择项目 B，计算结果具体如图 6-28 所示。

	A	B	C	D
1	相关资料和评价			资本成本率
2	方案	A	B	15%
3	初始投资	200	340	
4	净现金流量	95	100	
5	寿命期	4	8	
6	净年值			
7	结论			

图 6-27　寿命不相等的互斥方案的计算与评价模型

	A	B	C	D
1	相关资料和评价			资本成本率
2	方案	A	B	15%
3	初始投资	200	340	
4	净现金流量	95	100	
5	寿命期	4	8	
6	净年值	24.95	24.23	
7	结论	A 项目		

图 6-28　寿命不相等的互斥方案的计算与评价结果

三、固定资产更新决策

固定资产更新决策是指决定继续使用旧设备还是购买新设备，如果购买新设备，则旧设备将以市场价格出售。将继续使用旧设备视为一种方案，将购置新设备、出售旧设备视为另一种方案，并将这两个方案作为一对互斥方案按一定的方法来进行对比选优，如果前一方案优于后一方案，则不应更新改造，而继续使用旧设备；否则，应该购买新设备进行更新。

通常，根据新、旧设备的未来使用寿命是否相同，可以采用两种不同的方法进行决策分析：当新、旧设备未来使用期限相等时，可采用差额分析法，先求出对应项目的现金流量差额,再用净现值法或内含报酬率法对差额进行分析、评价;当新、旧设备的投资寿命期不相等时,主要采用平均年成本法,以年成本较低的方案作为较优方案。

1. 新、旧设备使用寿命相同的更新决策

在新、旧设备未来使用期相同的情况下,常用的分析方法是差额分析法,用以计算两个方案(购置新设备和继续使用旧设备)的现金流量之差及净现值差额,如果净现值差额大于零,则购置新设备,否则继续使用旧设备。

【例 6-17】长城公司正在考虑用一台新设备来替代原来的旧设备,新、旧设备的相关资料如图 6-29 所示。假设资本成本率为 15%,所得税税率为 25%,则该公司是继续使用旧设备还是使用新设备?

(1) 设计寿命相等的固定资产更新决策的工作表格,并输入相关已知数据,如图 6-29 所示。

	A	B	C	D
1	项目	旧设备	新设备	
2	原值(元)	60000	90000	
3	已使用年限(年)	5	0	
4	预计使用年限(年)	10	5	
5	年销售收入(元)	80000	12000	
6	年付现经营成本(元)	50000	65000	
7	目前变现价值(元)	35000	90000	
8	最终残值(元)	0	15000	
9	资本成本率	15%		
10	所得税税率	25%		
11	折旧方法	使用直线法		
12				
13	计算过程与决策结果			
14	项目	旧设备	新设备	差量
15	更新设备时的净现金流量(元)			
16	经营期内年净现金流量(元)			
17	经营期末净现金流量(元)			
18	净现值(元)			
19	决策结论			

图 6-29 寿命相等的固定资产更新决策模型

(2) 计算旧设备的相关参数,在单元格 B15 中输入旧设备建设期的净现金流量公式"=B7",在单元格 B16 中输入旧设备的经营期内的净现金流量公式"=(B5-B6)*(1-B10)+SLN(B2,B8,B4)*B10",在单元格 B17 中输入旧设备经营期末的净现金流量"=B16+B8",在单元格 B18 中输入旧设备的净现值"=PV(B9,B4-B3-1,-B16)+B17/(1+B9)^(B4-B3)+B15"。

(3) 计算新设备的相关参数,将单元格区域 B15:B18 的公式复制到单元格区域 C15:C18 中,得到新设备的相关参数。

(4) 计算差量参数,在单元格区域 D15:D18 中输入数组公式"=C15-B15",得到差量参数。

(5) 最后在单元格 B19 中输入公式"=IF(C18>B18,"使用新设备","使用旧设备")",得到应该更新设备的决策结论。

具体计算结果如图 6-30 所示。

	A	B	C	D
1	项目	旧设备	新设备	
2	原值（元）	60000	90000	
3	已使用年限（年）	5	0	
4	预计使用年限（年）	10	5	
5	年销售收入（元）	80000	120000	
6	年付现经营成本（元）	50000	65000	
7	目前变现价值（元）	35000	90000	
8	最终残值（元）	0	15000	
9	资金成本率	15%	15%	
10	所得税税率	25%	25%	
11	折旧方法	直线法	直线法	
12				
13		决策分析		
14	项目	旧设备	新设备	差量
15	建设期净现金流量（元）	-35000	-90000	-55000
16	经营期内净现金流量（元）	24000	45000	21000
17	经营期末净现金流量（元）	24000	60000	36000
18	净现值（元）	45451.72	68304.63	22852.91
19	决策结论		使用新设备	

图 6-30 寿命相等的固定资产更新决策结果

2. 新、旧设备使用寿命不相同的更新决策

固定资产的平均年成本是指该资产引起的现金流出的年平均值。如果不考虑时间价值，则它是未来使用年限内的现金流出总额与使用年限的比值；如果考虑货币的时间价值，则它是未来使用年限内现金流出总现值与年金现值系数的比值，即平均每年的现金流出。采用平均年成本法进行更新决策时，通过比较继续使用和更新后的平均年成本，以较低者为更优方案。

【例 6-18】 长城公司正在考虑用一台新设备来替代原来的旧设备，新、旧设备的相关资料如图 6-31 所示。假设资本成本率为 15%，所得税税率为 25%，则该公司是继续使用旧设备还是使用新设备？

	A	B	C
1	固定资产更新决策		单位：元
2	项目	旧设备	新设备
3	原值（元）	50000	60000
4	税法残值（10%）	5000	6000
5	预计使用年限（年）	10	10
6	已使用年限（年）	4	0
7	最终报废残值	4000	6000
8	目前变现价值（元）	18000	60000
9	年付现成本（元）	15000	8500
10	年折旧（直线法）	4500	5400
11	资本成本率	15%	15%
12	所得税税率	25%	25%
13		决策分析	
14	项目	净现金流量现值	
15	设备投资		
16	税后付现成本		
17	折旧抵税		
18	最终报废残值		
19	合计		
20	平均成本		
21	结论		

图 6-31 寿命不等的固定资产更新决策模型

(1) 设计寿命不等的固定资产更新决策的工作表格，并输入相关已知数据，如图 6-31 所示。

(2) 计算旧设备的相关参数，在单元格 B15 中输入公式"=B8-(B8-(B3-B10*B6))* B12"，在单元格 B16 中输入公式"=PV(B11,B5-B6,-B9*(1-B12))"，在单元格 B17 中输入公式"=PV(B11,B5-B6,B10*B12)"，在单元格 B18 中输入公式"=-B7/(1+B11)^(B5-B6)"，在单元格 B19 中输入公式"=SUM(B15:B18)"，在单元格 B20 中输入公式"=B19/(PV(B11,B5-B6,-1))"。

(3) 计算新设备的相关参数，将单元格区域 B15:B20 中的公式复制到单元格区域 C15:C20

中，得到新设备的有关参数。

(4) 在单元格 B21 中输入公式"=IF(B20>C20,"使用新设备","使用旧设备")"。由图 6-32 可知，旧设备的年平均成本小于新设备，所以企业应该继续使用旧设备。

	A	B	C
1	固定资产更新决策		单位：元
2	项目	旧设备	新设备
3	原值（元）	50000	60000
4	税法残值（10%）	5000	6000
5	预计使用年限（年）	10	10
6	已使用年限（年）	4	0
7	最终报废残值	4000	6000
8	目前变现价值（元）	18000	60000
9	年付现成本（元）	15000	8500
10	年折旧（直线法）	4500	5400
11	资本成本率	15%	15%
12	所得税税率	25%	25%
13	决策分析		
14	项目	净现金流量现值	
15	设备投资	21500	60000
16	税后付现成本	42575.43	31994.65
17	折旧抵税	-4257.54	-6775.34
18	最终报废残值	-1729.31	-1483.11
19	合计	58088.58	83736.20
20	平均成本	￥15,349.15	￥16,684.61
21	结论	使用旧设备	

图 6-32 寿命不等的固定资产更新决策计算结果

实训四 证券投资决策

【知识准备】

企业的证券投资一般包括债券投资和股票投资。

1. 债券投资

一般来讲，投资者购买债券基本都能够按债券的票面利率定期获取利息并到期收回债券面值。因此，债券投资的估价就是计算债券在未来期间获取的利息和到期收回的面值的现值之和。

根据利息支付方式的不同，债券投资的估价模型可分为以下几种。

(1) 分期计息，到期一次还本债券的估价模型。

典型的债券是固定利率、每年计算并收到利息、到期收回本金，估价模型为

$$V=\frac{I_1}{(1+r)^1}+\frac{I_2}{(1+r)^2}+\cdots+\frac{I_n}{(1+r)^n}+\frac{M}{(1+r)^n} \qquad (6-14)$$

其中：V 为债券价值；I 为每年利息；r 为市场利率；M 为到期的本金(债券面值)；n 为债券到期前的年数。

(2) 到期一次还本付息债券的估价模型。

对于该类债券来说，债券的利息随本金一同在债券到期日收回，估价模型为

$$V=\frac{F}{(1+r)^n} \qquad (6-15)$$

其中：F 为到期本利和；r 为市场利率；n 为债券到期前的年数。

(3) 零息债券。

这种债券一般低于面值发行，到期按面值偿还，估价模型为

$$V = \frac{M}{(1+r)^n} \tag{6-16}$$

2. 股票投资

股票给持有者带来的未来现金流入包括两部分：股利收入和出售时的价格。股票的价值由一系列股利和将来出售股票时价格的贴现值构成。根据未来各期股利变化的不同，股票估价模型可以分为以下几种。

(1) 股利零增长估价模型。

这种股票的股利稳定不变，股利增长率为 0，估价模型为

$$V = \frac{D}{k} \tag{6-17}$$

其中：V 为股票的现值；D 为每期的股利；k 为投资者要求的最低报酬率。

(2) 股利固定增长模型。

这种股票的股利保持以固定的比率稳定增长，估价模型为

$$V = \frac{D_1}{k-g} \tag{6-18}$$

其中：V 为股票的现值；D_1 为每期的股利；k 为投资者要求的最低报酬率；g 为预计的股利增长率。

(3) 定期持有的股票估价模型。

定期持有的股票是指投资者在一定时期内持有然后将其出售并收回资金的股票，估价模型为

$$V = \sum_{i=1}^{n} \frac{D_t}{(1+k)^t} + \frac{P_n}{(1+k)^n} \tag{6-19}$$

其中：V 为股票的现值；D_t 为每期的股利；k 为投资者要求的最低报酬率；P_n 为第 n 期末股票的出售价格。

【实训目标与要求】

熟练掌握运用 Excel 建立债券和股票的估价模型。

【实训指导】

一、债券投资

债券投资的一个重要环节是确定债券的价格。在 Excel 中，可以使用 PV 函数来计算债券的价格。

【例 6-19】 长城公司拟于 2022 年 2 月 1 日发行面额为 1000 元的债券，其票面利率为

8%，每年 2 月 1 日计算并支付一次利息，并于 5 年后的 1 月 31 日到期。同等风险投资的必要报酬率为 10%，则债券的价值为多少？

(1) 在工作表中构建债券估价模型，并输入已知数据，如图 6-33 所示。

(2) 在单元格 B5 中输入公式"=PV(B4,B2,-B1*B3,-B1)"，可以计算得出债券的价值为 924.18 元，如图 6-33 所示。

图 6-33　债券估价的计算

【例 6-20】长城公司准备投资多种债券，假设该公司的期望收益率为 5%～10%，面值为 1000 元，付息次数为 1～4 次/年，票面利率为 4%～8%，期限为 1～10 年，计算不同情况下债券的购买价。

(1) 在工作表中构建"债券购买价格动态计算分析表格"，并输入已知数据，如图 6-34 所示。

(2) 在单元格 B3、B4、B5 中创建数值调节按钮，比如 B3 单元格，插入【控件格式】中的【数值调节按钮】，单击右键，弹出【设置控件格式】对话框，将【最小值】设为 1，【最大值】设为 4，【步长】设为 1，【单元格链接】设为$B$3，具体如图 6-35 所示，单元格 B4 和 B5 进行同样的设置。

图 6-34　债券购买价格动态计算模型　　图 6-35　【设置控件格式】对话框

(3) 计算债券的购买价格，在单元格 B7 中输入公式"=PV($B$5/100*$B$3,A7*$B$3,-$B$2*$B$4/100,-$B$2)"，拖动填充柄复制公式至单元格 B16，计算结果如图 6-36 所示。

(4) 绘制债券购买价格动态图，选中单元格区域 B7:B16，插入"带数据标记的堆积折线图"，得到动态图，如图 6-37 所示。

B7　　=PV($B$5/100*$B$3,A7*$B$3,-$B$2*$B$4/100,-$B$2)

	A	B
1	债券购买价格动态计算分析表格	
2	债券面值	1000
3	年付息次数	1
4	票面年利率（%）	4
5	期望收益率（%）	5
6	期限	债券购买价格
7	1	¥990.48
8	2	¥981.41
9	3	¥972.77
10	4	¥964.54
11	5	¥956.71
12	6	¥949.24
13	7	¥942.14
14	8	¥935.37
15	9	¥928.92
16	10	¥922.78

图 6-36　债券购买价格的计算

	A	B
1	债券购买价格动态计算分析表格	
2	债券面值	1000
3	年付息次数	1
4	票面年利率（%）	4
5	期望收益率（%）	5
6	期限	债券购买价格
7	1	¥990.48
8	2	¥981.41
9	3	¥972.77
10	4	¥964.54
11	5	¥956.71
12	6	¥949.24
13	7	¥942.14
14	8	¥935.37
15	9	¥928.92
16	10	¥922.78

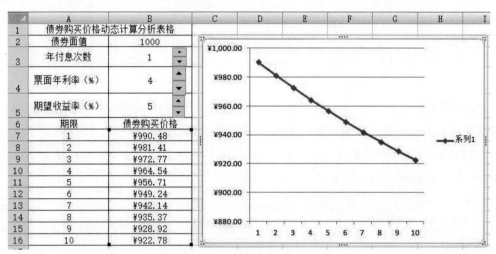

图 6-37　绘制债券购买价格动态图

从图 6-37 可以看出，通过调节数值调节按钮，可以得到不同的购买价格和动态图。

二、股票投资

在 Excel 中，可以利用 PV 和 NPV 函数来计算股票的价格。

【例 6-21】长城公司拟购买顺发公司发行的股票，预计每年可获现金股利依次为 10 元、5 元、20 元，3 年后股票出售的预计售价是 300 元，股东要求的收益率是 10%，则该股票的内在价值为多少？

(1) 在工作表中构建股票估价模型，并输入已知数据，如图 6-38 所示。

(2) 在单元格 B7 中输入公式“=NPV(B6,B2:B5)”，可以计算得出股票的价值为 233.15 元，如图 6-38 所示。

B7　　=NPV(B6,B2:B5)

	A	B
1	期限	现金流
2	1	10
3	2	5
4	3	20
5	4	300
6	收益率	10%
7	股票价值	¥233.15

图 6-38　股票估价的计算

【例 6-22】长城公司拟购买 M 公司股票，目前股利为 1 元，预期从当年起股利将以 20%的速度连续增长

3年，然后其增长率降至正常水平，为5%，股东要求的收益率为15%，则M公司估价为多少时值得购买？

(1) 在工作表中构建股票估价模型，并输入已知数据，如图6-39所示。

	A	B
1	股票估价模型	
2	股利增长率（1-3年）	20%
3	股利增长率（第3年后）	5%
4	期望报酬率	15%
5	期数	股利
6	0	1
7	1	
8	2	
9	3	
10	4	
11	股票价值	

图6-39　股票估价模型

(2) 计算1～4年股利，在单元格B7中输入公式"=B6*(1+$B$2)"，拖动填充柄复制公式至单元格B9，在单元格B10中输入公式"=B9*(1+B3)"，具体如图6-40所示。

	A	B
1	股票估价模型	
2	股利增长率（1-3年）	20%
3	股利增长率（第3年后）	5%
4	期望报酬率	15%
5	期数	股利
6	0	1
7	1	1.2
8	2	1.44
9	3	1.728
10	4	1.8144
11	股票价值	

图6-40　股利的计算

(3) 在单元格B11中输入公式"=NPV(B4,B7:B9,B10/(B4−B3))"，可以计算得出股票的价值为13.64元，如图6-41所示。

	A	B
1	股票估价模型	
2	股利增长率（1-3年）	20%
3	股利增长率（第3年后）	5%
4	期望报酬率	15%
5	期数	股利
6	0	1
7	1	1.2
8	2	1.44
9	3	1.728
10	4	1.8144
11	股票价值	¥13.64

图6-41　股票价值的计算

实 训 练 习

1. 长城公司扩展项目固定资产投资 750 万元，使用寿命为 5 年，估计残值为 50 万元，采用直线法计提折旧。预计项目运营期间每年的付现成本为 300 万元，每件产品的单价为 250 元，年销售量 3 万件，期初需垫支 250 万元。假设资本成本率为 10%，所得税率为 25%。

要求建立模型：
(1) 计算各年净现金流量。
(2) 计算项目净现值、内含报酬率和获利指数。
(3) 利用净现值指标评价该项目的可行性。

2. 长城公司拟建造一项生产设备，预计建设期为 1 年，所需原始投资 150 万元于建造起点一次投入。该设备预计使用寿命为 5 年，使用期满报废时净残值为 8 万元。该设备采用双倍余额递减法进行折旧，投产后每年增加净利润 35 万元。假定试用的行业基准折现率为 12%。

要求建立模型：
(1) 计算各年净现金流量。
(2) 计算项目净现值、内含报酬率和获利指数。
(3) 利用净现值指标评价该项目的可行性。

3. 长城公司考虑购买一套新的生产线，公司投资部对该项目进行可行性分析时估计有关数据如下。
(1) 初始投资为 3000 万元，该生产线能使用 5 年。
(2) 按税法规定该生产线在五年内折旧(直线法折旧)，净残值率为 5%，在此会计政策下，预期第一年可产生 400 万元的税前利润，以后四年每年可产生 600 万元的税前利润。
(3) 已知公司所得税税率为 25%，公司要求的最低投资报酬率为 12%。

公司董事会正在讨论该投资项目的可行性问题。

董事长认为：按照投资部提供的经济数据，该投资项目属于微利项目。理由是：投资项目在五年的寿命期内只能创造 2800 万元的税前利润，扣除 25%的所得税，税后利润约为 1876 万元，即使加上报废时净残值 150 万元，也不能收回最初的投资额 3000 万元，更不用说实现 12%的期望报酬率。

要求回答：①公司董事长的分析是否正确？②若该生产线使用 5 年，折现率为 12%，请用净现值法评价该项目是否可行。

4. 长城公司使用现有生产设备，每年实现销售收入 3500 万元，每年发生总成本 2900 万元(含折旧 10 万元)。该公司拟购置一套新设备进行技术改造以便扩大规模。购入新设备后，每年的销售收入预计可增加到 4500 万元。每年的成本预计增加到 3500 万元(含折旧 62 万元)。新设备预计可使用 10 年，10 年后预计残值 30 万元。若实施此方案，现有设备可以 90 万元出售，新设备的购买款为 650 万元。该企业的资本成本率为 10%，所得税税率为 25%。

要求：用净现值分析评价该项技术改造方案是否可行？

5. 长城公司债券的面值为 1000 元，票面利率为 12%，期限为 5 年，每半年计息一次，当前市场利率为 10%，则该债券价格为多少时值得购买？

6. 长城公司本年度的净收益为 20 000 万元，每股支付股利 2 元。预计该公司未来三年进入成长期，净收入第 1 年增长 14%，第 2 年增长 14%，第 3 年增长 8%，第 4 年及以后将保持其净收益水平。该公司一直采用固定利率支付率政策，并打算今后继续实行该政策。该公司没有增发普通股和发行优先股的计划。

要求：

(1) 假设股权资本成本为 10%，计算股票的价值。

(2) 假设股票的价格为 24.89 元，计算股票的预期收益率。

项目七 营运资金管理实训

【实训目标】

思政目标：

培养学生树立正确的资产管理观念，强化资产效益最大化和节约的意识。

知识目标：

- 熟练掌握利用 Excel 进行现金的管理。
- 熟练掌握利用 Excel 进行应收账款的管理。
- 熟练掌握利用 Excel 进行存货的管理。

能力目标：

学生能够使用 Excel 构建现金管理模型、应收账款管理模型和存货管理模型，并运用这些模型进行营运资金管理分析和决策，从而提高营运资金管理能力。

【教学建议】

建议本项目主要采取讲授与实训相结合的教学方法，课时安排为 3 个课时，将实训练习作为学生的课后练习，学生应记录实训步骤。

实训一 现 金 管 理

【知识准备】

现金是企业资产中变现能力及流动性最强的资产，具体包括库存现金、银行存款、银行本票、银行汇票等。企业持有一定数量的现金，主要是出于交易性需要、预防性需要和投机性需要。企业的现金管理主要是确定最佳现金持有量。当前应用较为广泛的现金持有量决策方法，主要有成本分析模型和存货模型。

1. 成本分析模型

成本分析模型是通过分析持有现金的相关成本，寻求持有成本最低的现金持有模型。企业持有现金的成本主要有机会成本、管理成本和短缺成本三种。成本分析模型是根据现金的相关成本，分析其总成本最低时现金持有量的一种方法，计算公式为

最佳现金持有量条件下的现金相关成本＝min(管理成本＋机会成本＋短缺成本)　　(7-1)

2. 存货模型

运用存货模型时，持有现金的总成本包括两个方面：一是机会成本，即因持有现金而放弃的再投资收益，这种成本通常为有价证券的利息，它与现金持有量呈正比例关系；二是转换成本，即交易成本，是指现金与有价证券转换时要支付的佣金、手续费等。转换成本随着

现金持有量的增大而减少,即它与现金持有量呈反比例关系。现金最佳持有量,是指一定时期内,现金的机会成本与转换成本之和最小时的现金持有量,如图 7-1 所示。

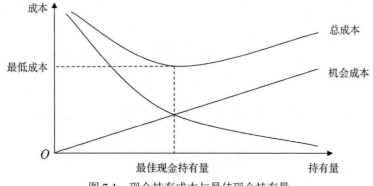

图 7-1 现金持有成本与最佳现金持有量

根据存货模型,现金持有的总成本计算公式为

$$TC = \frac{C}{2} \times K + \frac{T}{C} \times F \tag{7-2}$$

其中:TC 表示现金持有的总成本;C 表示最佳现金持有量;K 表示现金持有的机会成本(市场有价证券利率);T 表示一定时期现金总需求量;F 表示每次转换有价证券的交易成本。

利用函数的一阶导数为零时有极小值这一原理,可确定式(7-2)的最佳现金持有量:以 C 为变量,对式(7-2)求一阶导数,并令其等于零,即可得出现金持有总成本最低时的最佳现金持有量为

$$C = \sqrt{\frac{2TF}{K}} \tag{7-3}$$

现金持有的总成本为

$$TC = \sqrt{2TFK} \tag{7-4}$$

最佳交易次数为

$$N = \frac{T}{C} \tag{7-5}$$

【实训目标与要求】

熟练掌握使用 Excel 确定最佳现金持有量。

【实训指导】

一、成本分析模型

利用 Excel 构建成本分析模型比较简单,主要是运用 SUM 函数将机会成本、管理成本和短缺成本相加求和。

【例 7-1】正大公司现有 3 种现金持有方案,方案 A、方案 B、方案 C,其成本如图 7-2 所示,要求确定最佳现金持有量。

B8　f_x =SUM(B5:B7)

	A	B	C	D
1	最佳现金持有量决策　单位：元			
2		方案A	方案B	方案C
3	现金持有量	20000	50000	90000
4	持有成本构成			
5	机会成本	1500	2600	8000
6	管理成本	3000	3000	3000
7	短缺成本	14000	7000	2000
8	总持有成本	18500	12600	13000

图 7-2　成本分析模型

在 Excel 中构建成本分析模型，输入相关数据，在单元格 B8 中输入公式“=SUM(B5:B7)”，并将公式复制到单元格 C8 和 D8，可以计算得出总的持有成本。

由图 7-2 可知，方案 B 的总成本最低，故 50 000 元是正大公司的最佳现金持有量。

二、存货模型

利用 Excel 构建存货模型比较简单，直接根据公式计算即可。

【例 7-2】正大公司现金收支状况比较稳定，预计全年(按 360 天计算)需要现金 100 000 元，现金与有价证券的转换成本为每次 200 元，有价证券的年利率为 10%，要求确定企业最佳现金持有量、一年内的变现次数和持有现金的总成本。

(1) 在 Excel 中构建存货分析模型，输入相关数据，如图 7-3 所示。

(2) 在单元格 B5 中输入公式“=SQRT(2*B3*B2/B4)”，可以计算得出最佳现金持有量，如图 7-4 所示。

	A	B
1	最佳现金持有量的计算过程	
2	全年需要现金（元）	100000
3	现金交易型成本	200
4	有价证券利率	10%
5	最佳现金持有量	
6	一年内变现次数	
7	现金持有总成本	

图 7-3　现金的存货模型

B5　f_x =SQRT(2*B3*B2/B4)

	A	B	C
1	最佳现金持有量的计算过程		
2	全年需要现金（元）	100000	
3	现金交易型成本	200	
4	有价证券利率	10%	
5	最佳现金持有量	20000	
6	一年内变现次数		
7	现金持有总成本		

图 7-4　最佳现金持有量的计算

(3) 在单元格 B6 中输入公式“=B2/B5”，可以计算得出一年内的变现次数，如图 7-5 所示。

(4) 在单元格 B7 中输入公式“=SQRT(2*B2*B3*B4)”，可以计算得出现金持有总成本，如图 7-6 所示。

B6　f_x =B2/B5

	A	B
1	最佳现金持有量的计算过程	
2	全年需要现金（元）	100000
3	现金交易型成本	200
4	有价证券利率	10%
5	最佳现金持有量	20000
6	一年内变现次数	5
7	现金持有总成本	

图 7-5　变现次数的计算

B7　f_x =SQRT(2*B2*B3*B4)

	A	B	C	D
1	最佳现金持有量的计算过程			
2	全年需要现金（元）	100000		
3	现金交易型成本	200		
4	有价证券利率	10%		
5	最佳现金持有量	20000		
6	一年内变现次数	5		
7	现金持有总成本	2000		

图 7-6　现金持有总成本的计算

实训二 应收账款管理

【知识准备】

应收账款是指企业在生产经营过程中，因赊销商品或劳务而应向购货单位或接受劳务的单位收取的款项。它在企业的生产经营中起到增加销售、减少存货的作用。应收账款虽然有促进销售、增加收入的作用，但持有应收账款也要付出一定的代价，这就是应收账款的成本，主要包括机会成本、管理成本和坏账成本。

【实训目标与要求】

熟练掌握使用 Excel 构建应收账款管理模型。

【实训指导】

应收账款政策又称信用政策，是指企业要求客户遵守或允许客户利用的信用筹资制度，是企业财务政策的一个重要组成部分，主要包括信用标准、信用条件和收账政策三部分。

一、基于 Excel 的信用标准分析模型

信用标准，是指客户获得企业交易信用所应具备的条件。通常以预期的坏账损失率作为判别标准。企业的信用标准不宜太严。如果企业只对信誉很好、坏账损失率很低的顾客给予赊销，虽可减少坏账损失和应收账款的机会成本，但不利于扩大销售，从而会造成市场占有率的下降；反之，若标准过宽，虽然可增加销售，但会增加机会成本，提高坏账损失率。因此，企业应在扩大销售与增加成本和风险之间权衡，选择有利于提高企业净收益的信用标准。

具体计算公式为

信用标准变化对利润的影响=由于标准变化增加或减少的销售额×销售利润率

信用标准变化对应收账款机会成本的影响=增加或减少的销售额的平均收款期/360×由于标准变化增加或减少的销售额×变动成本率×应收账款的机会成本率信用标准变化对坏账损失的影响=由于标准变化增加或减少的销售额×增加或减少的销售额的平均坏账损失率

信用标准变化带来的增量利润=信用标准变化对利润的影响-信用标准变化对应收账款机会成本的影响-信用标准变化对坏账损失的影响

【例 7-3】正大公司目前的经营情况及信用标准如图 7-7 所示，公司现根据自身和市场实际情况提出两个信用标准方案，有关数据如图 7-7 所示。公司应采用哪个方案？

(1) 设计信用标准决策模型的工作表格，并输入相关已知数据，如图 7-8 所示。

(2) 计算方案 A 中信用标准变化对利润的影响，在单元格 B21 中输入公式"=B16*B$7"。

(3) 计算方案 A 中信用标准变化对应收账款机会成本的影响，在单元格 B22 中输入公式"=B17/360*B16*$B$5*$B$12"。

(4) 计算方案 A 中信用标准变化对坏账损失的影响，在单元格 B23 中输入公式"=B16*B18"。

	A	B	C
1	信用标准决策模型		
2	目前经营情况及信用标准		
3	项目	数据	
4	销售收入（元）	150000	
5	变动成本率	60%	
6	利润（元）	30000	
7	销售利润率	25%	
8	信用标准（预期坏账损失率限制）	10%	
9	平均坏账损失率	5%	
10	信用条件	30天付清	
11	平均收款期（天）	45	
12	应收账款的机会成本率	15%	
13	新的信用标准方案有关数据		
14	项目	方案A	方案B
15	信用标准	5%	15%
16	由于标准变化增加或减少的销售额（元）	-9000	10000
17	增加或减少的销售额的平均收款期（天）	65	80
18	增加或减少的销售额的平均坏账损失率	8%	13%

图 7-7 已知条件

	A	B	C
1	信用标准决策模型		
2	目前经营情况及信用标准		
3	项目	数据	
4	销售收入（元）	150000	
5	变动成本率	60%	
6	利润（元）	30000	
7	销售利润率	25%	
8	信用标准（预期坏账损失率限制）	10%	
9	平均坏账损失率	5%	
10	信用条件	30天付清	
11	平均收款期（天）	45	
12	应收账款的机会成本率	15%	
13	新的信用标准方案有关数据		
14	项目	方案A	方案B
15	信用标准		
16	由于标准变化增加或减少的销售额（元）		
17	增加或减少的销售额的平均收款期（天）		
18	增加或减少的销售额的平均坏账损失率		
19	分析区域		
20	项目	方案A	方案B
21	信用标准变化对利润的影响（元）		
22	信用标准变化对应收账款机会成本的影响（元）		
23	信用标准变化对坏账损失的影响（元）		
24	信用标准变化带来的增量利润（元）		
25	结论：		

图 7-8 信用标准决策模型

(5) 计算方案 A 中信用标准带来的增量利润，在单元格 B24 中输入公式"=B21-B22-B23"，得到方案 A 的有关计算结果。

(6) 选取单元格区域 B21:B24，将其中的公式复制到单元格区域 C21:C24 中，得到方案 B 的有关计算结果。

(7) 在单元格 B25 中输入公式 "=IF(AND(B24>0,C24>0),IF(B24>C24,"应采用方案 A","应采用方案 B"),IF(B24>0, "应采用方案 A",IF(C24>0,"应采用方案 B","仍采用目前的信用标准")))"。

具体计算结果如图 7-9 所示。

	A	B	C
1	信用标准决策模型		
2	目前经营情况及信用标准		
3	项目	数据	
4	销售收入	150000	
5	变动成本率	60%	
6	利润	30000	
7	销售利润率	25%	
8	信用标准（预期坏账损失率限制）	10%	
9	平均坏账损失率	5%	
10	信用条件	30天付清	
11	平均收款期	45	
12	应收账款的机会成本率	15%	
13	新的信用标准方案有关数据		
14	项目	方案A	方案B
15	信用标准	5%	15%
16	由于标准变化增加或减少的销售额	-9000	10000
17	增加或减少的销售额的平均收款率	65	80
18	增加或减少的销售额的平均坏账损失率	0.08	13%
19	分析区域		
20	项目		
21	信用标准变化对利润的影响	-2250	2500
22	信用标准变化对应收账款机会成本的影响	-146.25	200
23	信用标准变化对坏账损失的影响	-720	1300
24	信用标准变化带来的增量利润	-1383.75	1000
25	结论	应采用B方案	

图 7-9　信用标准决策模型计算结果

二、基于 Excel 的信用条件分析模型

信用条件，是指企业要求客户支付赊销款项的条件，包括信用期限、折扣期限和现金折扣。信用期限，是企业为客户规定的最长付款时间；折扣期限，是为客户规定的可享受现金折扣的付款时间；现金折扣，是在客户提前付款时给予的优惠。例如账单中的 3/10，n/30，表示如果顾客在发票开出后 10 天内付款，可享受 3% 的现金折扣，超过 10 天就不能享受这一优惠，且这笔款项必须在 30 天内付清。

企业提供比较优惠的信用条件往往能增加销售量，但同时也会增加现金折扣成本、收账成本、应收账款的机会成本及管理成本。在进行信用条件决策时，要综合考虑上述因素，选择最大可能增加企业利润的信用条件。

具体计算公式为

信用条件变化对利润的影响=由于信用条件变化增加或减少的销售额×销售利润率

信用条件变化对应收账款机会成本的影响=[(新方案的平均收款期-目前的平均收款期)/360×目前条件下的销售额+新方案的平均收款期/360×由于信用条件变化增加或减少的销售额] ×变动成本率×应收账款的机会成本率

信用条件变化对现金折扣成本的影响=(目前条件下的销售额+由于信用条件变化增加或减少的销售额)×需付现金折扣的销售额占总销售额的百分比×现金折扣率信用条件变化对坏账损失的影响=由于信用条件变化增加或减少的销售额×增加或减少的销售额的坏账损失率

信用条件变化带来的增量利润=信用条件变化对利润的影响-信用条件变化对应收账款机会成本的影响-信用条件变化对现金折扣成本的影响-信用条件变化对坏账损失的影响

【例 7-4】正大公司拟改变信用条件，现有两个可供选择的信用条件方案，有关资料如图 7-10 所示。那么，企业应采用哪个方案？

	A	B	C
1	信用条件决策模型		
2	目前的基本情况		
3	项目	数据	
4	销售额（元）	150000	
5	变动成本率	60%	
6	利润（元）	30000	
7	销售利润率	25%	
8	信用标准（预期坏账损失率限制）	10%	
9	平均坏账损失率	6%	
10	信用条件	30天付清	
11	平均收款期（天）	45	
12	应收账款的机会成本率	15%	
13	新的信用条件方案有关数据		
14	项目	方案A	方案B
15	信用条件	45天内付清，无现金折扣	"2/10, n/30"
16	由于信用条件变化增加或减少的销售额（元）	20000	30000
17	增加销售额的平均坏账损失率	11%	10%
18	需付现金折扣的销售额占总销售额的百分比	0%	50%
19	现金折扣率	0%	2%
20	平均收款期（天）	60	20

图 7-10 已知条件

(1) 设计信用条件分析模型的工作表格，并输入相关已知数据，如图 7-11 所示。

	A	B	C
1	信用条件决策模型		
2	目前的基本情况		
3	项目	数据	
4	销售额（元）	150000	
5	变动成本率	60%	
6	利润（元）	30000	
7	销售利润率	25%	
8	信用标准（预期坏账损失率限制）	10%	
9	平均坏账损失率	6%	
10	信用条件	30天付清	
11	平均收款期（天）	45	
12	应收账款的机会成本率	15%	
13	新的信用条件方案有关数据		
14	项目	方案A	方案B
15	信用条件	45天内付清，无现金折扣	"2/10, n/30"
16	由于信用条件变化增加或减少的销售额（元）	20000	30000
17	增加销售额的平均坏账损失率	11%	10%
18	需付现金折扣的销售额占总销售额的百分比	0%	50%
19	现金折扣率	0%	2%
20	平均收款期（天）	60	20
21	分析区域		
22	项目	方案A	方案B
23	信用条件变化对利润的影响（元）		
24	信用条件变化对应收账款机会成本的影响（元）		
25	信用条件变化对现金折扣成本的影响（元）		
26	信用条件变化对坏账损失的影响（元）		
27	信用条件变化带来的增量利润（元）		
28	结论：		

图 7-11 信用条件决策模型

(2) 计算方案 A 中信用条件变化对利润的影响，在单元格 B23 中输入公式 "=B16*$B$7"。

(3) 计算方案 A 中信用条件变化对应收账款机会成本的影响，在单元格 B24 中输入公式 "=((B20-$B$11)/360*$B$4+B20/360*B16)*$B$5*$B$12"。

(4) 计算方案 A 中信用条件变化对现金折扣成本的影响，在单元格 B25 中输入公式 "=($B$4+B16)*B18*B19"。

(5) 计算方案 A 中信用条件变化对坏账损失的影响，在单元格 B26 中输入公式 "=B16*B17"。

(6) 计算方案 A 中信用条件变化带来的增量利润，在单元格 B27 中输入公式 "=B23-B24-B25-B26"。

(7) 选取单元格区域 B23:B27，将其中的公式复制到单元格区域 C23:C27 中，得到方案 B 的有关计算结果。

(8) 在单元格 B28 中输入公式"=IF(AND(B27>0,C27>0),IF(B27>C27,"应采用方案 A","应采用方案 B"),IF(B27>0,"应采用方案 A",IF(C27>0,"应采用方案 B","仍采用目前的信用条件")))",此公式的含义为,若两个方案的增量利润均为正值,则选择增量利润最大的方案;若两个方案的增量利润一正一负,则选取增量利润为正值的方案;若两个方案的增量利润为负值,则仍采取目前的信用条件。

最终计算结果如图 7-12 所示。从图 7-12 可以看出,两个方案相比,方案 B 可使企业利润比目前增加 3488 元,因此应当采用方案 B。

	A	B	C
1	信用条件决策模型		
2	目前的基本情况		
3	项目	数据	
4	销售额（元）	150000	
5	变动成本率	60%	
6	利润（元）	30000	
7	销售利润率	25%	
8	信用标准（预期坏账损失率限制）	10%	
9	平均坏账损失率	6%	
10	信用条件	30天付清	
11	平均收款期（天）	45	
12	应收账款的机会成本率	15%	
13	新的信用条件方案有关数据		
14	项目	方案A	方案B
15	信用条件	45天内付清,无现金折扣	"2/10, n/30"
16	由于信用条件变化增加或减少的销售额（元）	20000	30000
17	增加销售额的平均坏账损失率	11%	10%
18	需付现金折扣的销售额占总销售额的百分比	0%	50%
19	现金折扣率	0%	2%
20	平均收账期（天）	60	20
21	分析区域		
22	项目	方案A	方案B
23	信用条件变化对利润的影响（元）	5000	7500
24	信用条件变化对应收账款机会成本的影响（元）	863	-788
25	信用条件变化对现金折扣成本的影响（元）	0	1800
26	信用条件变化对坏账损失的影响（元）	2200	3000
27	信用条件变化带来的增量利润（元）	1938	3488
28	结论：	应采用方案B	

图 7-12　信用条件决策模型计算结果

三、基于 Excel 的收账政策分析模型

收账政策是指企业向客户收取逾期未付款的策略与措施。企业的收账政策是通过一系列收账程序的组合来完成的。这些程序包括给客户电话、传真、信函、拜访、起诉等。企业如果采用较积极的收账政策,则可能会减少机会成本,减少坏账损失,但会增加收账成本。如果采用消极的收账政策,则可能会增加机会成本和坏账损失,但会减少收账费用。

主要计算公式为

应收账款的平均占用额=年销售收入/360×应收账款平均收款期

坏账损失=年销售收入×坏账损失率

建议收账政策所节约的机会成本=应收账款的平均占用额×变动成本率
×应收账款的机会成本率

建议计划减少的坏账损失=目前收账政策的坏账损失-建议收账政策的坏账损失

建议收账政策所增加的收账费用=建议收账政策的年收账费用
-目前收账政策的年收账费用

建议收账政策可获得的净收益=建议收账政策所节约的机会成本
+建议计划减少的坏账损失
-建议收账政策所增加的收账费用

【例 7-5】 正大公司在不同收账政策下的有关资料如图 7-13 所示。那么，企业是否应该采用建议收账政策？

	A	B	C
1	收账政策决策模型		
2	目前的基本情况		
3	项目	数据	
4	年销售收入（元）	1500000	
5	变动成本率	60%	
6	应收账款的机会成本率	15%	
7	不同收账政策的有关数据		
8	项目	目前收账政策	建议收账政策
9	年收账费用（元）	20000	30000
10	应收账款平均收款期（天）	60	30
11	坏账损失率	4%	2%

图 7-13　已知条件

(1) 设计收账政策分析模型的工作表格，并输入相关已知数据，如图 7-14 所示。

	A	B	C
1	收账政策决策模型		
2	目前的基本情况		
3	项目	数据	
4	年销售收入（元）	1500000	
5	变动成本率	60%	
6	应收账款的机会成本率	15%	
7	不同收账政策的有关数据		
8	项目	目前收账政策	建议收账政策
9	年收账费用（元）	20000	30000
10	应收账款平均收款期（天）	60	30
11	坏账损失率	4%	2%
12	分析区域		
13	项目	目前收账政策	建议收账政策
14	应收账款的平均占用额（元）		
15	建议收账政策所节约的机会成本（元）		
16	坏账损失（元）		
17	建议计划减少的坏账损失（元）		
18	按建议收账政策所增加的收账费用（元）		
19	建议收账政策可获得的净收益（元）		
20	结论：		

图 7-14　收账政策决策模型

(2) 计算目前收账政策和建议收账政策下应收账款的平均占用额，在单元格 B14 中输入公式"=$B$4/360*B10"，并复制到单元格 C14。

(3) 计算建议收账政策下所节约的机会成本，在单元格 C15 中输入公式"=(B14-C14)*B5*B6"。

(4) 计算目前收账政策和建议收账政策下的坏账损失，在单元格 B16 中输入公式"=$B$4*B11"，并复制到单元格 C16。

(5) 计算建议收账政策下减少的坏账损失，在单元格 C17 中输入公式"=B16-C16"。

(6) 计算建议收账政策下所增加的收账费用，在单元格 C18 中输入公式"=C9-B9"。

(7) 计算建议收账政策可获得的净收益，在单元格 C19 中输入公式"=C15+C17-C18"。

(8) 在单元格 B20 中输入公式"=IF(C19>0,"采用建议收账政策","维持目前收账政策")"。结果表明，企业应采用建议收账政策。

具体计算结果如图 7-15 所示。

	A	B	C
1	收账政策决策模型		
2	目前的基本情况		
3	项目	数据	
4	年销售收入（元）	1500000	
5	变动成本率	60%	
6	应收账款的机会成本率	15%	
7	不同收账政策的有关数据		
8	项目	目前收账政策	建议收账政策
9	年收账费用（元）	20000	30000
10	应收账款平均收款期（天）	60	30
11	坏账损失率	4%	2%
12			
13	分析区域		
14	项目	目前收账政策	建议收账政策
15	应收账款的平均占用额（元）	250000	125000
16	建议收账政策所节约的机会成本（元）	-	11250
17	坏账损失（元）	60000	30000
18	建议计划减少的坏账损失（元）	-	30000
19	按建议收账政策所增加的收账费用（元）	-	10000
20	建议收账政策可获得的净收益（元）	-	31250
21	结论：	采用建议收账政策	

图 7-15　收账政策决策模型计算结果

四、基于 Excel 的应收账款综合决策模型

信用政策中每一项内容的变化都会影响企业的利益，因此，需要将这些因素综合起来考虑，以制定合适的信用政策。主要计算公式如下。

(1) 信用政策变化对利润的影响。

利润增减量=新方案销售额增减量×销售利润率

(2) 信用政策变化对应收账款机会成本的影响。

$$机会成本增减量=\left[\frac{新方案平均收账期-原方案平均收账期}{360}\times 原方案销售\right.$$
$$\left.+\frac{新方案平均收账期}{360}\times 新方案增减销售额\right]\times 变动成本率$$
$$\times 应收账款机会成本率$$

(3) 信用政策变化对坏账损失的影响。

坏账损失增减量=新方案销售额×新方案平均坏账损失率-原方案销售额
×原方案平均坏账损失率

(4) 信用政策变化对现金折扣成本的影响。

现金折扣成本增减量=新方案销售额×新方案的现金折扣率
×新方案需付现金折扣的销售额占销售额的百分比
-原方案销售额×原方案的现金折扣率
×原方案需付现金折扣的销售额占总销售额的百分比

(5) 信用政策变化对收账管理成本的影响。

收账管理成本增减量=新方案销售额×新方案收账管理成本率
-原方案销售额×原方案收账管理成本率

【例7-6】正大公司现有的信用政策，以及要改变信用政策的两个可供选择的方案如图 7-16 所示，试选择最优方案。

	A	B	C	D
1	应收账款的信用政策决策模型			
2	原始数据区			
3	项目	目前信用政策	新信用政策方案	
4			方案A	方案B
5	年赊销额(元)	100000	120000	130000
6	销售利润率	20%	20%	20%
7	收账管理成本率	0.6%	0.7%	0.8%
8	平均坏账损失率	2%	3%	4%
9	平均收现期（天）	45	60	30
10	需付现金折扣的销售额占总销售额的百分比	0%	0%	50%
11	现金折扣率	0%	0%	2%
12	应收账款的机会成本率	15%	15%	15%
13	变动成本率	60%	60%	60%

图 7-16　已知条件

(1) 设计应收账款综合决策模型的工作表格，并输入相关已知数据，如图 7-17 所示。

	A	B	C	D
1	应收账款的信用政策决策模型			
2	原始数据区			
3	项目	目前信用政策	新信用政策方案	
4			方案A	方案B
5	年赊销额(元)	100000	120000	130000
6	销售利润率	20%	20%	20%
7	收账管理成本率	0.6%	0.7%	0.8%
8	平均坏账损失率	2%	3%	4%
9	平均收现期（天）	45	60	30
10	需付现金折扣的销售额占总销售额的百分比	0%	0%	50%
11	现金折扣率	0%	0%	2%
12	应收账款的机会成本率	15%	15%	15%
13	变动成本率	60%	60%	60%
14				
15	分析区域			
16	信用政策变化对利润的影响(元)			
17	信用政策变化对应收账款机会成本的影响(元)			
18	信用政策变化对坏账损失的影响(元)			
19	信用政策变化对现金折扣成本的影响(元)			
20	信用政策变化对收账管理成本的影响(元)			
21	信用政策变化带来的增量利润(元)			
22	结论：			

图 7-17　应收账款综合决策模型

(2) 计算方案 A 信用政策变化对利润的影响，在单元格 C15 中输入公式"=(C5-$B$5)*C6"。

(3) 计算方案 A 信用政策变化对应收账款机会成本的影响，在单元格 C16 中输入公式"=((C9-$B$9)/360*$B$5+C9/360*(C5-$B$5))*C13*C12"。

(4) 计算方案 A 信用政策变化对坏账损失的影响，在单元格 C17 中输入公式"=C5*C8-$B$5*$B$8"。

(5) 计算方案 A 信用政策变化对现金折扣成本的影响，在单元格 C18 中输入公式"=C5*C11*C10-$B$5*$B$11*$B$10"。

(6) 计算方案 A 信用政策变化对收账管理成本的影响，在单元格 C19 中输入公式"=C5*C7-$B$5*$B$7"。

(7) 计算方案 A 信用政策变化带来的增量利润，在单元格 C20 中输入公式"=C15-C16-C17-C18-C19"。

(8) 将单元格区域 C15:C20 中的公式复制到单元格区域 D15:D20 中,得到方案 B 的各项增量指标。

(9) 在单元格 B21 中输入"=IF(AND(C20>0,D20>0), IF(C20>D20, "采用方案 A", "采用方案 B"), IF(C20>0, "采用方案 A", IF(D20>0,"采用方案 B", "采用目前信用政策")))"。

计算结果如图 7-18 所示,企业应采用方案 A 的信用政策。

A	B	C	D
应收账款的信用政策决策模型			
原始数据区			
项目	目前信用政策	新信用政策方案	
^	^	方案A	方案B
年赊销额(元)	100000	120000	130000
销售利润率	20%	20%	20%
收账管理成本率	0.6%	0.7%	0.8%
平均坏账损失率	2%	3%	4%
平均收现期(天)	45	60	30
需付现金折扣的销售额占总销售额的百分比	0%	0%	50%
现金折扣率	0%	0%	2%
应收账款的机会成本率	15%	15%	15%
变动成本率	60%	60%	60%
分析区域			
信用政策变化对利润的影响(元)		4000	6000
信用政策变化对应收账款机会成本的影响(元)		675	-150
信用政策变化对坏账损失的影响(元)		1600	3200
信用政策变化对现金折扣成本的影响(元)		0	1300
信用政策变化对收账管理成本的影响(元)		240	440
信用政策变化带来的增量利润(元)		1485	1210
结论:	采用方案A		

图 7-18 应收账款综合决策模型计算结果

实训三 存货管理

【知识准备】

存货是指企业在日常生产或提供劳务过程中耗用的材料、物料和以备出售的产成品或商品等。企业保持一定数量的存货,就必然会付出一定的代价,即存货成本。和存货有关的成本一般有以下几项。

(1) 购置成本。这是指存货自身的价值,由存货的买价和运杂费构成。购置成本一般与采购数量呈正比例变化,它等于采购数量与单价的乘积。

(2) 订货成本。这是指为订购存货而发生的成本,如差旅费、邮资、办公费等。订货成本一般与订货数量无关,而与订货的次数有关。

(3) 储存成本。这是指存货在储存过程中发生的各种费用,如仓储费、搬运费、保险费、占用资金的利息费等。存货储存数量越多,储存成本就越高。

(4) 缺货成本。缺货成本是因存货不足而给企业造成的损失,包括由于材料供应中断造成的停工损失、成品供应中断导致延误发货的信誉损失及丧失销售机会的损失等。

经济批量又称经济订货批量,是指一定时期内存货的储存成本与订货成本之和最低的采购批量。这里,把存货的储存成本与订货成本之和称作总成本,用 T 表示,则有

$$T=\frac{A}{Q}\times F+\frac{Q}{2}\times C \tag{7-6}$$

其中：A 表示全年需求量；Q 表示每批订货量；F 表示每批订货成本；C 表示每件存货的年储存成本。

根据公式(7-6)对每批订购量 Q 求一阶导数，再令其为零，则有

经济订货批量公式：
$$Q=\sqrt{\frac{2AF}{C}} \tag{7-7}$$

订货次数公式：
$$N=\frac{A}{Q} \tag{7-8}$$

总成本公式：
$$TC=\sqrt{2AFC} \tag{7-9}$$

应该注意的是，公式(7-8)的总成本并不包括存货(原材料等)的买价等。

【实训目标与要求】

熟练掌握使用 Excel 构建存货管理模型。

【实训指导】

一、基于 Excel 的经济订货批量模型

利用 Excel 构建经济订货批量模型比较简单，使用 SQRT 函数直接根据公式计算即可。

【例 7-7】正大公司全年需要某种材料 3600kg，一次订货费用 25 元，材料单价 20 元/kg，材料的存储费率为 10%，求该材料的经济订货批量、全年订货次数和最低订货费用。

(1) 在 Excel 中构建经济订货批量模型，输入相关数据，如图 7-19 所示。

(2) 计算经济订货批量，在单元格 B7 中输入“=SQRT(2*B2*B3/(B4*B5))”，如图 7-20 所示。

	A	B
1	基本经济订货批量模型	
2	全年需要量（公斤）	3600
3	一次订货量（元/次）	25
4	材料单价（元/公斤）	20
5	存储费率	10%
6	分析结果	
7	经济订货批量	
8	年经济订货次数	
9	年最低订货费用	

图 7-19　经济订货批量模型

B7　　=SQRT(2*B2*B3/(B4*B5))

	A	B	C	D
1	基本经济订货批量模型			
2	全年需要量（公斤）	3600		
3	一次订货量（元/次）	25		
4	材料单价（元/公斤）	20		
5	存储费率	10%		
6	分析结果			
7	经济订货批量	300		
8	年经济订货次数			
9	年最低订货费用			

图 7-20　经济订货批量的计算

(3) 计算年经济订货次数，在单元格 B8 中输入“=B2/B7”，如图 7-21 所示。

(4) 计算年最低订货费用，在单元格 B9 中输入“=SQRT(2*B1*B2*B3*B4) ”，如图 7-22 所示。

从图 7-22 可以看出，经济订货批量为 300kg，年经济订货次数为 12 次，年最低订货费用为 600 元。

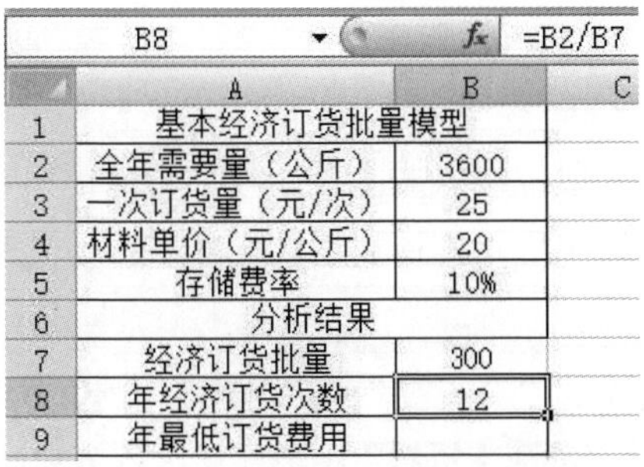

B8 =B2/B7

	A	B	C
1	基本经济订货批量模型		
2	全年需要量（公斤）	3600	
3	一次订货量（元/次）	25	
4	材料单价（元/公斤）	20	
5	存储费率	10%	
6	分析结果		
7	经济订货批量	300	
8	年经济订货次数	12	
9	年最低订货费用		

图 7-21　年经济订货次数的计算

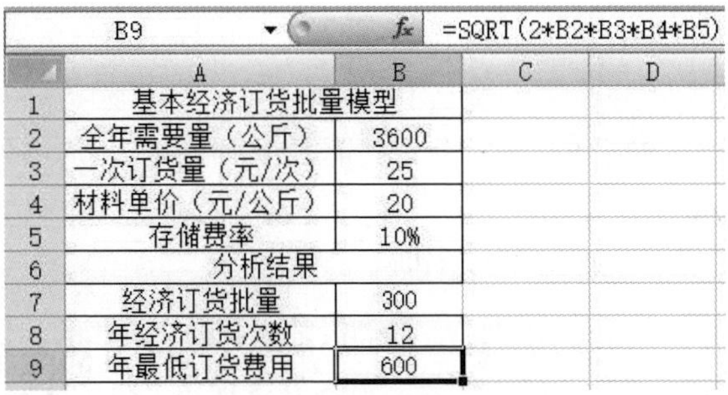

B9 =SQRT(2*B2*B3*B4*B5)

	A	B	C	D
1	基本经济订货批量模型			
2	全年需要量（公斤）	3600		
3	一次订货量（元/次）	25		
4	材料单价（元/公斤）	20		
5	存储费率	10%		
6	分析结果			
7	经济订货批量	300		
8	年经济订货次数	12		
9	年最低订货费用	600		

图 7-22　年最低订货费用的计算

二、基于 Excel 的 ABC 存货管理模型

对有些公司来说，往往会有成千上万种的存货品种，在这些存货中，有的价值昂贵，有的价值则较低廉；有的数量庞大，有的则寥寥无几。在日常的存货管理中，如果不分主次，对所有存货都进行经济采购批量的计算，周密计划和严格控制，将导致工作量巨大，这既不符合成本-效益原则，也不符合重要性原则，ABC 分类控制法正是针对这一类问题提出来的。所谓 ABC 分类管理，就是按照一定的标准，将企业的存货划分为 A、B、C 三类，分别实行分品种重点管理、分类别一般控制和按总额灵活掌握的存货管理方法。

ABC 分类管理方法的基本原理是：先将存货分为 A、B、C 三类，其分类的标准有两个，一是金额标准；二是品种数量标准。其中金额标准是最基本的，品种数量标准仅作为参考。

A 类存货的特点是金额巨大，品种数量较少；B 类存货金额一般，品种数量相对较多；C 类存货品种数量繁多，但价值较少。三类存货的金额比重 A∶B∶C 大致为 70%∶20%∶10%。

运用 ABC 分类控制法，一般按以下步骤实施。

第一步，根据每一种存货在一定期间内(例如一年内)的耗用量和单价，计算出该种存货的资金耗用总额。

第二步，计算出每一种存货资金耗用总额占全部存货资金耗用总额的百分比，并按大小顺序排列，编成表格。

第三步，根据事先测定好的标准，把各项存货分为 A，B，C 三类，并用直角坐标图显示出来。

第四步，对 A 类存货实施重点控制，对 B 类存货实施次重点控制，对 C 类存货实施一般性控制。

ABC 三类存货的特点与控制要求如下。

(1) A 类存货的特点与控制要求。A 类存货品种数量少，但占用资金多。企业存货管理部门应进行周密的规划和严格的管理，重点控制。其控制措施有两种：一是计算确定其经济订货批量、最佳保险储备和再订货点，严格控制存货数量；二是采用永续盘存制，对存货的收发结存进行严密监视，当存货数量达到再订货点时，应及时通知采购部门进行采购。

(2) B 类存货的特点与控制要求。B 类存货品种、数量、占用资金均属中间状态，不必像 A 类存货控制那样严格，但也不能过于宽松。其控制要求是：确定每种存货的经济订货批量、最佳保险储备量和再订货点，并采用永续盘存制，对存货收发结存情况进行反映和监控。

(3) C 类存货的特点和控制要求。C 类存货品种多，数量大，但资金占用量很小。企业对此类存货不必花费太多的精力，可以采用总金额控制法，根据历史资料分析后，按经验适当增大订货批量，减少订货次数。

【例 7-8】 正大公司共需要 15 种材料，均需外购，其单位购入成本及全年需要量的有关数据如图 7-23 所示，并已将该资料存入一个名为"存货物资基本资料"的工作表中。要求对该企业的存货物资进行 ABC 分类。

(1) 在工作表"存货物资基本资料"所在的工作簿中插入一个名为"存货物资的 ABC 分类计算与分析"的工作表，如图 7-23 所示，将工作表"存货物资基本资料"中单元格区域 A2:C18 的内容复制到工作表"存货物资的 ABC 分类计算与分析"中，此操作是为了在以后的分析中保护源数据不被打乱。

(2) 在单元格 D4 中输入公式"=B4*C4"，在单元格 E4 中输入公式"=D4/$D$19"，选中单元格区域 D4:E4，向下一直复制到单元格区域 D18:E18；然后选中单元格区域 D19:E19，单击工具栏上的自动求和按钮，求出合计数。

(3) 选中单元格区域 A4:E18，单击【数据】菜单，选择【排序】项，出现【排序】对话框。在【排序】对话框中，【主要关键字】选择"金额(元)"，单选按钮选择"降序"，单击【确定】按钮，得到各类存货占用资金从大到小排列的数据。

(4) 在单元格 F4 中输入公式"=E4"，在单元格 F5 中输入公式"=F4+E5"，然后将单元格 F5 往下一直复制到单元格 F18，得到各类存货占用资金的比重累计值。

(5) 在单元格 G4 中输入公式"=IF(F4<=80%,"A",IF(F4<=95%,"B","C"))"，并将此单元格往下一直复制到单元格 G18，得到各类存货的 ABC 分类。

(6) 在单元格 J4 中输入公式"=SUMIF($G$4:$G$18,14,$E$4:$E$18)"，在单元格 K4 中输入公式"=COUNTIF($G$4:$G$18,14)/COUNT($F$4:$F$18)"，选中单元格区域 J4:K4，并往下一直复制到单元格区域 J6:K6；选中单元格区域 J7:K7，单击工具栏上自动求和按钮。这样就得到了 A、B、C 三类存货物资品种比重占用资金比重，存货物资 ABC 分类的计算与分析就完成了，如图 7-23 所示。

	A	B	C	D	E	F	G	H	I	J	K
1				存货物资的ABC分类计算与分析							
2				各类存货占用资金的			存货类别		ABC分类分析		
3	材料规格	单位购入成本（元）	全年需要量（千克）	金额（元）	比重	累计比重			类别	占用资金的比重	品种数所占比重
4	L206	16	9600	153600	24.59%	24.59%	A		A	78.87%	26.67%
5	L203	25	6000	150000	24.02%	48.61%	A		B	15.66%	26.67%
6	L208	18	7500	135000	21.62%	70.23%	A		C	5.47%	46.67%
7	L209	12	4500	54000	8.65%	78.87%	A		合计	100.00%	100.00%
8	L213	6	6000	36000	5.76%	84.64%	B				
9	L212	3	9000	27000	4.32%	88.96%	B				
10	L202	4	6200	24800	3.97%	92.93%	B				
11	L210	0.1	100000	10000	1.60%	94.53%	B				
12	L207	0.8	10000	8000	1.28%	95.81%	C				
13	L214	1.5	5200	7800	1.25%	97.06%	C				
14	L204	3.4	1600	5440	0.87%	97.93%	C				
15	L201	1.2	4000	4800	0.77%	98.70%	C				
16	L215	9	3000	4800	0.77%	99.47%	C				
17	L205	0.3	6000	1800	0.29%	99.76%	C				
18	L211	0.5	3000	1500	0.24%	100.00%	C				
19	合计		181600	624540	100.00%						

图 7-23 ABC 存货管理模型

由计算分析结果可以看出，L206、L203、L208 和 L209 四种材料占用资金比重合计达到 78.87%，品种数量仅占全部存货材料品种的 26.67%，故企业应对这四种存货材料加强监控和管理。

实 训 练 习

1. 正大公司现金收支平稳，预计全年现金需要量为 800 000 元，现金与有价证券转换成本每次 400 元，有价证券利率 10%。要求：

(1) 计算最佳现金持有量。

(2) 计算最低现金管理成本、转换成本、机会成本。

(3) 计算有价证券交易次数、有价证券交易间隔期。

2. 正大公司以前采用现金交易方式销售，年销售量 3000 件，单价 1000 元，变动成本率 60%，固定成本 150 000 元，坏账损失率 2%，收账费用 30 000 元，资本成本为 15%。现在决定采用现金折扣方式，信用期为 1 个月，条件为 "2/10，1/20，N/30"，其中估计 50%的客户会利用 2%的折扣，30%的客户会利用 1%的折扣，坏账损失率下降到 1%，收账费用下降到 20 000 元。试判断采用现金折扣方案是否合理？

3. 正大公司每月需要采购 5000 件 A 材料，每次订货费用为 300 元，单位库存费用为 5 元，A 材料单价为 20 元，具体的商品数量折扣为：1000 件以下的，没有折扣；1000~2500 件，折扣为 5%；2500~4000 件，折扣为 8%；4000 件以上的，折扣为 12%。试分析该公司的最佳订货批量，并判断若厂商最大限度享受数量折扣的优惠，订货量为 4000 件是否合适？

项目八 利润预测、规划与分配实训

【实训目标】

思政目标：
按照财经制度做好利润规划与分配工作，培养学生规划意识和正确的职业观、就业观。

知识目标：
- 掌握利用 Excel 对公司利润进行预测的方法。
- 掌握利用 Excel 对公司利润进行规划的方法。
- 掌握公司利润分配的程序，熟悉股利发放程序。
- 熟悉影响公司股利政策的因素，掌握主要股利政策的内容及特点。

能力目标：
学生能够使用 Excel 进行利润的规划、预测和分配。

【教学建议】

建议本项目主要采取讲授与实训相结合的教学方法，课时安排为 3 个课时，将实训练习作为学生的课后练习，学生应记录实训步骤。

实训一 利润预测与规划

【知识准备】

利润预测是指在销售预测的基础上，根据各种有关资料，采用适当的方法对企业未来一定时期的利润做出科学的预计和推测。利润预测主要有以下三种方法。

1. 比率预测法

比率预测法是指根据不同的利润率指标来预测利润，一般根据销售收入利润率、成本费用利润率、资金利润率等指标进行预测，计算公式为

$$\text{预计销售利润} = \text{预计销售收入} \times \text{销售收入利润率} \tag{8-1}$$

$$= \text{预计成本费用} \times \text{成本费用利润率} \tag{8-2}$$

$$= \text{预计资金总额} \times \text{资金利润率} \tag{8-3}$$

2. 经营杠杆系数预测法

经营杠杆系数预测法是根据息税前利润变动率和销售变动率之间的关系进行利润预测，计算公式为

$$\text{经营杠杆系数} = \text{基期销售量} \times (\text{单价} - \text{单位变动成本}) / \text{基期息税前利润} \tag{8-4}$$

$$预测期息税前利润=基期息税前利润×(1+经营杠杆系数×销售额变动率) \quad (8\text{-}5)$$
$$预测期税前利润=预测期息税前利润-预测期债务利息 \quad (8\text{-}6)$$

3. 本量利分析预测法

本量利分析预测法是根据成本、产销量和利润之间的关系进行利润的预测,计算公式为

$$目标利润=预计销售量×(单价-单位变动成本)-固定成本 \quad (8\text{-}7)$$

利用公式(8-7),可以计算出保本点销售量、保本点单价、保本点单位变动成本和保本点固定成本,计算公式为

$$保本点销售量=固定成本/(单价-单位变动成本) \quad (8\text{-}8)$$
$$保本点单价=固定成本/销量+单位变动成本 \quad (8\text{-}9)$$
$$保本点单位变动成本=单价-固定成本/销量 \quad (8\text{-}10)$$
$$保本点固定成本=销量×(单价-单位变动成本) \quad (8\text{-}11)$$

【实训目标与要求】

熟练掌握使用 Excel 进行利润预测和规划。

【实训指导】

一、利润预测模型

利用 Excel 构建利润预测模型,可采用比率预测法、经营杠杆系数法和本量利分析进行预测。

【例 8-1】A、B、C 三家公司利润预测的相关资料如图 8-1 所示。要求建立一个分别采用比率预测法、经营杠杆系数法和本量利分析法预测这三家公司利润的模型。

	A	B	C	D	E	F	G	H
1					已知条件			
2		A公司			B公司		C公司	
3	时期	基期	预测期	基期销售量(件)	1000	产品名称	甲	乙
4	销售收入(万元)	200	250	产品单价(万元)	3.2	目标销售量(件)	600	800
5	成本费用(万元)	100	120	单位变动成本(万元)	1.8	目标销售单价(万元)	3	4
6	资金总额(万元)	300	350	固定经营成本(万元)	500	目标单位生产成本(万元)	2	3
7	税前利润	50		预测期销售额增长率	30%	固定成本(万元)	600	
8				预测期利息费用	60			

图 8-1 已知条件

(1) 构建利润预测模型如图 8-2 所示。

(2) 预测 A 公司目标利润,根据已知条件计算销售收入利润率,在单元格 B12 中输入公式"=$B$7/B4",并将其复制到单元格区域 B13:C14。在单元格 C15 中输入公式"=C4*B12",并将其复制到单元格区域 C16:C17。在单元格 C18 中输入公式"=AVERAGE(C15:C17)",可以求出平均的预计税前利润。

(3) 预测 B 公司目标利润,在单元格 E12 中输入公式"=E3*(E4-E5)-E6",在单元格 E13 中输入公式"=E3*(E4-E5)/E12",在单元格 E14 中输入公式"=E12*(1+E13*E7)",在单元格 E15 中输入公式"=E14-E8"。

	A	B	C	D	E	F	G	H
1				已知条件				
2		A公司		B公司		C公司		
3	时期	基期	预测期	基期销售量（件）	1000	产品名称	甲	乙
4	销售收入（万元）	200	250	产品单价（万元）	3.2	目标销售量（件）	600	800
5	成本费用（万元）	100	120	单位变动成本	1.8	目标销售单价（万元）	3	4
6	资金总额（万元）	300	350	固定经营成本（万元）	500	目标单位生产成本（万元）	2	3
7	税前利润	50		预测期销售额增长率	30%	固定成本（万元）	600	
8				预测期利息费用	60			
9								
10				计算过程与结果				
11	A公司预计利润			B公司预计利润				
12	销售收入利润率			基期息税前利润				
13	成本费用利润率			经营杠杆系数				
14	资金利润率			预计息税前利润（万元）				
15	按销售收入利润率预计的销售利润			预计税前利润（万元）				
16	按成本费用利润率预计的销售利润			C公司预计利润				
17	按资金利润率预计的销售利润			目标税前利润（万元）				
18	平均的预计税前利润（万元）							

图 8-2　利润预测模型

（4）预测 C 公司目标利润，在单元格 E17 中输入公式"=SUMPRODUCT(G4:H4,(G5:H5-G6:H6))-G7"。

计算结果如图 8-3 所示。

	A	B	C	D	E	F	G	H
1				已知条件				
2		A公司		B公司		C公司		
3	时期	基期	预测期	基期销售量（件）	1000	产品名称	甲	乙
4	销售收入（万元）	200	250	产品单价（万元）	3.2	目标销售量（件）	600	800
5	成本费用	100	120	单位变动成本	1.8	目标销售单价（万元）	3	4
6	资金总额（万元）	300	350	固定经营成本（万元）	500	目标单位生产成本（万元）	2	3
7	税前利润	50		预测期销售额增长率	30%	固定成本（万元）	600	
8				预测期利息费用	60			
9								
10				计算过程与结果				
11	A公司预计利润			B公司预计利润				
12	销售收入利润率	25.00%		基期息税前利润	900			
13	成本费用利润率	50.00%		经营杠杆系数	1.56			
14	资金利润率	16.67%		预计息税前利润（万元）	1320			
15	按销售收入利润率预计的销售利润	62.50		预计税前利润（万元）	1260			
16	按成本费用利润率预计的销售利润	60.00		C公司预计利润				
17	按资金利润率预计的销售利润	58.33		目标税前利润（万元）	800			
18	平均的预计税前利润（万元）	60.28						

图 8-3　计算结果

二、保本点计算模型

利用 Excel 构建保本点计算模型，可以采用单变量求解。

【例 8-2】三水公司只生产一种产品，已知这种产品的销售量为 10 000 件，单价为 120 元，单位变动成本为 80 元，固定成本为 350 000 元，要求分别计算用销售量、单价、单位变动成本和固定成本表示的保本点。

（1）在 Excel 中构建保本点计算模型，输入相关数据，如图 8-4 所示。

（2）在单元格 C8 中输入公式"=B8*(B3-B4)-B5"，在【数据】选项卡【数据工具】功能组中单击【模拟分析】，在下拉菜单中选择【单变量求解】命令，弹出【单变量求解】对话框，在目标单元格中输入$C$8，在【目标值】中输入 0，在【可变单元格】中输入$B$8，单击【确定】按钮后，在【单变量求解状态】对话框中单击【确定】按钮，即可以求出保本点销售量。

	A	B	C
1	已知条件		
2	销售量（件）	10000	
3	单价（元/件）	120	
4	单位变动成本（元/件）	80	
5	固定成本（元）	350000	
6	计算过程与结果		
7	保本点的计算	可变单元格	目标函数
8	保本点销售量（件）		
9	保本点单价（元/件）		
10	保本点单位变动成本（元/件）		
11	保本点固定成本（元/件）		

图 8-4　保本点计算模型

（3）在单元格 C9 中输入公式"=B2*(B9-B4)-B5"，在【数据】选项卡【数据工具】功能组中单击【模拟分析】，在下拉菜单中选择【单变量求解】命令，弹出【单变量求解】对话框，在目标单元格中输入$C$9，在【目标值】中输入 0，在【可变单元格】中输入$B$9，单击【确定】按钮后，在【单变量求解状态】对话框中单击【确定】按钮，即可以求出保本点单价。

（4）在单元格 C10 中输入公式"=B2*(B3-B10)-B5"，在【数据】选项卡【数据工具】功能组中单击【模拟分析】，在下拉菜单中选择【单变量求解】命令，弹出【单变量求解】对话框，在目标单元格中输入$C$10，在【目标值】中输入 0，在【可变单元格】中输入$B$10，单击【确定】按钮后，在【单变量求解状态】对话框中单击【确定】按钮，即可以求出保本点单位变动成本。

（5）在单元格 C11 中输入公式"=B2*(B3-B4)-B11"，在【数据】选项卡【数据工具】功能组中单击【模拟分析】，在下拉菜单中选择【单变量求解】命令，弹出【单变量求解】对话框，在目标单元格中输入$C$11，在【目标值】中输入 0，在【可变单元格】中输入$B$11，单击【确定】按钮后，在【单变量求解状态】对话框中单击【确定】按钮，即可以求出保本点固定成本。

计算结果如图 8-5 所示。

	A	B	C
1	已知条件		
2	销售量（件）	10000	
3	单价（元/件）	120	
4	单位变动成本（元/件）	80	
5	固定成本（元）	350000	
6	计算过程与结果		
7	保本点的计算	可变单元格	目标函数
8	保本点销售量（件）	8750	0
9	保本点单价（元/件）	115	0
10	保本点单位变动成本（元/件）	85	0
11	保本点固定成本（元/件）	400000	0

图 8-5　计算结果

三、利润敏感性分析模型

敏感性分析是一种定量分析方法，它研究当制约利润的有关因素发生某种变化时对利润所产生的影响，这对于利润预测分析，特别是对目标利润预测有着十分积极的指导意义。

敏感系数可以揭示影响企业实现目标利润的各因素的影响程度，引导决策者关注利润对哪些因素的变化比较敏感,以便分清主次,抓住重点,合理规划目标利润,确保目标利润的实现。

敏感系数的计算公式为

$$敏感系数 = \frac{目标值变动百分比}{因素值素值变动百分比}$$

【例 8-3】 三水公司只生产一种产品,已知这种产品的销售量为 10 000 件,单价为 100 元,单位变动成本为 60 元,固定成本为 64 000 元,要求建立一个带有可以选择各因素变动率的滚动条控件按钮的利润单因素和多因素敏感性分析模型。

(1) 在 Excel 中构建利润敏感性分析模型,输入相关数据,如图 8-6 所示。

	A	B	C	D	E	F
1	已知条件		各参数预测值的变动情况			
2	项目	基础的预测值	变动后数值	因素变动率	因素变动率选择控件	
3	销售量(件)	10000				
4	产品单价(元/件)	100				
5	单位变动成本(元/件)	60				
6	固定成本(元)	64000				
7						
8	计算过程与结果					
9	按基础的预测值计算的保本点销售量和预计利润					
10	保本点销售量(件)		基础情况的预计利润(元)			
11	单因素变动对保本点销售量和利润的影响					
12	项目	因素变动率	变动后保本点销售量(件)	对利润的影响(金额单位:元)		
13				变动后利润	利润变动额	利润变动率
14	销售量(件)					
15	产品单价(元/件)					
16	单位变动成本(元/件)					
17	固定成本(元)					
18	多因素同时变动对保本点销售量和利润的综合影响(元)					
19	变动后的保本销售量(件)		变动后的利润(元)			
20	利润变动额(元)		利润变动率			

图 8-6 利润敏感性分析模型

(2) 在【开发工具】选项卡的【控件】功能组中单击【插入】命令,在【表单控件】中选择滚动条按钮,然后在单元格区域 E3:F3 拖拽出一个销售量的【滚动条】控件,再用鼠标指针对准滚动条控件,单击右键,在弹出的快捷菜单中执行【设置控件格式】,然后在【设置控件格式】对话框中的【控制】选项卡中,在【当前值】中输入 50,在【最小值】中输入 0,在【最大值】中输入 100,在【步长】中输入 5,在【单元格链接】中输入 E3,最后单击【确定】按钮。

(3) 根据前面步骤分别建立单价、单位变动成本和固定成本的滚动条控件,并在【单元格链接】中分别输入 E4、E5、E6。

(4) 选取单元格区域 D3:D6,输入数组公式"=(E3:E6-50)/100"。

(5) 在单元格 B10 中输入公式"=B6/(B4-B5)"。

(6) 在单元格 F10 中输入公式"=B3*(B4-B5)-B6"。

(7) 选取单元格区域 B14:B17,输入数组公式"=D3:D6"。

(8) 在单元格 C14 中输入公式"=B6/(B4-B5)"。

(9) 在单元格 C15 中输入公式"=B6/(C4-B5)"。

(10) 在单元格 C16 中输入公式"=B6/(B4-C5)"。

(11) 在单元格 C17 中输入公式"=C6/(B4-B5)"。

(12) 在单元格 D14 中输入公式"=C3*(B4-B5)-B6"。

(13) 在单元格 D15 中输入公式"=B3*(C4-B5)-B6"。

(14) 在单元格 D16 中输入公式"=B3*(B4-C5)-B6"。

(15) 在单元格 D17 中输入公式"=B3*(B4-B5)-C6"。

(16) 选取单元格区域 E14:E17，输入数组公式"=D14:D17-F10"。

(17) 选取单元格区域 F14:F17，输入数组公式"=E14:E17/F10"。

(18) 在单元格 C19 中输入公式"=C6/(C4-C5)"。

(19) 在单元格 C20 中输入公式"=F19-F10"。

(20) 在单元格 F19 中输入公式"=C3*(C4-C5)-C6"。

(21) 在单元格 F20 中输入公式"=C20/F10"。

通过以上步骤，利润敏感性分析模型就建立好了，单击滚动条控件来改变各因素的变动率，就可以自动得到相应的利润单因素敏感性分析和多因素敏感性分析的结果。例如，图 8-7 显示的是当销售量增加 10%、单价降低 5%、单位变动成本降低 4%、固定成本降低 10%时模型的运行结果。

	A	B	C	D	E	F
1	已知条件		各参数预测值的变动情况			
2	项目	基础的预测值	变动后数值	因素变动率	因素变动率选择控件	
3	销售量（件）	10000	11000.00	10.00%		
4	产品单价（元/件）	100	95.00	-5.00%		
5	单位变动成本（元/件）	60	57.60	-4.00%		
6	固定成本（元）	64000	57600.00	-10.00%		
7						
8	计算过程与结果					
9	按基础的预测值计算的保本点销售量和预计利润					
10	保本点销售量（件）	1600		基础情况的预计利润（元）		336000.00
11	单因素变动对保本点销售量和利润的影响					
12	项目	因素变动率	变动后保本销售量（件）	对利润的影响（金额单位：元）		
13				变动后利润	利润变动额	利润变动率
14	销售量（件）	10.00%	1600	376000.00	40000.00	11.90%
15	产品单价（元/件）	-5.00%	1829	286000.00	-50000.00	-14.88%
16	单位变动成本（元/件）	-4.00%	1509	360000.00	24000.00	7.14%
17	固定成本	-10.00%	1440	342400.00	6400.00	1.90%
18	多因素同时变动对保本点销售量和利润的综合影响					
19	变动后的保本销售量（件）		1540	变动后的利润（元）		353800.00
20	利润变动额（元）		17800.00	利润变动率		5.30%

图 8-7 计算结果

四、利用规划求解进行利润规划

【例 8-4】三水公司生产甲、乙、丙三种产品，有关数据资料如图 8-8 所示。根据上述条件，该企业在现有生产条件下，如何合理安排甲、乙、丙产品的生产才能使利润最大？

	A	B	C	D
1	产品最优组合决策			
2	项目	甲产品	乙产品	丙产品
3	销售单价（元）	20	36	60
4	单位变动成本（元）	14	23	39
5	单位边际贡献（元）	6	13	21
6	分摊固定成本总额	4500		
7	每件产品A机器工时定额（小时）	2	4	7
8	每件产品B机器工时定额（小时）	3	3	6
9	每件产品C机器工时定额（小时）	2	2	5
10	A机器生产能力（小时）	5000		
11	B机器生产能力（小时）	6000		
12	C机器生产能力（小时）	7000		
13	最大销售量（件）	1000	500	200

图 8-8 产品资料

利用规划求解工具求解这个问题的步骤如下。

(1) 建立优化模型(设 x、y、z 分别表示甲产品、乙产品、丙产品的生产量)。

目标函数：$\max\{销售利润\} = (20-14)x + (36-13)y + (60-39)z$

约束条件：$2x + 4y + 7z \leqslant 5000$

$\qquad\qquad 3x + 3y + 6z \leqslant 6000$

$\qquad\qquad 2x + 2y + 5z \leqslant 7000$

$\qquad\qquad\qquad x \leqslant 1000$

$\qquad\qquad\qquad y \leqslant 500$

$\qquad\qquad\qquad z \leqslant 200$

$\qquad\qquad x \geqslant 0, y \geqslant 0, z \geqslant 0$，且为整数

(2) 单元格 B15、C15 和 D15 为可变单元格，分别存放甲、乙、丙三种产品的生产量。

(3) 单元格 B14 为目标单元格(销售利润)，计算公式为"=SUMPRODUCT(B5:D5,B15:D15) -B6"。

(4) 在单元格 B17 中输入 A 机器生产能力计算公式"=SUMPRODUCT(B7:D7, B15:D15)"；在单元格 B18 中输入 B 机器生产能力计算公式"=SUMPRODUCT(B8:D8, B15:D15)"；在单元格 B19 中输入 C 机器生产能力计算公式"=SUMPRODUCT(B9:D9, B15:D15)"。

(5) 单击【数据】菜单，选择【规划求解】项，系统会弹出【规划求解参数】对话框，如图 8-9 所示。

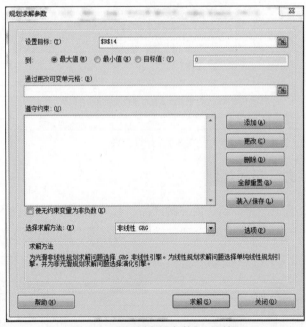

图 8-9 【规划求解参数】对话框

(6) 在【规划求解参数】对话框的【设置目标】中输入$B$14；选中【最大值】；【通过更改可变单元格】中输入$B$15:$D$15；在【遵守约束】中添加以下约束条件："$B$15:$C$15=整数"，$B$15:$C$15>=0, $B$15<=$B$13, $C$15<=$C$13, $D$15<=$D$13, $B$17<=$B$10, $B$18<=$B$11, $B$19<=$B$12。

(7) 在建立好所有的规划求解参数后，单击【求解】，系统将显示如图 8-10 所示的【规划求解结果】对话框，选择【保存规划求解结果】项，单击【确定】，求解结果将显示在工作表上。最终运算结果如图 8-11 所示。

图 8-10 【规划求解结果】对话框　　图 8-11 规划求解优化结果

实训二 利润分配

【知识准备】

利润分配是指公司对其实现的经营成果进行分派的活动。公司利润分配的前提和基础是缴纳所得税后的净利润。利润分配主要涉及以下基础知识。

1. 利润分配程序

公司利润分配必须依据法定程序进行，按照《中华人民共和国公司法》等有关法规的规定，公司当年实现的税后净利润应当按照下列顺序进行分配。

(1) 弥补以前年度亏损。

根据现行法规的规定，公司发生年度亏损，可以在下一年度开始的 5 年内用税前利润弥补，5 年内仍然未能弥补的亏损，可用税后利润弥补。

(2) 提取法定公积金。

在弥补完以前年度亏损后，剩余的利润计提 10%比例的法定公积金。当法定公积金累计提取的金额达到公司注册资本的 50%时，可以不再提取。

(3) 提取任意公积金。

公司提取法定公积金后，经公司股东大会决议，还可以提取任意公积金。法定公积金和任意公积金都是公司从税后利润中提取的积累资本，是公司内部资本的重要来源，在性质上属于权益资本。公积金可以用于弥补亏损、扩大生产经营或者转增公司股本，但转增股本后，所留存的法定公积金不得低于转增前公司注册资本的 25%。

(4) 向股东分配股利。

在完成上述程序之后，所余当年利润与以前年度未分配利润构成公司的可供股东分配利润，公司可根据股利政策向股东分配股利。

按照现行制度规定,股份有限公司依法回购后暂未转让或注销的股份,不得参与利润分配;

公司弥补以前年度亏损和提取公积金后,当年没有可供分配的利润时,不得向股东分配股利。

2. 股利发放程序

股份公司向股东分配股利必须遵循法定的程序。在公司当年具有可供分配利润的情况下,先由公司董事会提出股利分配预案,然后将其提交至股东大会决议,该预案需获得出席会议股东或股东代表所持有效表决权股份总数的 2/3 以上通过才能进行分配。股东大会决议通过股利分配预案之后,要向股东宣布发放股利的方案,并确定股权登记日、除息日和股利发放日,进行股利支付。

(1) 股利宣告日。

股利宣告日是指股东大会决议通过股利分配预案后,董事会对外公告宣布发放股利的日期。在股利分配公告中,公司要向股东宣布股利分配的年度、分配的范围、股利分配的形式、金额或数量等信息,同时公布股权登记日、除息日和股利发放日。

(2) 股权登记日。

股权登记日是指股份公司规定的有权领取本次股利的股东资格登记的最后日期。由于公司的股票是经常买卖、流动的,规定此日期是为了确定哪些股东有资格领取本次股利。在股权登记日,公司股东名册上的股东有权领取本次股利,而该日之后买入股票的股东则无权获取此次股利。

(3) 除息日。

除息日也称为除权日,是指从股票的股价中除去股利的日期。在除息日之前的股票价格包含了本次股利,在除息日之后的股票价格中不再包含本次股利。除息日之后,股票价格一般会有所下降,下降的金额约等于股利金额。所以,股东必须在除息日之前购买股票才能取得本次股利,否则无权领取。在目前先进的计算机交易系统下,交割过户手续在股票买卖交易的当天即可办理完毕,实际中的除息日一般为股权登记日的次日(工作日)。

(4) 股利发放日。

股利发放日,也称股利支付日,是指公司将股利正式支付给股东的日期。在股利发放日,公司委托有关证券登记结算机构通过其资金清算系统向股权登记日登记在册的股东发放股利。

3. 股利政策类型

对于股份公司而言,制定合理的股利政策非常重要,这直接关系到公司当前的生产经营和今后的长远发展,以及股东的长短期利益。股份公司常用的股利政策主要有五种类型:剩余股利政策、固定股利政策、固定股利支付率政策、稳定增长股利政策和低正常股利加额外股利政策。

(1) 剩余股利政策。

剩余股利政策是指公司的税后利润首先要满足项目投资所需要的资金,如果有剩余,公司才能将剩余的利润作为股利向股东发放。它是一种未来投资优先的股利政策,采用该政策的前提条件是公司必须有良好的未来投资机会,且其预期报酬率达到或高于股东要求的必要报酬率。

(2) 固定股利政策。

固定股利政策表现为公司在相当长的时期内每股支付固定金额的股利。这种政策的特征是，不论公司盈利发生怎样的变化，公司每期的每股股利支付额保持稳定的水平，可以向投资者传递公司经营状况稳定的信息。

(3) 固定股利支付率政策。

固定股利支付率政策是指公司每期都从税后利润中按固定的股利支付率向股东发放股利。相比固定股利政策保持稳定股利的特征，它是一种每期股利变动的股利政策。

(4) 稳定增长股利政策。

稳定增长股利政策主张在一定时期内公司每期支付的每股股利保持稳定增长的状态。

(5) 低正常股利加额外股利政策。

低正常股利加额外股利政策是一种介于固定股利政策与变动股利政策之间的折中型股利政策。它的特征表现为公司每期都支付稳定的、较低的正常股利额，在盈利较高的期间，公司再根据实际情况向股东发放额外股利。

【实训目标与要求】

熟练掌握使用 Excel 进行上市公司股利政策分析。

【实训指导】

【例 8-5】 2017 年 6 月 13 日，中百控股集团股份有限公司(股票代码 000759)发布 2016 年度分红派息实施公告。公告公布的公司 2016 年度分红派息方案为：以公司现有总股本 681 021 500 股为基数，向全体股东每 10 股派 0.80 元人民币现金(含税)，本次权益分派股权登记日为 2017 年 6 月 16 日，除权除息日为 2017 年 6 月 19 日。本次分派对象为：截至 2017 年 6 月 16 日下午深圳证券交易所收市后，在中国证券登记结算有限责任公司深圳分公司登记在册的本公司全体股东。公司此次委托中国结算深圳分公司代派的现金红利，将于 2017 年 6 月 19 日通过股东托管证券公司(或其他托管机构)直接划入其资金账户。

中百控股集团股份有限公司 2017 年度股利分配的关键日期如图 8-12 所示。

	A	B
1	日期	股利分配程序
2	2017年6月13日	股利宣告日
3	2017年6月16日	股权登记日
4	2017年6月19日	除息日
5	2017年6月19日	股利发放日

图 8-12 中百控股集团股份有限公司 2017 年度股利分配的关键日期

【例 8-6】 某股份公司 2022 年可供向股东分配的税后利润为 1800 万元。2023 年初公司董事会讨论决定 2022 年度股利分配方案，公司预计 2023 年的投资项目需要资金 2000 万元，公司预期的目标资本结构是权益资本占 60%，债务资本占 40%。若该公司采用剩余股利政策，试确定向股东发放的 2022 年度股利分配额。

(1) 按照公司目标资本结构要求，在单元格 B3 中输入公式"=B2*0.6"，计算得出投资项目所需的权益资本额为 1200 万元。

(2) 根据剩余股利政策，在单元格 B4 中输入公式"=B1-B3"，计算得出 2022 年股利分配额为 600 万元。

计算结果如图 8-13 所示。

	A	B
1	税后利润（万元）	1800
2	投资项目需要资金（万元）	2000
3	投资项目所需的权益资本（万元）	1200
4	股利分配额（万元）	600

图 8-13　计算结果

【例 8-7】 上网查阅佛山照明股份有限公司(股票代码：000541)历年股利分配方案，了解该公司历年股利分配政策。

(1) 创建一个名为"佛山照明现金股利分配方案"的工作表，并输入相关数据。

(2) 在单元格 D3 中输入公式"=B3/C3"，可以计算得出现金股利支付率，然后将公式复制下去，可以计算各年度的现金股利支付率。

可以看出，佛山照明股份有限公司盈利能力比较稳定，现金流充足，并且一直维持比较稳定的较高的现金股利支付率，如图 8-14 所示。

	A	B	C	D
1	佛山照明现金股利分配方案			
2	分红年度	每股现金股利	每股收益	现金股利支付率
3	2022	0.1	0.1708	58.55%
4	2021	0.1	0.2221	45.02%
5	2020	0.1	0.2265	44.15%
6	2019	0.185	0.2152	85.97%
7	2018	0.156	0.2699	57.80%
8	2017	0.329	0.5819	56.54%
9	2016	0.42	0.8429	49.83%
10	2015	0.0125	0.042	29.76%
11	2014	0.22	0.272	80.88%
12	2013	0.16	0.2573	62.18%
13	2012	0.31	0.4092	75.76%
14	2011	0.25	0.298	83.89%
15	2010	0.25	0.2696	92.73%
16	2009	0.22	0.2168	101.48%
17	2008	0.22	0.3207	68.60%
18	2007	0.585	0.9095	64.32%
19	2006	0.5	0.7437	67.23%
20	2005	0.49	0.6126	79.99%
21	2004	0.48	0.1661	288.98%
22	2003	0.46	0.6314	72.85%
23	2002	0.42	0.5714	73.50%
24	2001	0.4	0.4836	82.71%
25	2000	0.38	0.4496	84.52%
26	1999	0.35	0.5741	60.96%
27	1998	0.402	0.5358	75.03%
28	1997	0.4	0.486	82.30%
29	1996	0.477	0.6366	74.93%
30	1995	0.68	0.9213	73.81%
31	1994	0.81	1.2591	64.33%
32	1993	0.3	1.2274	24.44%

图 8-14　佛山照明历年现金股利分配方案

实 训 练 习

1. 正大公司只生产一种产品，已知这种产品的销售量为 9000 件，单价为 100 元，单位变动成本为 60 元，固定成本为 360 000 元，要求分别计算用销售量、单价、单位变动成本和固定成本表示的保本点。

2. 正大公司只生产一种产品，已知这种产品的销售量为 12 000 件，单价为 120 元，单位变动成本为 60 元，固定成本为 80 000 元，要求建立一个带有可以选择各因素变动率的滚动条控件按钮的利润单因素和多因素敏感性分析模型。

3. 正大公司本年税后利润为 600 万元，分配现金股利 270 万元。过去十年间该公司一直按 45%的比例从净利润中支付股利。预计公司明年税后利润的增长率为 5%，明年拟投资 500 万元。该公司的公积金已经提足。

要求：

(1) 如果公司采用固定股利支付率政策，计算明年发放的股利额。

(2) 如果采用低正常股利加额外股利政策，该公司决定在固定股利(每年 270 万元)的基础上，若税后利润增长率达到或超过 5%，新增利润的 3%将作为固定股利的额外股利发放。计算此政策下明年发放的股利额。

4. 正大公司在某月份生产甲、乙两种产品，其有关资料如图 8-15 所示，则企业应如何安排两种产品的产销组合，才能使企业获得最大销售利润？

	A	B	C	D	E
1	产品生产最优安排				
2	有关参数				
3	产品名称	甲产品	乙产品	每月工时总数（小时）	400
4	产品价格（元）	220	200	每月材料总量（千克）	300
5	单位变动成本（元/件）	120	100	每月能源总量（千瓦）	1000
6	单位产品消耗工时（小时）	6	9		
7	单位产品消耗材料（千克）	7	4		
8	单位产品消耗能源（千瓦）	18	15		
9	产品每月最大销售量（件）	无	30		

图 8-15 产品资料

5. 正大公司以往的股利支付率为 70%，今年的税后利润为 1700 万元。明年该公司预计投资项目需要资金 900 万元，该公司的目标资本结构为权益资本占 60%，债务资本占 40%。该公司的公积金已经提足。

要求：

(1) 如果公司采用剩余股利政策，计算其本年应分配的现金股利。

(2) 如果公司采用固定股利支付率政策，计算其本年应分配的现金股利。

6. 上网查阅万科股份有限公司(股票代码：000002)历年股利分配方案，了解该公司历年股利分配政策。

项目九　财务预测实训

【实训目标】

思政目标：
让学生认识到预测的重要性，增强"凡事预则立，不预则废"观念，制定合理的人生规划。

知识目标：
- 熟练掌握运用移动平均法、指数平滑法和回归分析法进行财务预测。
- 熟练掌握 Excel 中的预测函数。
- 熟练掌握使用 Excel 构建销售预测模型。
- 熟练掌握使用 Excel 构建成本预测模型。
- 熟练掌握使用 Excel 构建利润预测模型。
- 熟练掌握使用 Excel 构建资金需要量预测模型。

能力目标：
学生能够使用 Excel 构建销售预测模型、成本预测模型、利润预测模型及资金需要量预测模型，并运用这些模型进行财务分析和决策，从而提高财务预测能力。

【教学建议】

建议本项目主要采取讲授与实训相结合的教学方法，课时安排为 6 个课时，将实训练习作为学生的课后练习，学生应记录实训步骤。

实训一　利用数据分析工具进行预测

【知识准备】

预测分析的方法有很多种，企业应根据不同的需要选择不同的预测方法。总地来说，预测分析方法可分为两大类，定量预测法和定性预测法。下面介绍几种常用的定量预测方法。

(1) 移动平均法。

移动平均法是一种改良的算术平均法，是一种最简单的自适应预测模型。它根据近期数据对预测值影响较大，而远期数据对预测值影响较小的事实，把平均数逐期移动。移动期数的大小视具体情况而定，移动期数小，能快速地反映变化，但不能反映变化趋势；移动期数多，能反映变化趋势。但预测值带有明显的滞后偏差。常用的移动平均法主要有一次移动平均法和二次移动平均法。

一次移动平均法是根据时间顺序逐期移动，依次计算包含一定项数的时间顺序平均数，形成一个平均时间数序列，并据此进行预测，预测模型为

$$\hat{y}_{t+1} = \frac{y_t + y_{t-1} + \ldots + y_{t-n+1}}{n} \tag{9-1}$$

其中：$\hat{y}_{t+1}$ 表示第 $t+1$ 期的预测值；y_t, y_{t-1}, …, y_{t-n+1} 表示 n 个观测值；n 表示移动平均的项数，即移动期数。

在实际预测中，可以多取几个 n 数，并将得到的预测值和实际值进行比较，运用误差值小的 n 值。

二次移动平均法是指对时间序列计算一次移动平均数后，再对一次移动平均数序列进行一次移动平均运算的预测方法，预测模型为

$$\overline{y_{t+1}} = \frac{\overline{y_t} + \overline{y_{t-1}} + \ldots + \overline{y_{t-n+1}}}{n} \tag{9-2}$$

其中：$\overline{y_{t+1}}$ 表示二次移动的平均数；$\overline{y_t}, \overline{y_{t-1}}, \ldots, \overline{y_{t-n+1}}$ 表示各期的预测值。

二次移动平均法解决了一次移动平均法只能预测下一期情况的局限性，它可以进行近期和短期的预测。但它不能解决中长期的预测问题。

(2) 指数平滑法。

指数平滑法实际上也是一种加权平均法，它是一种改良的加权平均法，其预测模型为

$$\hat{y}_{t+1} = ay_t + (1-a)\hat{y}_t \tag{9-3}$$

其中：$\hat{y}_{t+1}$ 表示第 $t+1$ 期的预测值；y_t 表示 t 个观测值；$\hat{y}_t$ 表示第 t 期的预测值；a 为平滑系数，$0 \leq a \leq 1$。

在指数平滑法中，确定合适的 a 值和初始值是非常重要的。a 越大，t 期的实际值对新预测值的贡献就越大；a 越小，t 期的实际值对新预测值的贡献就越小。一般情况下，可以取几个不同的 a 值进行预测，比较它们的预测误差，选择预测误差最小的 a 值。

(3) 回归分析预测法。

回归分析预测法是通过研究两组或两组以上变量之间的关系，构建相应的回归预测模型，对变量进行预测的一种预测方法。回归分析预测法又可分为线性回归分析法和非线性回归分析法两种。

线性回归预测法是指一个或一个以上自变量和因变量之间具有线性关系(一个自变量时为一元线性回归，一个以上自变量时为多元线性回归)，配合线性回归模型，根据自变量的变动来预测因变量平均发展趋势的方法。一般采用最小二乘法来估计模型的回归系数。

回归系数的估计值：

$$\hat{b} = \frac{n\sum x_i y_i - \sum x_i \sum y_i}{n\sum x_i^2 - (\sum x_i)^2} \qquad \hat{a} = \frac{\sum y_i}{n} - \hat{b}\frac{\sum x_i}{n} \tag{9-4}$$

非线性回归预测法是指自变量与因变量之间的关系不是线性的，而是某种非线性关系时的回归预测法。非线性回归预测法的回归模型常见的有以下几种：双曲线模型、二次曲线模型、对数模型、三角函数模型、指数模型、幂函数模型、罗吉斯曲线模型、修正指数增长模型等。

【实训目标与要求】

熟练掌握使用 Excel 中的数据分析工具进行预测，特别是掌握移动平均法、指数平滑法和回归分析法。

【实训指导】

Excel 提供了一组名为"分析工具库"的数据分析工具,在建立复杂的统计或工程分析时可节省操作步骤。用户只需为每一个分析工具提供必要的数据和参数,该工具就会使用适当的统计或工程宏函数,在输出表格中显示相应的结果。其中有些工具在生成输出表格时还能同时生成图表。

若要使用这些工具,应单击【数据】菜单中的【数据分析】命令。如果【数据】菜单中没有显示【数据分析】命令,则需要安装"分析工具库"加载程序。因为这些数据分析工具相当于 Excel 的一些外挂函数,只有在安装了"分析工具库"之后才能使用。

加载分析工具库的具体方法是,在【文件】中选择【Excel 选项】,在【加载项】中选择【分析工具库】,然后再单击【转到】,弹出【加载宏】对话框,在该对话框中单击【分析工具库】左边的复选框,使其中出现√,如图 9-1 所示,单击【确定】按钮,系统中就会安装上数据分析库,并且在【数据】菜单中会出现【数据分析】命令,以便在需要时调用数据分析库中的分析工具。

Excel 的数据分析工具库所提供的数据分析工具包括方差分析、相关系数、协方差、描述统计、指数平滑、F 检验(双样本方差)、傅里叶分析、直方图、移动平均、随机数发生器、排位与百分比排位、回归分析、抽样分析、t-检验、z-检验。

下面结合实例说明利用数据分析工具库中的移动平均、指数平滑和回归分析三种数据分析工具进行财务预测的具体方法。

一、利用移动平均工具进行财务预测

移动平均分析工具可以基于特定的过去某段时间中变量的平均值对未来值进行预测。移动平均值提供了由所有历史数据的简单的平均值所代表的趋势信息。使用此工具可以预测销量、库存或其他趋势。

【例 9-1】远大公司 2023 年 12 个月的销售额如图 9-2 所示。要求利用移动平均工具按 3 期移动平均预测下个月的销售额。

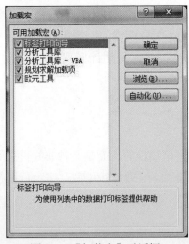

	A	B	C
1	已知数据		移动平均结果
2	月份	销售额	n=3
3	1	1600	
4	2	1650	
5	3	1550	
6	4	1700	
7	5	1750	
8	6	1760	
9	7	1790	
10	8	1820	
11	9	1850	
12	10	1900	
13	11	1930	
14	12	1980	

图 9-1 【加载宏】对话框　　　　图 9-2 原始数据

(1) 单击【数据】菜单中的【数据分析】命令，系统将弹出【数据分析】对话框，在该对话框【分析工具】列表框中单击"移动平均"选项，如图 9-3 所示。

(2) 单击【确定】按钮，系统将弹出【移动平均】对话框，在该对话框的【输入区域】框中输入$B$3:$B$14，在【间隔】中输入 3，在【输出区域】中输入$C$3，选中【图表输出】复选框，如图 9-4 所示。

图 9-3 【数据分析】对话框

图 9-4 【移动平均】对话框

(3) 单击【确定】按钮，运算结果将显示在单元格区域 C5:C14 中，如图 9-5 所示，并自动输出图表。

二、利用指数平滑工具进行财务预测

指数平滑分析工具基于前期预测值导出相应的新预测值，并修正前期预测值的误差。此工具将使用平滑系数 a，其大小决定了本次预测对前期预测误差的修正程度。

【例 9-2】远大公司的有关销售数据如图 9-6 所示，当阻尼系数为 0.4 时，利用指数平滑法进行预测分析。

(1) 单击【数据】菜单中的【数据分析】命令，系统会弹出【数据分析】对话框，在该对话框的【分析工具】框中选择"指数平滑项"。

(2) 单击【确定】按钮，弹出【指数平滑】对话框，在该对话框的【输入区域】框中输入$B$3:$B$14，在【阻尼系数】框中输入 0.4，在【输入区域】框中输入$C$3，如图 9-7 所示。需要注意的是，在【指数平滑】对话框中直接输入的是阻尼系数而不是平滑系数，二者之间的关系是：阻尼系数+平滑系数=1。

	A	B	C
1		已知数据	移动平均结果
2	月份	销售额	n=3
3	1	1600	#N/A
4	2	1650	#N/A
5	3	1550	1600.00
6	4	1700	1633.33
7	5	1750	1666.67
8	6	1760	1736.67
9	7	1790	1766.67
10	8	1820	1790.00
11	9	1850	1820.00
12	10	1900	1856.67
13	11	1930	1893.33
14	12	1980	1936.67

图 9-5 计算结果

	A	B	C
1		已知数据	计算结果
2	月份	销售额（万元）	阻尼系数0.4
3	1	1250	
4	2	1550	
5	3	1670	
6	4	1780	
7	5	1840	
8	6	1920	
9	7	2010	
10	8	2130	
11	9	2250	
12	10	2370	
13	11	2480	
14	12	2530	

图 9-6 原始数据

(3) 单击【确定】按钮，运算结果就显示在单元格区域 C4:C14 中，如图 9-8 所示。

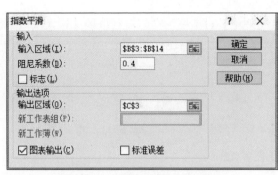

图 9-7 【指数平滑】对话框　　　　图 9-8 计算结果

三、利用回归工具进行财务预测

利用 Excel 的回归工具可以对一元线性或多元线性以及某些可以转化为线性的非线性问题进行回归分析，从而进行财务预测。

【例 9-3】 远大公司连续 10 年的产品销量收入 Y(万元)与广告支出 X_1(万元)和居民平均收入 X_2(万元)的有关数据如图 9-9 所示，试通过进行回归分析建立预测方程模型。

(1) 单击【数据】菜单中的【数据分析】命令，系统将弹出【数据分析】对话框，在该对话框的【分析工具】框中单击"回归"选项。

(2) 单击【确定】按钮，弹出【回归】对话框。在该对话框的【Y 值输入区域】中输入 $B$1:$B$11，在【X 值输入区域】中输入 $C$1:$D$11，在【输出选项】中选中【输出区域】，并在右边的编辑框中输入 $A$13，根据实际需要选择其他选项，如图 9-10 所示。

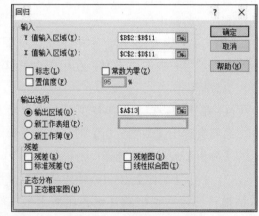

图 9-9 已知数据　　　　图 9-10 【回归】对话框

(3) 单击【确定】按钮，则回归分析的摘要就输出在当前工作表上，如图 9-11 所示。

从图 9-11 中的数据可以看出，R 平方值为 0.9886，并且在 95%置信度水平下 F 统计量值大于检验标准，说明因变量与自变量之间相关性很高，从而得到回归方程为 $Y=1395.97+9.056X_1+0.349X_2$，利用该方程即可在预计未来的广告支出和居民平均收入的基础上预测未来的销售收入。

	A	B	C	D	E	F	G	H	I
13	SUMMARY OUTPUT								
14									
15		回归统计							
16	Multiple	0.994273206							
17	R Square	0.988579208							
18	Adjusted	0.985316124							
19	标准误差	159.2760458							
20	观测值	10							
21									
22	方差分析								
23		df	SS	MS	F	gnificance F			
24	回归分析	2	15371427.99	7685713.994	302.9586	1.59E-07			
25	残差	7	177582.0114	25368.85877					
26	总计	9	15549010						
27									
28		Coefficients	标准误差	t Stat	P-value	Lower 95%	Upper 95%	下限 95.0%	上限 95.0%
29	Intercept	1395.965415	585.9868813	2.382246873	0.048721	10.32663	2781.604	10.32663	2781.604
30	X Variabl	9.056201813	1.102635881	8.213229744	7.7E-05	6.448882	11.66352	6.448882	11.66352
31	X Variabl	0.34909863	0.227391597	1.535231002	0.168603	-0.1886	0.886794	-0.1886	0.886794

图 9-11　回归结果

四、利用绘图工具进行财务预测

利用 Excel 的绘图工具也能解决一元线性或非线性回归问题。

【例 9-4】远大公司连续 10 年的产品销售收入 Y(万元)与广告支出 X(万元)的有关数据如图 9-12 所示。试利用绘图工具进行回归分析建立预测方程模型。

(1) 选择单元格区域 B2:C11。

(2) 单击【插入】，并将鼠标移到【图表】功能区，图表类型选择【XY(散点图)】，如图 9-13 所示。

	A	B	C
1	年份	产品销售收入Y（万元）	广告支出X（万元）
2	2013	3100	90
3	2014	3630	130
4	2015	4050	155
5	2016	4550	210
6	2017	3950	145
7	2018	4730	230
8	2019	5220	290
9	2020	5940	355
10	2021	6450	415
11	2022	7210	435

图 9-12　已知数据

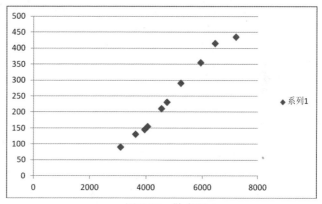

图 9-13　散点图

(3) 将鼠标对准图表的系列数据中任何一点右击，各数据点会出现记号，同时弹出快捷菜单。单击【添加趋势线】命令，弹出【设置趋势线格式】对话框，在该对话框的【趋势线选项】选项卡中，【趋势预测/回归分析类型】区域中有【指数】【线性】【对数】【多项式】【幂】和【移动平均】6 个选项。通过观察如图 9-13 所示的 XY 散点图可以看出，产品销售收入与广告支出之间呈明显的线性关系，故这里选择【线性】，并勾选【显示公式】和【显示 R 平方值】复选框，如图 9-14 所示。

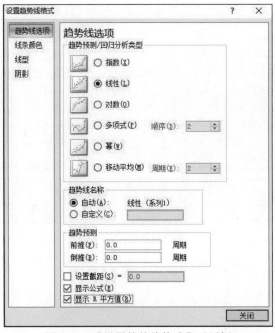

图 9-14 【设置趋势线格式】对话框

(4) 单击【确定】按钮,图形上会显示出较粗的预测线、回归方程和 R 平方值,然后进行必要的调整,最终得到的图表如图 9-15 所示。

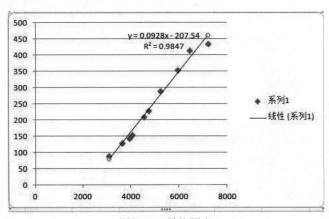

图 9-15 最终图表

从图 9-15 可以看出,所得到的预测模型为 $Y=0.0928X-207.54$,并且判定系数为 0.9847。这表明销售收入与广告支出之间具有显著的线性关系。

实训二 Excel 中的预测函数

【知识准备】

Excel 中的相关预测函数。

项目九 财务预测实训

【实训目标与要求】

熟练掌握运用 Excel 中的预测函数,并利用预测函数进行财务预测。

【实训指导】

Excel 中的预测函数主要有 LINEST 函数、LOGEST 函数、TREND 函数、GROWTH 函数、SLOPE 函数和 INTERCEPT 函数。

一、LINEST 函数

LINEST 函数的功能是采用最小二乘法计算对已知数据进行最佳线性拟合的直线方程,并返回描述此线性模型的数组。因为此函数的返回数值为数组,必须以数组公式的形式输入。

在进行多元线性回归分析的情况下,直线的方程为

$$y = m_1 x_1 + m_2 x_2 + \cdots + b \tag{9-5}$$

在上式中,因变量 y 是自变量 x 的函数值。m 值是与每个 x 值相对应的系数,b 为常量。注意 y、x 和 m 可以是向量。LINEST 函数返回的数组为 $\{m_n, m_{n-1}, \cdots, m_1, b\}$。LINEST 函数还可返回附加回归统计值。其语法为 LINEST(known_y's,known_x's,const,stats),其中:

- known_y's 为关系表达式 $y=mx+b$ 中已知的 y 值集合。如果数组 known_y's 在单独一列中,则 known_y's 的每一列被视为一个独立的变量。如果数组 known_y's 在单独一行中,则 known_y's 的每一行被视为一个独立的变量。
- known_x's 为关系表达式 $y=mx+b$ 中已知的可选 x 值集合。数组 known_x's 可以包含一组或者多组变量。如果只用到一个变量,则只要 known_y's 和 known_x's 的位数相同,它们可以是任何形状的区域。如果用到多个变量,则 known_y's 必须为向量(即必须为一行或者一列)。如果省略 known_x's,则假设该数组为 {1,2,3,...},其大小与 known_y's 相同。
- const 指明是否使常数 b 为 0(线性模型)或为 1(指数模型),如果 const 为 TRUE 或忽略,b 将被正常计算。如果 const 为 FALSE,b 将被设为 0(线性模型)或设为 1(指数模型)。
- stats 为逻辑值,指明是否返回附加回归统计值。如果 stats 为 TRUE,则函数返回附加回归统计值(为数组)。如果 stats 为 FALSE 或省略,函数只返回预测模型的待估参数。

附加回归统计值返回的顺序见表 9-1。

表 9-1 附加回归统计值返回的顺序

列号	行号					
	1	2	3	4	5	6
1	m_n	m_{n-1}	...	m_2	m_1	b
2	SE_n	SE_{n-1}	...	SE_2	SE_1	SE_b
3	r^2	SE_y				
4	F	Df				
5	SS_{reg}	SS_{resid}				

表 9-1 中各参数说明见表 9-2。

表 9-2　附加回归统计值的参数说明

参数	说明
$SE_1, SE_2, \cdots SE_n$	系数 m_1, m_2, m_n 的标准误差值
SE_b	常数项 b 的标准差(当 CONST 为 FALSE 时，SE_b=#N/A)
r^2	项关系数，范围在 0 到 1 之间
SE_y	y 估计值的标准误差
F	F 统计值
D_f	自由度。用在统计上查找 F 临界值
SS_{reg}	回归平方和
SS_{resid}	残差平方和

【例 9-5】 远大公司 1—10 月份的总成本与机器工时和人工小时的有关数据如图 9-16 所示。要求通过线性回归分析建立预测方程。

	A	B	C	D
1	月份	总成本Y（元）	机器工时X1（小时）	人工工时X2（小时）
2	1	10000	1010	510
3	2	11200	1285	560
4	3	12300	1453	630
5	4	13600	1805	710
6	5	15200	2010	760
7	6	15900	2360	790
8	7	16700	2510	810
9	8	18100	2810	930
10	9	19200	3010	1010
11	10	20100	2320	1200

图 9-16　已知数据

具体的操作方法是：如果希望获得全部的附加回归统计值，则可选取单元格区域 B14:D18，输入数组公式"=LINEST(B2:B11,C2:D11,TRUE,TRUE)"；如果只希望获得参数 b 和 m 的数值，则可选取单元格区域 B20:D20，输入数组公式"=LINEST(B2:B11,C2:D11,TRUE,FALSE)"。最终的预测方程为 $Y=2720.502+2.076X_1+10.414X_2$。

其他附加的回归统计值如图 9-17 所示。

	A	B	C	D
13		多元线性回归：Y=b+m1x1+m2x2		
14	返回全部统计值的情况	10.41419354	2.076445311	2720.501968
15		0.69017077	0.219425493	330.3397359
16		0.995631575	256.1773859	#N/A
17		797.7040431	7	#N/A
18		104701612	459387.9713	#N/A
19		仅返回参数b和m的情况		
20		10.41419354	2.076445311	2720.501968

图 9-17　最终结果

如果要得到数组中的值，则可以利用 INDEX 函数提取。例如，可直接利用下面的公式从上述的两位数组中提取斜率、y 轴的截距值及判断系数。

斜率是数组中第一行第一列的数值，所以提取斜率的公式为

INDEX(LINEST(known_y's,known_x's), 1,1)

或

INDEX(LINEST(known_y's,known_x's), 1)

截距是数组中第一行第二列的数值，所以提取截距的公式为

INDEX(LINEST(known_y's,known_x's), 1,2)

或

INDEX(LINEST(known_y's,known_x's), 2)

判断系数是数组中第三行第一列的数值，所以提取判断系数的公式为

INDEX(LINEST(known_y's, known_x's, true, true), 3,1)

二、LOGEST 函数

LOGEST 函数的功能是在回归分析中，计算最符合数据组的指数回归拟合曲线，并返回描述该指数模型的数组。由于这个函数返回一个数组，在使用时，必须以数组公式输入。

LOGEST 函数的语法为 LOGEST(known_y's,known_x's,const,stats)。

各参数的含义及有关说明请参见 LINEST 函数。与 LINEST 函数类似的是，当仅有一个自变量 x 时，可直接用下面的公式计算出斜率(m)和 y 轴截距(b)的值。

斜率(m)=INDEX(LOGEST(known_y's,known_x's),1,1)

y 轴截距(b)=INDEX(LOGEST(known_y's,known_x's),1,2)

【例 9-6】远大公司某产品 12 个月的生产量(X)与生产成本(Y)的有关资料如图 9-18 所示。试利用指数回归分析方法建立预测方程。

	A	B	C
1		生产函数模型	
2	月份	生产量（万件）X	生产成本（元/件）
3	1	10.2	564.3
4	2	10.34	536.8
5	3	10.55	518.3
6	4	10.92	487.6
7	5	11.15	473.5
8	6	11.43	456.1
9	7	11.54	446.4
10	8	12.06	421.7
11	9	12.45	401.7
12	10	12.93	389.6
13	11	13.34	391.2
14	12	13.25	378.2

图 9-18 已知数据

(1) 构建指数回归预测模型，并输入相关数据。

(2) 选取单元格区域 E3:F7，输入数组公式"=LOGEST(D3:D14,C3:C14,TRUE,TRUE)"，计算参数，计算结果如图 9-19 所示。

	B	C	D	E	F
1		生产函数模型			
2	月份	生产量(万件)x	生产成本(元/件)	函数计算结果	
3	1	10.2	564.3	0.888733281	1791.26254
4	2	10.34	536.8	0.007716652	0.090507501
5	3	10.55	518.3	0.958960417	0.028586838
6	4	10.92	487.6	233.6671912	10
7	5	11.15	473.5	0.190954542	0.008172073
8	6	11.43	456.1		
9	7	11.54	446.4	参数m=0.8887，参数b=1891.7729，生产成本与生产量的回归曲线为 $Y=1791.7729\times 0.8887^x$ 相关系数为 $R^2=0.95885$	
10	8	12.06	421.7		
11	9	12.45	401.7		
12	10	12.93	389.6		
13	11	13.34	391.2		
14	12	13.25	378.2		

图 9-19　指数回归预测分析

三、TREND 函数

TREND 函数的功能是返回一条线性回归拟合线的一组纵坐标值(y 值)，即找到适合给定的数组 known_y's 和 known_x's 的直线(用最小二乘法)，并返回指定数组 new_x's 值在直线上对应的 y 值。

TREND 函数的语法为 TREND(known_y's,known_x's,new_x's,const)，其中：

- known_y's 为关系表达式 $y=mx+b$ 中已知的 y 值集合。
- known_x's 为关系表达式 $y=mx+b$ 中已知的可选 x 值集合。如果省略 known_x's，则假设该数组为{1,2,3,…}，其大小与 known_y's 相同。
- new_x's 需要函数 TREND 返回对应 y 的新 x 值。new_x's 和 known_x's 一样，每个独立变量必须为单独的一行(或一列)。因此，如果 known_y's 是单列，new_x's 和 known_x's 应该有同样的列数。如果 known_x's 是单行的，new_x's 和 known_x's 应该有同样的行数。如果省略 new_x's，将假设它和 known_x's 一样。如果 known_x's 和 new_x's 都省略，将假设它们为数组{1,2,3,…}，其大小与 known_y's 相同。
- const 为一逻辑值，用于指定是否将常量 b 强制设为 0，如果 const 为 TRUE 或省略，b 将按正常计算。如果 const 为 FALSE，b 将被设为 0，m 将被调整以使 $y=mx$。

【例 9-7】远大公司过去 12 个月的销售量数据如图 9-20 所示。试用 TREND 函数预测未来三个月的销售量。

(1) 构建预测模型，并输入相关数据。

(2) 选取单元格区域 E2:E4，输入数组公式"=TREND(B2:B13,A2:A13,D2:D4)"，得到的预测结果如图 9-20 所示。

E2　　{=TREND(B2:B13,A2:A13,D2:D4)}

	A	B	C	D	E
1	月份	销售量（件）		月份	预测销售量（件）
2	1	3000		13	7082
3	2	3600		14	7413
4	3	3750		15	7743
5	4	4100			
6	5	4500			
7	6	4870			
8	7	5000			
9	8	5300			
10	9	5700			
11	10	6200			
12	11	6500			
13	12	6700			

图 9-20　利用 TREND 函数进行预测

四、GROWTH 函数

GROWTH 函数的功能是根据现有的数据预测指数增长值。根据现有的 x 值和 y 值，GROWTH 函数返回一组新的 x 值对应的 y 值。可以使用 GROWTH 工作表函数来拟合满足现有的 x 值和 y 值，从而得到指数曲线。

GROWTH 函数的语法为 GROWTH(known_y's,known_x's,new_x's,const)。

其中各参数的含义同 TREND 函数。但需注意，如果 known_y's 中的任何数为零或为负，函数 GROWTH 将返回错误值#NUM!。

【例 9-8】远大公司过去 12 个月的销售量数据如图 9-21 所示。试利用 GROWTH 函数预测未来三个月的销售量。

(1) 构建预测模型，并输入相关数据。

(2) 选取单元格区域 E2:E4，然后输入数组公式“=GROWTH(B2:B13,A2:A13,D2:D4)”，所得到的预测结果如图 9-21 所示。

E2　　{=GROWTH(B2:B13,A2:A13,D2:D4)}

	A	B	C	D	E	F
1	月份	销售量（件）		月份	预测销售量（件）	
2	1	3000		13	7530	
3	2	3600		14	8071	
4	3	3750		15	8651	
5	4	4100				
6	5	4500				
7	6	4870				
8	7	5000				
9	8	5300				
10	9	5700				
11	10	6200				
12	11	6500				
13	12	6700				

图 9-21　利用 GROWTH 函数进行预测

五、FORECAST 函数

FORECAST 函数的功能是根据已有的数值计算或预测未来值。此预测值为基于给定的 x 值推导出的 y 值，已知的数值为已有的 x 值和 y 值，再利用线性回归对新值进行预测。可以使用该函数对未来销售额、库存需求或消费趋势进行预测。

FORECAST 函数的计算公式为

$$a+bx$$

其中：$a = \overline{Y} - b\overline{X}$；$b = \left[n\sum xy - \left(\sum x\right)\left(\sum y\right)\right] / \left[n\sum x^2 - \left(\sum x\right)^2\right]$，且其中 x 和 y 为样本平均数 AVERAGE(known_x's)和 AVERAGE(known_y's)。

FORECAST 函数的语法为 FORECAST(x,known_y's, known_x's)，其中：
- x 为需要进行预测的数据点。
- known_y's 为因变量数组或数据区域。
- known_x's 为自变量数组或数据区域。

需要说明的是，如果 x 为非数值型，函数 FORECAST 返回错误值#VALUE！。如果 known_y's 和 known_x's 为空或含有不同数目的数据点，函数 FORECAST 返回错误值#N/A。如果 known_x's 的方差为 0，函数 FORECAST 返回错误值#DVI/0!。

【例 9-9】远大公司过去 5 个月的销售量与销售成本以及第 6 个月的预测销售量数据如图 9-22 所示。试利用函数 FORECAST 函数预测下个月的销售成本。

（1）构建预测模型，并输入相关数据。

（2）选取单元格 C7，输入公式"=FORECAST(B7,C2:C6,B2:B6)"，即可得到预测结果为 106.07 万元，如图 9-22 所示。

	A	B	C	D	E
1	月份	销售量（件）	销售成本（万元）		
2	1	200	60		
3	2	280	70		
4	3	310	90		
5	4	380	150		
6	5	400	210		
7	6	300	106.07		

图 9-22　利用 FORECAST 函数进行预测

六、SLOPE 函数

SLOPE 函数的功能是返回根据 known_y's 和 known_x's 中的数据点拟合的线性回归直线的斜率。斜率为直线上任意两点的垂直距离与水平距离的比值，也就是回归直线的变化率。

SLOPE 函数的语法为 SLOPE(known_y's,known_x's)，其中：
- known_y's 为数字型因变量数据点数组或单元格区域。
- known_x's 为自变量数据点集合。

需要说明的是，参数可以是数字，或者是涉及数字的名称、数组或引用。如果数组或引用参数包含文本、逻辑值或空白单元格，这些值将被省略。但包含零值的单元格将计算在内。如果 known_y's 和 known_x's 为空或其数据点数目不同，函数 SLOPE 返回错误值#N/A。

七、INTERCEPT 函数

INTERCEPT 函数的功能是利用已知的 x 值与 y 值计算直线与 y 轴的截距。截距为穿过数据点的线性回归线与 y 轴的交点。

INTERCEPT 函数的语法为 INTERCEPT(known_y's,known_x's)，其中参数的有关说明与

前述的 SLOPE 函数相同。

【例 9-10】以例 9-9 所示的数据为例，根据已知条件，运用 SLOP 函数和 INTERCEPT 函数预测第 6 个月的销售成本。

(1) 构建预测模型，并输入相关数据。

(2) 选取单元格 B10，输入公式"=SLOPE(C2:C6,B2:B6)"，得到回归直线的斜率；选取单元格 B11，输入公式"=INTERCEPT(C2:C6,B2:B6)"，得到回归直线的截距，这样可以得到预测的直线方程为 $y=-106.66+0.71x$。

(3) 选取单元格 B12，输入公式"=B11+B10*B7"，得到预测结果为 106.07 万元，这与利用 FORECAST 函数进行预测的结果是相同的，如图 9-23 所示。

	A	B	C
1	月份	销售量（件）	销售成本（万元）
2	1	200	60
3	2	280	70
4	3	310	90
5	4	380	150
6	5	400	210
7	6	300	106.07
8	利用FORECAST函数进行预测的结果		
9	y=b+mx		
10	m	0.71	
11	b	-106.66	
12	6月份销售成本	106.07	

图 9-23 利用 SLOP 函数和 INTERCEPT 函数进行预测

实训三 基于 Excel 的财务预测

【知识准备】

Excel 中的相关预测函数。Excel 提供的预测函数主要有 LINEST 函数、LOGEST 函数、TREND 函数、GROWTH 函数、SLOPE 函数和 INTERCEPT 函数。

【实训目标与要求】

熟练掌握使用 Excel 进行销售预测、成本预测、利润预测及资金需要量的预测。

【实训指导】

财务预测是指对企业未来收入、成本、利润、现金流量及融资需求等财务指标所做的估计和推测。财务预测是编制投资和融资计划的基础，是公司制定成长战略的基本要素。称职的财务管理人员应该能够充分利用公司的有关信息资料，预测公司的财务需要并做出相应的安排。公司成长主要由销售增长来决定，销售增长需要相应的资产增长，如果企业已经是满负荷运转，不仅流动资产，包括固定资产都要增长，而资产增长需要相应的融资增长。同时，企业进行对外投资和调整资本结构也需要筹措资金。企业需要的这些资金，一部分来自于企业内部，一部分通过外部融资取得。由于对外融资时企业不但需要寻找资金提供者，而且还需做出还本付息的承诺或提供企业盈利前景等信息，使资金提供者确信其投资是安全并可获利的,这个过程往往需要花费较长的时间。因此,企业需要预先知道自身的财务需求,确定资金的需要量,提前安排融资计划,以免影响资金周转。

财务预测有助于改善企业的投资决策。虽然投资是决定筹资与否和筹资多少的重要因素,但是根据销售前景估计出的融资需求并不一定能够得到全部满足。这时,就需要根据可能筹措到的资金来安排销售增长以及有关的投资项目,使投资决策建立在可行的基础上。

财务预测的一般步骤如下。

(1) 销售预测。销售预测是指根据市场调查所得到的有关资料,通过对有关因素的分析研究,预计和测算特定产品在未来一定时期内的市场销售量水平及变化趋势,进而预测企业产品未来销售量的过程。企业的一切财务需求都可以看作是因销售引起的,销售量的增减变化将会引起库存量、现金流、应收与应付账款以及公司的其他资产与负债的变化。因此销售预测在企业预测系统中处于先导地位,它在指导利润、成本和资金预测,制定长短期决策,安排生产经营计划,以及组织生产等方面发挥着重要作用。

(2) 估计收入、费用和利润。收入和费用与销售量之间也存在一定的函数关系,因此,可以根据销售数据估计收入和费用,并确定净利润。净利润和股利支付率共同决定了内部留存收益所能提供的资金数额。

(3) 估计需要的资产。资产通常是销售收入的函数,根据历史数据可以分析二者之间的函数关系。根据预计销售收入和资产与销售之间的函数关系,可以预测所需资产的总量。某些流动负债也是销售收入的函数,相应地,也可以预测负债的自发增长额,这种增长可以减少企业外部融资的数额。

(4) 估计所需融资。根据预计资产总量,减去已有的资金来源、负债的自发增长额和内部提供的留存收益,可得出所需的外部融资数额。

下面的实训主要是利用 Excel 进行销售预测、成本预测、利润预测及资金需要量的预测。

一、销售预测

销售预测的准确程度对企业兴衰成败有很重要的影响。如果销售预测比较准确,会使企业在有计划的财务安排下顺利运作;如果销售预测与实际情况偏离很远,则会使企业遇到麻烦,甚至陷入困境。因此,销售预测是企业进行财务预测的首要环节,是企业制定财务计划的基础。

销售预测应基于市场需求的变化,结合企业的利润目标和市场份额目标,同时充分考虑企业内外部的各种限制条件。一般情况下,可首先分别对未来各期的销售量和销售价格进行预测,在此基础上,根据预测的产品销售价格乘以预测的销售量得出预测的销售额,也可以直接根据销售额的有关历史资料,采用适当的方法进行预测。

进行销售预测的方法很多,常用的方法有两种:①时间序列预测法,是将观察或记录的一些历史数据,按时间的先后排列成数据系列进行统计分析,找出过去长期的销售量或销售额的增减变化趋势,根据此变化趋势分析的结果,预测未来时期的销售量或销售额,如简单平均法、移动平均法、指数平滑法,或以时间为自变量的回归分析法等。②因果关系预测法,是指利用有关因素与产品销售量或销售额之间固有的因果关系,通过建立一定的数学模型预测企业未来的产品销售水平的一种方法。下面举例说明利用 Excel 建立销售预测模型。

1. 一元线性(非线性)回归预测模型

【例 9-11】根据图 9-24 所给出的资料建立一元线性(非线性)回归预测模型,并计算未来第 1~4 期的预测值。

	A	B	C	D	E	F	G	H	I	J	K	L	M
1						产品销售资料区							
2	时间	2011	2012	2013	2014	2015	2016	2017	2018	2019	2020	2021	2022
3	影响因素	1	2	3	4	5	6	7	8	9	10	11	12
4	销售量(万件)	44.2	42.9	46.9	52.1	55.8	57.2	63.7	70.7	85.3	92.5	99.2	101.5

图 9-24 销售数据

(1) 将销售数据输入到 Excel 工作表中,建立销售预测模型。

(2) 设置回归模型选择控件,选择【组合框】,控件的数据区域为$A$7:$A$8,单元格连接为$B$7,下拉显示项为2。

(3) 在单元格 C7 中输入公式 "=IF($B$7=1,"Y=A+B*X","Y=A*B^X")"。

(4) 将单元格区域 B3:M3 定义为"影响因素序列",将单元格区域 B4:M4 定义为"销售序列"。

(5) 在单元格 E8 中输入公式 "=IF($B$7=1,INDEX(LINEST(销售序列,影响因素序列,TRUE,TRUE),1,2),INDEX(LOGEST(销售序列,影响因素序列,TRUE,TRUE),1,2))",计算系数 A。

(6) 在单元格 F8 中输入公式 "=IF($B$7=1,INDEX(LINEST(销售序列,影响因素序列,TRUE,TRUE),1,1),INDEX(LOGEST(销售序列,影响因素序列,TRUE,TRUE),1,1))",计算系数 B。

(7) 在单元格 G8 中输入公式 "=IF($B$7=1,INDEX(LINEST(销售序列,影响因素序列,TRUE,TRUE),3,1),INDEX(LOGEST(销售序列,影响因素序列,TRUE,TRUE),3,1))",计算相关系数 R^2。

(8) 在单元格区域 J8:M8 中输入数组公式 "=IF($B$7=1,E8+F8*J7:M7,E8*F8^J7:M7)",计算未来第 1~4 期的预测值。

最终计算结果如图 9-25 所示。

	A	B	C	D	E	F	G	H	I	J	K	L	M
1						产品销售资料区							
2	时间	2011	2012	2013	2014	2015	2016	2017	2018	2019	2020	2021	2022
3	影响因素	1	2	3	4	5	6	7	8	9	10	11	12
4	销售量(万件)	44.2	42.9	46.9	52.1	55.8	57.2	63.7	70.7	85.3	92.5	99.2	101.5
5			回归分析区						预测区				
6	回归模型选择		方程表达式		系数计算结果			未来期数		第1期	第2期	第3期	第4期
7	一元线性模型	一元线性模型▼	Y=A+B*X		A	B	R^2	影响因素		13	14	15	16
8	一元指数模型				29.63485	5.851049	0.945159	销售量预测值		105.7	111.5	117.4	123.3

图 9-25 一元线性(非线性)回归预测模型

2. 多元线性回归预测模型

【例 9-12】根据图 9-26 中所给的资料建立多元线性回归预测模型。

	A	B	C	D	E	F	G	H	I	J	K	L	M
1						产品销售资料区							
2	时间	1	2	3	4	5	6	7	8	9	10	11	12
3	影响因素1	253	257	275	290	295	296	311	318	327	341	356	372
4	影响因素2	160	162	166	169	172	175	178	181	184	187	191	196
5	销售额(万元)	235	238	256	263	271	289	298	304	318	321	327	332

图 9-26 已知数据

(1) 建立销售预测模型。

(2) 选取单元格区域 B3:M4，单击编辑栏中的名称框，将影响因素所在的单元格区域 B3:M4 定义为"影响因素序列"；用同样的方法，将销售额所在的单元格区域 B5:M5 定义为"销售序列"。

(3) 在单元格 D9 中输入公式"=INDEX(LINEST(销售序列,影响因素序列,TRUE,TRUE),1,3)"，计算系数 A。

(4) 在单元格 E9 中输入公式"=INDEX(LINEST(销售序列,影响因素序列,TRUE,TRUE),1,2)"，计算系数 B。

(5) 在单元格 F9 中输入公式"=INDEX(LINEST(销售序列,影响因素序列,TRUE,TRUE),1,1)"，计算系数 C。

(6) 在单元格 G9 中输入公式"=INDEX(LINEST(销售序列,影响因素序列,TRUE,TRUE),3,1)"，计算相关系数 R^2。

(7) 在单元格区域 J9:M9 中输入数组公式"=D9+E9*J7:M7+F9*J8:M8"，按数组生成键，计算未来 1~4 期的预测值。

在单元格区域 J7:M7 中输入未来 4 期的影响因素预测数值后，即可得到回归预测模型的预测值，如图 9-27 所示。

	A	B	C	D	E	F	G	H	I	J	K	L	M
1						产品销售资料区							
2	时间	1	2	3	4	5	6	7	8	9	10	11	12
3	影响因素1	253	257	275	290	295	296	311	318	327	341	356	372
4	影响因素2	160	162	166	169	172	175	178	181	184	187	191	196
5	销售额(万元)	235	238	256	263	271	289	298	304	318	321	327	332
6			回归分析区					未来预测值		第1期	第2期	第3期	第4期
7		回归模型方程表达式				系数计算结果		影响因素预测值1		379	386	391	397
8		Y=A+BX₁+CX₂			A	B	C	R^2	影响因素预测值2	200	204	209	213
9					-455	-0.84	5.657	0.977	销售额预测值	359.4	376.2	400.3	417.9

图 9-27　多元线性(非线性)回归预测模型

二、成本预测

成本是指企业为生产和销售产品所花费的全部费用。成本预测是根据企业未来的发展目标和现实条件，参考其他资料，利用专门的方法对企业未来成本水平变动趋势进行估算和预测。成本预测为成本决策和实施成本控制提供有用的信息。成本预测的方法主要有以下四种。

(1) 历史成本法。历史成本法主要是根据成本的历史资料来预测未来的成本水平，常用的方法有高低点法和回归分析法。

(2) 目标利润推算法。目标利润推算法主要是根据有关的经济预测(销售量、销售价格)和企业的目标利润等数据来反算成本的一种方法。

(3) 因素分析法。因素分析法是根据预测影响成本的各种因素的变化来预测未来成本，它需要企业拥有较为详细的资料。

(4) 比例推算法。比例推算法是利用企业的生产消耗与企业的有关重要经营成果指标之间的依存关系，按被确认的报告年度成本与这些指标的比例关系推算预测期的成本水平。这种方法只是一种大概的推算方法。

上述的成本预测方法中，回归分析法较为科学也比较常用。下面介绍在 Excel 中利用回归分析法进行成本预测的具体方法。

利用回归分析法进行成本预测首先需要建立回归分析模型。

成本预测模型的数学表达式如下。

一元一次模型(线性模型)：

$$销售成本=固定成本+单位变动成本×销售量$$

一元二次模型(非线性)：

$$销售成本=固定成本+单位变动成本×销售量+混合成本×销售量平方$$

【例 9-13】根据图 9-28 中的已知数据建立一个可以选择一元一次或一元二次回归分析方法的成本预测模型。

销售成本资料区												
时间	1	2	3	4	5	6	7	8	9	10	11	12
销售量(件)	46.32	55.34	52.38	57.15	55.47	54.64	63.72	70.07	99.62	103.3	115.35	120.5
销售量的平方	2146	3063	2744	3266	3077	2986	4060	4910	9924	10677	13306	14508
销售成本(元)	15946	16430	26512	17465	16983	17427	19632	23074	33653	34616	35141	38427

图 9-28 已知数据

(1) 设计建立成本预测模型的表格结构，如图 9-29 所示，这里假设已有过去 12 期的历史数据。

(2) 按照前面介绍的方法和步骤在单元格 B8 的位置建立一个可以选择线性或非线性回归分析方法的组合框控件，该控件的数据源区域设置为$A$8:$A$9，单元格链接设置为$B$8，下拉显示项数设置为 2。

(3) 在单元格区域 B4:M4 中输入销售量平方的计算的数组公式"=B3:M3^2"(数据公式输入)，在准备进行一元二次线性回归分析时使用。

(4) 在单元格 E9 中输入公式"=IF(B8=1,INDEX(LINEST(B5:M5,B3:M3,TRUE,TRUE),1,2), INDEX(LINEST(B5:M5,B3:M4,TRUE,TRUE)1,3))"，计算系数 A。

(5) 在单元格 F9 中输入公式"=IF(B8=1,INDEX(LINEST(B5:M5,B3:M3,TRUE,TRUE),1,1), INDEX(LINEST(B5:M5,B3:M4,TRUE,TRUE)1,2))"，计算系数 B。

(6) 在单元格 G9 中输入公式"=IF(B8=1,0,INDEX(LINEST(B5:M5,B3:M4,TRUE,TRUE),1,1))"，计算系数 C。

(7) 在单元格 H9 中输入公式"=IF(B8=1,INDEX(LINEST(B5:M5,B3:M3,TRUE,TRUE),3,1), INDEX(LINEST(B5:M5,B3:M4,TRUE,TRUE),3,1))"，计算判定系数 R^2。

(8) 在单元格区域 K9:M9 中输入数组公式"=E9+F9*K8:M8+G9*K8:M8^2"，计算未来第 1~3 期的预测值。

这样，一个可以选择一元一次或者一元二次回归分析方法的成本预测模型就建立起来了，如图 9-29 所示。在实际预算中可以先对销售量及销售成本的历史数据做出散点图，根据其趋势选择一元一次或者一元二次预测模型。

	A	B	C	D	E	F	G	H	I	J	K	L	M
1					销售成本资料区								
2	时间	1	2	3	4	5	6	7	8	9	10	11	12
3	销售量(件)	46.32	55.34	52.38	57.15	55.47	54.64	63.72	70.07	99.62	103.3	115.35	120.5
4	销售量的平方	2146	3063	2744	3266	3077	2986	4060	4910	9924	10677	13306	14508
5	销售成本(元)	15946	16430	26512	17465	16983	17427	19632	23074	33653	34616	35141	38427
6					回归分析区						预测区		
7	回归模型选择		方程表达式		系数计算结果				未来期数		第1期	第2期	第3期
8	一元一次模型	一元二次模型▼			Y=A+BX				销售量预测值		120	130	140
9	一元二次模型				Y=A+BX+CX²	4711.1	235.9	0.37	0.8804	销售成本预测值	38403	41697	45066

图 9-29 销售成本预测模型

三、利润预测

利润预测是指在销售预测的基础上，根据企业未来发展和其他相关资料，预计、推测或估算未来应该达到和希望实现的利润水平及其变动趋势的过程。一般可在对成本、业务量、利润之间的关系进行研究的基础上做出利润预测，这种预测方法称为本量利分析法。

敏感性分析是一种定量分析方法，它研究当制约利润的有关因素发生某种变化时对利润所产生的影响，这对于利润预测分析，特别是对目标利润预测有着十分积极的指导意义。

在企业只生产单品种产品，且产销平衡的条件下，本量力之间的基本关系为

利润=销售量×(单价-单位变动成本)-固定成本

在进行敏感性分析时，假定条件如下：利润只受销售量、产品单价、单位变动成本和固定成本影响，且上述各因素变动均不会影响其他因素的变动。

【例 9-14】 假设天鸿公司某产品的销售量为 5000 单位，单价为 40 元/单位，单位变动成本为 20 元/单位，固定成本为 60 000 元，建立确定性条件下单品种利润敏感性分析模型(变动幅度为±50%)。

(1) 设计利润敏感性分析模型，如图 9-30 所示。

	A	B	C	D	E	F
1	利润敏感性分析模型					
2	基本数据					
3	项目	数值	变化后数值	变动百分比	64	
4	销售量(单位)	5000	5050.00	1.00%	‹	›
5	产品单价(元/单位)	40	40.40	1.00%	‹	›
6	单位变动成本(元/单位)	20	19.80	-1.00%	‹	›
7	固定成本(元)	60000	59400.00	-1.00%	‹	›
8	多因素变动对利润的综合影响（万元）					
9	预计利润	变动后利润	利润变动额	变动幅度		
10	40000.00	44630.00	4630.00	11.58%		
11	单因素变动对利润的影响（万元）					
12	项目	变动前利润	因素变动百分	变动后利润	利润变动额	变动幅度
13	销售量(单位)	40000.00	1.00%	41000.00	1000.00	2.50%
14	产品单价(元/单位)	40000.00	1.00%	42000.00	2000.00	5.00%
15	单位变动成本(元/单位)	40000.00	-1.00%	41000.00	1000.00	2.50%
16	固定成本(元)	40000.00	-1.00%	40600.00	600.00	1.50%

图 9-30 敏感性分析模型结果

(2) 设计销售量的滚动条控件。在【控件】工具栏上单击【滚动条】按钮，然后在工作表的合适位置(这里为 E4-F4 单元格)拖曳出一个矩形的滚动条控件，并调整其大小。

(3) 将鼠标移到新建立的滚动条控件上并右击，在系统弹出的快捷菜单中选择【设置控件格式】命令，弹出【设置控件格式】对话框，单击打开该对话框的【控制】选项卡，在【当前解】栏中输入 50，在【最小值】栏中输入 0，在【最大值】栏中输入 100，在【步长】栏中输入 1，在【页步长】栏中输入 5，在【单元格链接】栏中输入 E4。

(4) 单击【确定】按钮，就建立了销售量的滚动条控件。这里的假设条件是利润的各影响因素的变动百分比范围为±50%。

(5) 按照同样的方法建立并设置其他项目的滚动条控件。其中，单价、单位变动成本和固定成本的滚动条控件的【单元格链接】分别为单元格 E5、E6 和 E7。

(6) 在单元格区域 D4:D7 中建立变动百分比和滚动条控件的联系，即选取单元格区域 D4:D7 并输入公式 "=E4:E7/100-50%"(数组公式)。

(7) 选取单元格区域 C4:C7 并输入变化后各项目数值的计算公式 "=B4:B7*(1+D4:D7)" (数组公式)。

(8) 在单元格 A10 中输入预计利润的公式=B4*(B5-B6)-B7"，并将其复制到单元格 B10 中，在单元格 C10 中输入公式 "=B10-A10"，在单元格 D10 中输入公式 "=C10/A10"，这样，就得到了多因素变动对利润的综合影响的计算公式。

(9) 设计单因素变动对利润的影响的分析表格，如图 9-30 所示，在单元格区域 B13:B16 中输入公式 "=A10"(数组公式)，在单元格区域 C13:C16 中输入公式 "=D4:D7"(数组公式)，在单元格 D13~D16 中分别输入销售量、产品单价、单位变动成本和固定成本单独变动时对利润的影响计算公式。其中，在单元格 D13 中输入 "=C4*(B5-B6-B7)"，在单元格 D14 中输入 "=B4*(C5-B6)-B7"，在单元格 D15 中输入 "=B4*(B5-C6)-B7"，在单元格 D16 中输入 "=B4*(B5-B6)-C7"。在单元格区域 E13:E16 中输入公式 "=D13:D16-B13:D16" (数组公式)，在单元格区域 F13:F16 中输入公式 "=E13:E16/B13:B16" (数组公式)。

最终结果如图 9-30 所示，销售量每增加 1%，利润将会增加 2.5%；单价每增加 1%，利润将会增加 5%；单位变动成本每减少 1%，利润将会增加 2.5%；固定成本每增加 1%，利润将会增加 1.5%。

四、资金需要量的预测

资金需要量的预测方法有多种，这里主要介绍两种：销售百分比法和资金性态法。

1. 销售百分比法

销售额是影响资金需要量的最重要的因素，因此，可通过分析资金各个项目与销售收入总额之间的依存关系，按预期的销售收入的增长情况来预测资金需要量，这就是销售百分比法，具体步骤如下。

(1) 确定敏感性项目与非敏感性项目。敏感性项目是指其金额随销售收入自动成正比例增减变动的项目，包括敏感性资产和负债项目。敏感性资产项目一般包括现金、应收账款、存货等，如企业生产能力没有剩余，那么继续增加销售收入，就需要增加新的固定资产投资，此时固定资产也成为敏感性资产。敏感性负债项目一般包括应付账款、应交税金等。长期性负债一般为非敏感性项目。非敏感性项目是指其金额不随销售收入自动成正比例变动的项目。

(2) 对于敏感性项目，计算其基期的金额占基期销售收入的百分比，并分别计算敏感性项目占销售收入百分比的合计数。

(3) 根据计划期的销售收入和销售净利率，结合计划期支付股利的比率，确定计划期内部留存收益的增加额。

(4) 根据销售收入的增长额确定企业计划期需要从外部筹措的资金需要量，计算公式为

$$M = \Delta\left(\frac{A}{S}\right) \cdot (S_1 - S_0) - \Delta\left(\frac{L}{S}\right) \cdot (S_1 - S_0) - S_1 \cdot R \cdot (1-D) + M_1 \quad (9-6)$$

其中：M 表示外部融资需要量；D 表示股利支付率；S_0 表示基期销售额；$\Delta(A/S)$ 表示敏感

资产占基期销售额百分比；S_1 表示计划销售额；$\Delta(L/S)$ 表示敏感负债占基期销售额百分比；R 表示销售净利率；M_1 表示计划期零星资金需求。

销售百分比法是资金需要量预测中比较简单的一种方法，适合于预测较短期的资金变动，但无法对长期资金需要量进行预测。

【例 9-15】远大公司 2022 年末简要的资产负债表，以及 2022 年的销售收入和 2023 年预计的销售收入等有关资料如图 9-31 所示。要求建立一个预计该公司 2023 年外部追加资金需要量，并编制 2023 年预计资产负债表的模型。

	A	B	C	D	E	F	G	H	I
1	已知条件（全部单位：万元）									
2	2022年末简要的资产负债表及各项目的敏感性						其他已知数据		
3	资产项目	金额	是否敏感项目	负债及所有者权益项目	金额	是否敏感项目	2022年销售收入		1000
4	货币资金	150	是	短期借款	180	是	2022年销售净利率		10%
5	应收账款	200	是	应付账款	260	是	2022年股利支付率		60%
6	存货	580	是	应交税金	90	是	2023年预计销售收入		1500
7	长期投资	400	否	长期负债	600	否	2023年预计销售净利率		10%
8	固定资产净值	1500	否	普通股本	1000	否	2023年预计股利支付率		60%
9	无形资产	100	否	留存收益	800	特殊	2023年其他资金需求		70
10	资产总额	2930		负债及所有者权益总额	2930		追加资金筹集的方式		长期负债

图 9-31 已知条件

(1) 设计模型的结构，如图 9-32 的单元格区域 A12:I22 所示。

	A	B	C	D	E	F	G	H	I
1	已知条件（全部单位：万元）									
2	2022年末简要的资产负债表及各项目的敏感性						其他已知数据		
3	资产项目	金额	是否敏感项目	负债及所有者权益项目	金额	是否敏感项目	2022年销售收入		1000
4	货币资金	150	是	短期借款	180	是	2022年销售净利率		10%
5	应收账款	200	是	应付账款	260	是	2022年股利支付率		60%
6	存货	580	是	应交税金	90	是	2023年预计销售收入		1500
7	长期投资	400	否	长期负债	600	否	2023年预计销售净利率		10%
8	固定资产净值	1500	否	普通股本	1000	否	2023年预计股利支付率		60%
9	无形资产	100	否	留存收益	800	特殊	2023年其他资金需求		70
10	资产总额	2930		负债及所有者权益总额	2930		追加资金筹集的方式		长期负债
11									
12		2023年外部追加资金需要量的预测及预计的资产负债表（金额单位：万元）							
13	资产项目	占基期销售收入百分比	2023年预计	负债及所有者权益	占基期销售收入百	2023年追加筹资前预计数		2023年追加筹资后预计数	
14	货币资金	15%	295	短期借款	18%	270		270	
15	应收账款	20%	300	应付账款	26%	390		390	
16	存货	58%	870	应交税金	9%	135		135	
17	长期投资	不适用	400	长期负债	不适用	600		810	
18	固定资产净值	不适用	1500	普通股本	不适用	1000		1000	
19	无形资产	不适用	100	留存收益	不适用	860		860	
20	合计	0.93	3465.00	合计	0.53	3255		3465	
21	按预计资产负债表计算的2023年资金缺口或外部追加资金需求量						210		
22	直接按公式计算的2023年外部追加资金需求量						210		

图 9-32 利用销售百分比法预测资金需求量模型

(2) 计算资产项目占基期销售收入的比例，在单元格 B14 中输入公式 "=IF(C4="是",B4/$I$3,"不适用")"，并将公式复制到单元格区域 B15:B19 中。

(3) 计算 2023 年资产项目的预计数，在单元格 C14 中输入公式 "=IF(C4="是",IF(A14="货币资金",I6*$B$14+I9,$I$6*B14),B4)"，并将公式复制到单元格区域 C15:C19 中。

(4) 计算负债及所有者权益项目占基期销售收入的比例，在单元格 E14 中输入公式 "=IF(F4="是",E4/$I$3,"不适用")"，将其复制到单元格区域 E15:E19 中。

(5) 计算 2023 年负债及所有者权益项目，在合并单元格 F14 中输入公式"=IF(F4="是",$I$6*E14,IF(F4="特殊",$E$9+$I$6*$I$7*(1-$I$8),E4))"，将其复制到单元格区域 F15:F19 中。

(6) 计算 2023 年追加筹资后的负债及所有者权益项目预计数，在合并单元格区域 H14 中输入公式"=IF(D14=$I$10,F14+$F$21,F14)"，将其复制到单元格区域 H15:H19 中。

(7) 在单元格 B20 中输入公式"=SUM(B14:B19)"，并将其复制到单元格 C20 和单元格区域 E20:I20。

(8) 在单元格 F21 中输入公式"=C20−F20"，在单元格 F22 中输入公式"=(B20−E20)*(I6−I3)−I6*I7*(1−I8)+I9"。

最终计算结果如图 9-32 所示。

从图 9-32 可以看出，2023 年预计的外部筹资额为 210 万元。

2. 资金性态法

资金性态法是指根据资金的变动与产销量之间的依存关系预测未来资金需要的一种方法。资金性态法具体包括高低点法和回归分析法。该方法的前提是将企业的总资金划分为变动资金和固定资金两部分。

高低点法的基本原理是：在销售与资金变动的历史数据中，找出产销量最高和最低的两点及其所对应的资金占用，根据这两对历史数据求出直线方程，作为预测资金需要量的模型。

回归分析法则是根据全部历史数据求出直线方程，并作为预测资金需要量的模型。

【例 9-16】远大公司 2019 年至 2023 年的产销量和资金占有量，以及 2024 年预计产销量的有关资料如图 9-33 所示。要求建立一个利用高低点法预测该公司 2024 年资金需要量的模型。

	A	B	C
1	已知条件		
2	年度	产销量（万件）	资金占用量（万元）
3	2019	8	97
4	2020	12	135
5	2021	15	168
6	2022	20	162
7	2023	25	205
8	2024年预计产销量（万件）		28

图 9-33 已知条件

(1) 设计模型的结构，如图 9-34【计算结果】区域所示。

(2) 在单元格 B12 中输入公式"=MAX(B3:B7)"。

(3) 在单元格 B13 中输入公式"=MIN(B3:B7)"。

(4) 在单元格 C12 中输入公式"=INDEX($C$3:$C$7,MATCH(B12,$B$3:$B$7,0))"，并将其复制到单元格 C13。

(5) 在单元格 C14 中输入公式"=(C12−C13)/(B12−B13)"。

(6) 在单元格 C15 中输入公式"=C12−C14*B12"。

(7) 在单元格 C16 中输入公式"=C15+C14*C8"。

计算结果如图 9-34 所示。

	A	B	C
1	已知条件		
2	年度	产销量（万件）	资金占用量（万元）
3	2019	8	97
4	2020	12	135
5	2021	15	168
6	2022	20	162
7	2023	25	205
8	2024年预计产销量（万件）		28
9			
10	计算结果		
11		产销量（万件）	资金占用量（万元）
12	高点	25	205
13	低点	8	97
14	单位变动资金（元/件）		6.35
15	不变资金总额（万元）		46.18
16	2024年预计资金需求量（万元）		224.06

图 9-34 利用资金性态法预测资金需要量模型

实 训 练 习

1. 远大公司 2024 年各月的销售额如表 9-3 所示，要求分别利用移动平均工具、指数平滑工具和回归分析工具预测下个月的销售额。假设移动平均法采用 3 项平均，指数平滑法的平滑系数为 0.8。如果采用回归分析工具进行预测，请写出函数。

表 9-3　正大公司 2024 年各月销售数据表

月份	1	2	3	4	5	6	7	8	9	10	11	12
销售额（万元）	100	103	107	114	120	117	115	121	125	130	134	140

2. 远大公司 2024 年各月冰箱销售额的有关数据如表 9-4 所示，要求建立一个带有选择线性变动和指数变动趋势组合框控件的预测下一个月冰箱销售额的模型。

表 9-4　远大公司 2024 年各月销售数据表

月份	1	2	3	4	5	6	7	8	9	10	11	12
人口数（X_1，千人）	284	190	875	215	86	195	63	430	372	236	265	100
每户总收入（X_2，元）	2450	3254	3802	2838	2347	2137	2560	4020	4427	2660	3782	3008
冰箱销售额（Y，千元）	162	120	223	131	67	116	55	252	232	144	169	81

3. 远大公司 A 产品的销量预计为 2000 件，单价为 500 元/件，单位变动成本为 300 元/件，固定成本为 100 000 元，假设销售量、单价、单位变动成本和固定成本都在-50%～50%变动，要求进行敏感性分析。

项目十　财务预算实训

【实训目标】

思政目标：
通过企业预算编制的学习，鼓励学生立足专业，积极规划自己未来的职业生涯。

知识目标：
- 熟练掌握利用 Excel 进行销售预算、生产预算、直接材料消耗及采购预算、直接人工成本预算、制造费用预算、产品成本预算、销售及管理费用预算。
- 熟练掌握利用 Excel 进行财务预算。

能力目标：
学生能够运用 Excel 进行财务预算，进而提升编制财务预算表的能力。

【教学建议】

建议本项目主要采取讲授与实训相结合的教学方法，课时安排为 3 个课时，将实训练习作为学生的课后练习，学生应记录实训步骤。

实训一　日常业务预算

【知识准备】

全面预算是所有以货币及其他数量形式反映有关企业未来一段时期内全部经营活动各项目标的行动计划与相应措施的数量说明，具体包括日常业务预算、特种决策预算和财务预算。

日常业务预算是指按经营年度编制的、与企业日常活动直接相关的有关经营业务预算总称，包括销售预算、生产预算、直接材料消耗及采购预算、直接人工成本预算、制造费用预算、产品成本预算、销售及管理费用预算。

【实训目标与要求】

熟练掌握使用 Excel 建立日常业务预算模型。

【实训指导】

日常业务预算是编制财务预算的基础。在以销定产的市场经济环境下，企业的日常业务预算应以销售预算为起点来编制，即根据市场的需求情况编制销售预算，然后根据销售预算编制生产预算，最后再根据生产预算编制各种料、工、费预算。下面举例说明在 Excel 上编制业务预算的方法。

培正公司生产某产品，2024 年的预计价格为 60 元。假定该企业 2023 年末的简略式资产负债表如表 10-1 所示。

表 10-1 培正公司 2023 年末的简略式资产负债表 (单位：元)

资产	期末数	负债及所有者权益	期末数
现金	20 000	应付账款	10 000
应收账款	40 000		
存货：原材料	4000	实收资本	120 000
产成品	9000	未分配利润	25 000
固定资产原值	100 000		
减：累计折旧	18 000		
固定资产净值	82 000		
总计	155 000	总计	155 000

2024 年的有关预测资料如下。

(1) 各季度甲产品预算销售量分别为 2000 件、3000 件、4000 件和 3000 件；甲产品的现销比例为 60%，其余 40%在下季度收回；以现金形式支付销售环节税金及附加费为销售收入的 5%。

(2) 甲产品 2023 年末存货量为 200 件，单位变动成本为 45 元。每季度存货量分别为下季度预算销售量的 10%，2024 年年末存货量预算为 300 件。存货按加权平均法计价。

(3) 直接材料和直接人工的消耗定额及单价如表 10-2 所示。

表 10-2 直接材料和直接人工的消耗定额及单价

项目	直接材料(A 材料)	直接人工
单位甲产品消耗定额	2kg/件	5 小时/件
材料单价	5 元/kg	
小时工资率		5 元/小时

(4) 预计材料存货量付款方式如下：2023 年末 A 材料存货量 800kg，预计 2024 年各季度存货量均为下季度生产耗用量的 20%，年末 A 材料存货量预计为 1000kg。每季度购买材料只需支付 50%现金，余款下季度付清。

(5) 当期工资全部当期支付。

(6) 制造费用分成两个部分：2024 年全年变动性制造费用分配率为单位工时 2 元；每季度固定性制造费用为 10 000 元，其中固定资产折旧为 6000 元，其余为各季度均衡发生的支付成本。

(7) 销售及管理费用全年合计为 40 000 元，其中，销售人员工资 4000 元，广告费 10 000 元，包装运输费 6000 元，保管费 5000 元，管理人员薪金 7000 元，福利费 2000 元，保险费 1500 元，办公费 4500 元，均匀支出。

(8) 其他现金支出预计如下：2024 年度每季度预交所得税 5000 元，预分股利 2000 元；第四季度购置设备一台，价值 50 000 元。

(9) 该企业最低现金余额要求保持在 20 000 元左右。各季度现金余缺可通过归还短期借款、购买债券或出售债券、取得短期借款解决。

(10) 第一季度向银行借款 10 000 元，第二季度向银行借款 10 500 元，第四季度向银行借款 14 100 元，借款年利率 12%。

(11) 公司适用的所得税税率为 25%，假设不需要进行纳税调整。

首先创建一个新的 Excel 工作簿,将其命名为"财务预算.xls",然后在此工作簿上建立财务预算的各项分表。

一、销售预算

销售预算是用于规划预算期销售活动的一种业务预算。销售预算是编制全面预算的出发点,也是编制日常业务预算的基础。销售预算表上应包括两部分内容:一是各个季度及全年的预计销售收入,可根据预计的销售量乘以预计销售单价计算;二是附加的预计现金收支计算表,可根据各个季度全部销售额中赊销和现销的比例以及缴纳销售税金的情况确定。附加的预计现金收支计算表可为以后编制现金预算提供依据。

【例 10-1】根据前面的有关材料,可编制培正公司的销售预算,如图 10-1 所示。

	A	B	C	D	E	F
1	培正公司2024年度销售预算					
2	摘要	1 季度	2 季度	3 季度	4 季度	全年
3	预计销售量(件)	2000	3000	4000	3000	12000
4	预计销售单价(元/件)	60	60	60	60	60
5	预计销售收入合计(元)	120000	180000	240000	180000	720000
6	预计现金收支计算表			单位:元		
7	销售环节税金及附加等现金支出	6000	9000	12000	9000	36000
8	期初应收账款	40000				40000
9	1 季度销售收入	72000	48000			120000
10	2 季度销售收入		108000	72000		180000
11	3 季度销售收入			144000	96000	240000
12	4 季度销售收入				108000	108000
13	现金收入小计	112000	156000	216000	204000	688000

图 10-1 销售预算表

(1) 在工作簿"财务预算.xls"中建立一个名为"销售预算"的工作表,如图 10-1 所示。

(2) 计算预计销售收入,在单元格区域 B5:F5 输入公式"=B3:F3*B4:F4(数组公式)"。

(3) 计算各季度预计销售环节税金及附加等现金支出,在单元格区域 B7:E7 输入公式"=B5:E5*5%"(数组公式)。

(4) 计算第一季度预期现金收入:上期末应收账款,在单元格 B8 中输入公式"=40000";本期现销收入,在单元格 B9 中输入公式"=B5*60%"。

(5) 计算第二季度预期现金收入:上期末应收账款,在单元格 C9 中输入公式"=B5-B9";本期现销收入,在单元格 C10 中输入公式"=C5*60%"。

(6) 计算第三季度预期现金收入:上期末应收账款,在单元格 D10 中输入公式"=C5-C10";本期现销收入,在单元格 D11 中输入公式"=D5*60%"。

(7) 计算第四季度预期现金收入:上期末应收账款,在单元格 E11 中输入公式"=D5-D11";本期现销收入,在单元格 E12 中输入公式"=E5*60%"。

(8) 计算全年合计值的计算,首先在单元格 F7 中输入公式"=SUM(B7:E7)",然后选中单元格 F7,利用【复制】【粘贴】命令分别复制到单元格区域 F8:F12。

(9) 计算现金收入小计,在单元格 B13 中输入公式"=SUM(B8:B12)",然后向右一直复制到单元格 F13,计算出各季度全年的现金收入小计。

二、生产预算

生产预算是为规划预算期生产规模而编制的一种业务预算。生产预算应以销售预算为依据，结合期初期末存货水平进行编制，计算公式为

$$\text{预计生产量} = \text{计划期销售量} + \text{预计期末存货量} - \text{期初存货量} \qquad (10\text{-}1)$$

生产预算既是企业安排生产进程表的基础，也可以为下一步编制成本和费用预算提供依据。

【例 10-2】根据前面的有关材料，编制培正公司的生产预算，如图 10-2 所示。

	A	B	C	D	E	F
1	培正公司2024年度生产预算					
2	摘要	1 季度	2 季度	3 季度	4 季度	全年
3	预计销售量(件)（见表1）	2000	3000	4000	3000	12000
4	加：预计期末存货量(件)	300	400	300	300	300
5	减：预计期初存货量(件)	200	300	400	300	200
6	预计生产量(件)	2100	3100	3900	3000	12100

图 10-2　生产预算表

(1) 在工作簿"财务预算.xls"中建立一个名为"生产预算"的工作表，如图 10-2 所示。

(2) 计算预计销售量，即在单元格区域 B3:F3 中输入公式"=销售预算！B3:F3"(数组公式)。

(3) 计算预计期末存货量，在单元格区域 B4:D4 中输入公式"=C3:E3*10%"(数组公式)，单元格 E4 中输入 300，单元格 F4 中输入公式"=E4"。

(4) 计算预计期初存货量，在单元格区域 C5:E5 中输入公式"=B4:D4"(数组公式)，单元格 B5 中输入 200，单元格 F5 中输入公式"=B5"。

(5) 计算全年数，在单元格区域 B6:F6 中输入公式"=B3:F3+B4:F4-B5:F5"(数组公式)。

注意：单元格区域 B3:F3 的数据采用工作簿内工作表之间数据的动态链接。

三、直接材料消耗及采购预算

直接材料消耗及采购预算是为规划预算期直接材料消耗情况及采购活动而编制的，主要包括两部分内容：一部分是全年及各季度各种材料消耗及采购总量及预计采购金额，可根据生产预算、材料消耗定额、材料单价及期初期末存料水平等计算，计算公式为

$$\text{某材料当期需要量} = \text{当期生产量} \times \text{该材料消耗定额} \qquad (10\text{-}2)$$

$$\text{某材料预计采购量} = \text{该材料当期需要量} + \text{计划期末预计存料量} - \text{计划期初存料量} \qquad (10\text{-}3)$$

$$\text{某材料采购额} = \text{某材料预计采购量} \times \text{该材料单价} \qquad (10\text{-}4)$$

另外一部分是附加的现金支出计算表，可以根据每个季度预计采购金额中现金支付和赊购的比例分析计算。附加的现金支出计算表可以为以后编制现金预算提供依据。

【例 10-3】根据前面的有关材料，编制培正公司的直接材料消耗及采购预算，如图 10-3 所示。

(1) 在工作簿"财务预算.xls"中建立一个名为"直接材料消耗及采购预算"的工作表，

如图 10-3 所示。

(2) 计算预计生产量，在单元格区域 B3:F3 中输入公式"=生产预算!B6:F6"(数组公式)。

(3) 计算单耗，在单元格区域 B4:F4 中输入"=2"。

(4) 计算预计材料消耗量，在单元格区域 B5:F5 中输入公式"=B3:F3*B4:F4(数组公式)"。

	A	B	C	D	E	F
1		培正公司2024年度直接材料消耗及采购预算				
2	摘要	1 季度	2 季度	3 季度	4 季度	全年
3	预计生产量(件) (见表2)	2100	3100	3900	3000	12100
4	单耗(千克/件)	2	2	2	2	2
5	预计材料耗用量(千克)	4200	6200	7800	6000	24200
6	加：预计期末库存量(千克)	1240	1560	1200	1000	1000
7	减：预计期初库存量(千克)	800	1240	1560	1200	800
8	预计采购量(千克)	4640	6520	7440	5800	24400
9	单位采购成本(元/千克)	5	5	5	5	5
10	预计采购成本(千克)	23200	32600	37200	29000	122000
11	预计现金支出计算表　　单位：元					
12	期初应付账款	10000				10000
13	1季度采购额	11600	11600			23200
14	2季度采购额		16300	16300		32600
15	3季度采购额			18600	18600	37200
16	4季度采购额				14500	14500
17	现金支出合计	21600	27900	34900	33100	117500

图 10-3　直接材料消耗及采购预算表

(5) 计算预计期末库存量，在单元格区域 B6:D6 中输入公式"=C5:E5*20%"(数组公式)，单元格 E6 中输入 1000，单元格 F6 中输入公式"=E6"。

(6) 计算预计期初库存量，在单元格 B7 中输入公式"=800"，单元格区域 C7:E7 中输入公式"=B6:D6"(数组公式)，单元格 F7 中输入公式"=B7"。

(7) 计算预计采购量，在单元格区域 B8:F8 中输入公式"=B5:F5+B6:F6-B7:F7"(数组公式)。

(8) 输入单位采购成本，在单元格区域 B9:F9 中输入 5。

(9) 计算预计采购成本，在单元格区域 B10:F10 中输入公式"=B8:F8*B9:F9"(数组公式)。

(10) 计算第一季度预计现金支出：期初应付账款，在单元格 B12 中输入公式"=10000"；本期采购额，在单元格 B13 中输入公式"=B10*50%"。

(11) 计算第二季度预计现金支出：期初应付账款，在单元格 C13 中输入公式"=B10*50%"；本期采购额，在单元格 C14 中输入公式"=C10*50%"。

(12) 计算第三季度预计现金支出：期初应付账款，在单元格 D14 中输入公式"=C10*50%"；本期采购额，在单元格 D15 中输入公式"=D10*50%"。

(13) 计算第四季度预计现金支出：期初应付账款，在单元格 E15 中输入公式"=D10*50%"；本期采购额，在单元格 E16 中输入公式"=E10*50%"。

(14) 计算全年期初应付账款，在单元格 F12 中输入公式"=B12"。

(15) 计算期末应付账款，在单元格 F16 中输入公式"=E10*50%"。

(16) 在单元格 F13 中输入全年合计值公式"=SUM(B13:E13)"。然后选中此单元格，利用【复制】【粘贴】命令分别复制到单元格区域 F14:F16。

(17) 计算现金支出合计，在单元格 B17 中输入公式"=SUM(B12:B16)"，然后向右一直复制到单元格 F17。

四、直接人工成本预算

直接人工成本预算是一种反映预算期内人工工时消耗水平并规划人工成本开支的业务预算。该预算应根据生产预算、工时单耗及小时工资率等有关资料编制,计算公式为

直接人工总成本=预算生产量×单位产品工时耗用量×小时工资率   (10-5)

【例 10-4】根据前面的有关材料,可编制培正公司的直接人工成本预算,如图 10-4 所示。

	A	B	C	D	E	F
1	培正公司2024年度直接人工成本预算					
2	摘要	1 季度	2 季度	3 季度	4 季度	全年
3	预计生产量(件) (见表2)	2100	3100	3900	3000	12100
4	单位产品工时消耗(小时/件)	5	5	5	5	5
5	直接人工总工时(小时)	10500	15500	19500	15000	60500
6	小时工资率(元/小时)	5	5	5	5	5
7	人工总成本(元)	52500	77500	97500	75000	302500

图 10-4 直接人工成本预算表

(1) 在工作簿"财务预算.xls"中建立一个名为"直接人工成本预算"的工作表,如图 10-4 所示。

(2) 填入预计生产量,在单元格区域 B3:F3 中输入公式"=生产预算!B6:F6"(数组公式)。

(3) 填入单位产品工时消耗,在单元格区域 B4:F4 中输入 5。

(4) 计算直接人工总工时,在单元格区域 B5:F5 中输入直接人工总工时计算公式"=B3:F3*B4:F4"(数组公式)。

(5) 计算小时工资率,在单元格区域 B6:F6 中输入 5。

(6) 计算人工总成本,在单元格区域 B7:F7 中输入人工总成本计算公式"=B5:F5*B6:F6"(数组公式)。

五、制造费用预算

制造费用预算是用于规划除直接材料、直接人工以外的其他一切生产费用的一种业务预算。编制制造费用预算时,应将全部制造费用分解成变动制造费用和固定制造费用两部分,以便于以各期的业务量水平为基础,规划各费用项目的具体数字。制造费用预算表上还应附加预计的现金支出项目,即从各期的制造费用中剔除折旧费等不属于现金支出的项目,以便为编制现金预算提供依据。

【例 10-5】根据前面的有关材料,可编制培正公司的制造费用预算,如图 10-5 所示。

(1) 在工作簿"财务预算.xls"中建立一个名为"制造费用预算"的工作表,如图 10-5 所示。

	A	B	C	D	E	F
1	培正公司2024年度制造费用预算					
2	摘要	1 季度	2 季度	3 季度	4 季度	全年
3	直接人工总工时(小时)	10500	15500	19500	15000	60500
4	费用分配率(元/小时)	2	2	2	2	2
5	变动制造费用(元)	21000	31000	39000	30000	121000
6	固定制造费用(元)	10000	10000	10000	10000	40000
7	制造费用合计(元)	31000	41000	49000	40000	161000
8	减:折旧(元)	6000	6000	6000	6000	24000
9	以现金支付的费用(元)	25000	35000	43000	34000	137000

图 10-5 制造费用预算表

(2) 填入直接人工总工时,在单元格区域 B3:F3 中输入公式"=直接人工成本预算!B5:F5"(数组公式)。

(3) 填入费用分配率,在单元格区域 B4:F4 中输入 2。

(4) 计算变动制造费用,在单元格区域 B5:E5 中输入公式"=B3:E3*B4:E4"(数组公式)。

(5) 填入固定制造费用,在单元格区域 B6:E6 中输入 10 000。

(6) 计算制造费用合计数,在单元格区域 B7:E7 中输入制造费用合计"=B5:E5+B6:E6"(数组公式)。

(7) 填入折旧金额,在单元格区域 B8:E8 中输入 6000。

(8) 在单元格区域 B9:E9 中输入以现金支付的费用公式"=B5:E5-B8:E8"(数组公式)。

(9) 在单元格 F5 中输入全年合计值公式"=SUM(B5:E5)",然后选中此单元格,利用【复制】【粘贴】命令分别向下复制到单元格区域 F6:F9。

六、产品成本预算

产品成本预算是反映预算期内各种产品成本水平的一种业务预算,其主要内容是计算产品的单位变动成本和总生产成本。产品成本预算应以前述的各种业务预算为依据编制,还应附加期末存货成本和本期销货成本等有关信息,以便为编制财务预算提供依据。

【例 10-6】根据前面的有关材料,可编制培正公司的产品成本预算,如图 10-6 所示。

	A	B	C	D	E	F	G
1		培正公司2024年度产品成本预算					
2	项目	单位成本			生产成本(元)	存货成本(元)	销货成本(元)
3		单位消耗	分配率	成本(元)			
4	直接材料(kg)	2	5	10	121000	3000	120000
5	直接人工(小时)	5	5	25	302500	7500	300000
6	变动制造费用(小时)	5	2	10	121000	3000	120000
7	合计(元)			45	544500	13500	540000

图 10-6 产品成本预算表

(1) 在工作簿"财务预算.xls"中建立一个名为"产品成本预算"的工作表,如图 10-6 所示。

(2) 计算成本项目的单位消耗、分配率和单位成本,在单元格 B4 中输入公式"=直接材料消耗及采购预算!F4";在单元格 C4 中输入公式"=直接材料消耗及采购预算!F9";在单元格 B5 中输入公式"=直接人工成本预算!F4";在单元格 C5 中输入公式"=直接人工成本预算!F6";在单元格 B6 中输入公式"=直接人工成本预算!F4";在单元格 C6 中输入公式"=制造费用预算!F2";在单元格区域 D4:D6 中输入公式"=B4:B6* C4:C6"(数组公式)。

(3) 计算生产成本,在单元格区域 E4:E6 中输入公式"=生产预算!F6*产品成本预算!D4:D6"(数组公式)。

(4) 计算存货成本,在单元格区域 F4:F6 中输入公式"=生产预算!F4*产品成本预算!D4:D6"(数组公式)。

(5) 计算销货成本,在单元格区域 G4:G6 中输入公式"=销售预算!F3*产品成本预算!D4:D6"(数组公式)。

(6) 在单元格 D7 中输入合计值公式"=SUM(D4:D6)",然后选中此单元格,利用【复制】【粘贴】命令分别复制到单元格区域 E7:G7。

七、销售及管理费用预算

销售及管理费用预算是反映预算期内为推销商品和维持一般行政管理工作而发生的各项费用支出计划的一般预算。根据不同的情况，各不同的费用项目可分别按业务量水平、费用列支标准等并结合管理控制目标分析确定。该预算表上还应附加现金支出项目，以便为编制财务预算提供依据。

【例10-7】根据前面的有关材料，可编制培正公司的销售及管理费用预算，如图10-7所示。

	A	B	C	D	E	F	G	H	I
1	培正公司2024年度销售及管理费用预算							单位：元	
2	费用预算表			现金支出分配表					
3	项目	费用							
4	销售费用			季度	第1季度	第2季度	第3季度	第4季度	全年合计
5	销售人员工资	4000		现金支出数	10000	10000	10000	10000	40000
6	广告费	10000							
7	包装运输费	6000							
8	保管费	5000							
9	销售费用合计	25000							
10	管理费用								
11	管理人员薪金	7000							
12	福利费	2000							
13	保险费	1500							
14	办公费	4500							
15	管理费用合计	15000							
16	销售及管理费用合计	40000							

图10-7 销售及管理费用预算表

(1) 在工作簿"财务预算.xls"中建立一个名为"销售及管理费用预算"的工作表，如图10-7所示。

(2) 在单元格区域 B5:B8、B11:B14 中根据已知条件填入相应的数值。

(3) 计算合计数，在单元格 B9 中输入公式"=SUM(B5:B8)"，在单元格 B15 中输入公式"=SUM (B11:B14)"，单元格在 B16 中输入公式"=B9+B15"。

(4) 计算现金支出数，在单元格区域 E5:H5 中输入公式"=B16/4"(数组公式)，在单元格 I5 中输入公式"=SUM(E5:H5)"。

实训二 财务预算

【知识准备】

财务预算是一系列专门反映企业未来一定预算期内预计财务状况和经营成果，以及现金收支等价值指标的各种预算的总称，具体包括现金预算、预计利润表、预计资产负债表等。财务预算是企业全面预算的一个重要组成部分，它作为全面预算体系中的最后环节，可以从价值方面总括地反映经营期内特种决策预算与业务预算的结果，也可以称其为总预算。财务预算在全面预算体系中占有举足轻重的地位。财务预算应该在编制日常业务预算和特种决策预算的基础之上汇总编制而成。

【实训目标与要求】

熟练掌握使用 Excel 建立财务预算模型。

【实训指导】

财务预算包括现金预算和预计财务报表。预计财务报表是指专门反映企业未来一定预算期内的预计财务状况和经营成果的报表的总称,主要包括预计利润表、预计资产负债表和预计现金流量表等。预计财务报表是在日常业务预算、特种决策预算和现金预算的基础上汇总编制而成的,实践中多数情况下只编制预计利润表和预计资产负债表,通常是先编制预计利润表,然后编制预计资产负债表。

一、现金预算

现金预算是以日常业务和特种决策预算为基础所编制的反映现金收支情况的预算。这里的现金是广义上的现金,不仅包括库存现金,还包括银行存款和其他货币资金。

现金预算表中应包含以下内容:现金收入、现金支出、现金收支差额、现金筹措和使用情况,以及初期期末现金余额。现金收入应该根据期初现金余额和销售预算中的现金收入项目确定,现金支出应根据预算期的料、工、费等各种预算的有关项目规定,现金收支差额等于各期现金收入和支出相比较后的差额,期末现金余额应在合理的上下限内波动,期末目标现金余额可以按照成本分析模型确定。当现金收支差额低于期末目标现金余额时,代表当期现金不足,企业应进行筹资;反之,当现金收支差额高于期末目标现金余额时,代表当期现金多余,企业应组织还款或进行投资。现金预算一般应按季度反映现金收支的情况,每个季度的期末现金余额就是下个季度的期初现金余额。

【例 10-8】根据前面的有关材料,可编制培正公司的现金预算表,如图 10-8 所示。

	A	B	C	D	E	F
1	培正公司2024年度现金预算				单位:元	
2	摘要	第1季度	第2季度	第3季度	第4季度	全年
3	期初现金余额	20000	19900	20000	20000	20000
4	经营现金收入	112000	156000	216000	204000	688000
5	可供使用资金	132000	175900	236000	224000	708000
6	经营现金支出	122100	166400	204400	168100	661000
7	直接材料采购	21600	27900	34900	33100	117500
8	直接人工	52500	77500	97500	75000	302500
9	制造费用	25000	35000	43000	34000	137000
10	销售及管理费用	10000	10000	10000	10000	40000
11	流通环节税金	6000	9000	12000	9000	36000
12	所得税	5000	5000	5000	5000	20000
13	预分股利	2000	2000	2000	2000	8000
14	投资现金支出				50000	50000
15	购置设备				50000	50000
16	现金结余或不足	9900	9500	31600	5900	-3000
17	向银行借款	10000	10500		14100	
18	还本			-10685		-10685
19	付息			-915		-915
20	期末现金余额	19900	20000	20000	20000	20000

图 10-8 现金预算表

(1) 在工作簿"财务预算.xls"中建立一个名为"现金预算"的工作表,如图 10-8 所示。

(2) 填入期初现金余额,在单元格 B3 中输入"=20 000";在单元格区域 C3:E3 中输入公式"=B20:D20"(数组公式);在单元格 F3 中输入公式"=B3"。

(3) 填入经营现金收入，在单元格区域 B4:F4 中输入公式"=销售预算！B13:F13"（数组公式）。

(4) 填入可供使用资金，在单元格区域 B5:F5 中输入公式"=B3:F3+B4:F4"（数组公式）。

(5) 计算经营现金支出，在单元格区域 B6:F6 中输入公式"=B7:F7+B8:F8+B9:F9+B10:F10+B11:F11+B12:F12+B13:F13"（数组公式）。

(6) 填入直接材料采购，在单元格区域 B7:F7 中输入公式"=直接材料消耗及采购预算！B17:F17"（数组公式）。

(7) 填入直接人工，在单元格区域 B8:F8 中输入公式"=直接人工成本预算!B9:F9"（数组公式）。

(8) 填入制造费用，在单元格区域 B9:F9 中输入公式"=制造费用预算!B9:F9"（数组公式）。

(9) 填入销售及管理费用，在单元格区域 B10:F10 中输入公式"=销售及管理费用预算！E5:I5"（数组公式）。

(10) 填入流通环节税金，在单元格区域 B11:F11 中输入公式"=销售预算!B7:F7"（数组公式）。

(11) 填入已知数据，在单元格区域 B12:E12 及 B17:E18 中根据已知条件填入数据值，在单元格 F12 中输入公式"=SUM(B12:E12)"，将单元格 F12 中的公式分别复制单元格 F13、单元格 F14、单元格 F15、单元格 F18 和单元格 F19 中。

(12) 计算现金结余或不足，在单元格区域 B16:F16 中输入公式"=B5:F5-B6:F6-B14:F14"（数据公式）。

(13) 计算向银行付息金额，在单元格 D19 中输入公式"=-(B17*12%/2+C17*12%/4)"。

(14) 计算期末现金余额，在单元格区域 B20:E20 中输入公式"=B16:E16+B17:E17+B18:E18+B19:E19"（数据公式）；在单元格 F20 中输入公式"=E20"。

二、预计利润表

预算利润表是以货币为单位，全面综合地反映预算期内经营成果的利润计划。预算利润表应根据各种业务预算和现金预算的有关项目编制。

【例 10-9】根据前面的有关材料，可编制培正公司的预计利润表，如图 10-9 所示。

	A	B
1	培正公司2024年度预计利润表	单位：元
2	预计利润表	
3	销售收入	720000
4	减：销售税金及附加	36000
5	变动销售成本	540000
6	固定制造费用	40000
7	销售及管理费用	40000
8	财务费用	915
9	利润总额	63085
10	减：所得税	18926
11	净利润	44160

图 10-9 预计利润表

(1) 在工作簿"财务预算.xls"中建立一个名为"预计利润表"的工作表，如图 10-9 所示。

(2) 填入销售收入，在单元格 B3 中输入公式"=销售预算!F5"。

(3) 填入销售税金及附加，在单元格 B4 中输入公式"=销售费用!F7"。

(4) 填入变动销售成本，在单元格 B5 中输入公式"=产品成本预算!G7"。

(5) 填入固定制造费用，在单元格 B6 中输入公式"=制造费用预算!F6"。

(6) 填入销售及管理费用，在单元格 B7 中输入公式"=销售及管理费用预算!I5"。

(7) 填入财务费用，在单元格 B8 中输入公式"=-现金预算!F19"。

(8) 计算利润总额，在单元格 B9 中输入公式"=B3-B4-B5-B6-B7-B8"。

(9) 计算所得税，在单元格 B10 中输入公式"=B9*25%"。

(10) 计算净利润，在单元格 B11 中输入公式"=B9-B10"。

三、预计资产负债表

预计资产负债表是以货币为单位反映预算期末财务状况的总括性预算。预计资产负债表应基于前述的各项业务预算、现金预算和预计利润表，同时结合期初资产负债表的有关数据加以调整计算，从而得到各个项目的期末预计数。

【例 10-10】根据前面的有关材料，可编制培正公司的预计资产负债表，如图 10-10 所示。

	A	B	C	D	E	F
1	培正公司2024年度预计资产负债表　　单位：元					
2	资产	年初数	年末数	负债及所有者权益	年初数	年末数
3	现金	20000	20000	短期借款		23915
4	应收账款	40000	72000	应付账款	10000	14500
5	存货：原材料	4000	5000	未交税金		-1075
6	产成品	9000	13500	应付股利		
7	流动资产合计	73000	110500	负债合计	10000	37341
8	固定资产原值	100000	150000	实收资本	120000	120000
9	减：累计折旧	18000	42000	未分配利润	25000	61160
10	固定资产净值	82000	108000	所有者权益合计	145000	181160
11	资产总计	155000	218500	负债及所有者权益合计	155000	218500

图 10-10　预计资产负债表

(1) 在工作簿"财务预算.xls"中建立一个名为"预计资产负债表"的工作表，如图 10-10 所示。

(2) 表中各个项目的年初数均已知，按上年末的实际数和年末数根据有关公式填写。

(3) 现金：根据"现金预算表"得到，在单元格 C3 中输入公式"=现金预算!F20"。

(4) 应收账款：根据"销售预算表"得到，在单元格 C4 中输入公式"=销售预算!E5*(1-60%)"。

(5) 原材料：根据"直接材料消耗及采购预算表"得到，在单元格 C5 中输入公式"=直接材料消耗及采购预算!F6*直接材料消耗及采购预算!F9"。

(6) 产成品：根据"生产预算表"和"产品成本预算表"得到，在单元格 C6 中输入公式"=生产预算!F4*产品成本预算!D7"。

(7) 流动资产合计：在单元格 C7 中输入公式"=SUM(C3:C6)"。

(8) 固定资产原值：根据"现金预算表"得到，在单元格 C8 中输入公式"=B8+现金结算!F15"。

(9) 累计折旧：根据"预算资产负债表"和"制造费用预算表"得到，在单元格 C9 中输入公式"=预计资产负债表!B9+制造费用预算!F8!"。

(10) 固定资产净值：在单元格 C10 中输入公式"=C8-C9"。

(11) 短期借款：根据"现金预算表"得到，在单元格 F3 中输入公式"=现金结算!B17+现金预算!C17+现金预算!E17+现金预算!D18"。

(12) 应付账款：根据"直接材料消耗及采购费用表"得到，在单元格 F4 中输入公式"=直接材料消耗及采购预算!E10*(1-50%)"。

(13) 未交税金：根据"预计利润表"和"现金预算表"得到，在单元格 F5 中输入公式"=E9+预计利润表!B11-现金预算!F13"。

(14) 负债合计：在单元格 F7 中输入公式"=SUM(F3:F6)"。

(15) 实收资本：在单元格 F8 中输入公式"=E8"。

(16) 未分配利润：根据"未分配利润表"和"现金预算表"得到，在单元格 F9 中输入公式"=E9+预计利润表!B11-现金预算!F13"。

(17) 所有者权益合计：在单元格 F10 中输入公式"=F8+F9"。

(18) 资产总计：在单元格 C11 中输入公式"=C7+C10"。

(19) 负债及所有者权益合计：在单元格 F11 中输入公式"=F7+F10"。

实 训 练 习

根据本章上述的实训数据，假设各季度甲产品预算销售量分别为 3000 件、4000 件、5000 件和 2000 件，其他数据不变，请重新编制预算。

项目十一　企业价值评估实训

【实训目标】

思政目标：
鼓励学生在为社会做贡献中实现自我价值。

知识目标：
- 理解企业价值评估的三种模型：现金流量折现模型、经济利润模型和相对价值模型。
- 熟练掌握利用 Excel 建立现金流量折现模型进行企业价值评估。
- 熟练掌握利用 Excel 建立经济利润模型进行企业价值评估。
- 熟练掌握利用 Excel 建立相对价值模型进行企业价值评估。

能力目标：
学生能够运用 Excel 建立企业价值评估模型，进而提升运用 Excel 进行价值评估的能力。

【教学建议】

建议本项目主要采取讲授与实训相结合的教学方法，课时安排为 3 个课时，将实训练习作为学生的课后练习，学生应记录实训步骤。

实训一　现金流量折现模型

【知识准备】

现金流量折现模型的基本思想是增量现金流量原则和时间价值原则，也就是任何资产(包括企业或股权)的价值是其产生的未来现金流量的现值。企业也是资产，具有资产的一般特征。但是，它又与实物资产有区别，是一种特殊的资产。

按照现金流量折现法计算企业实体价值的基本公式为

$$\text{企业实体价值} = \sum_{t=1}^{\infty} \frac{\text{企业实体自由现金流量}_t}{(1+\text{加权平均资本成本率})^t} \tag{11-1}$$

上述公式中，加权平均资本成本率等于企业的债务资本成本和权益资本成本的加权平均数。实体自由现金流量是企业全部现金流入扣除付现成本费用和必要的投资后的剩余部分，它是企业一定期间可以提供给所有投资人(包括股权投资人和债权投资人)的税后现金流量。企业未来各期的实体自由现金流量可以在编制预计资产负债表和预计利润表的基础上，按照下面的公式计算。即

$$\begin{aligned}\text{企业实体自由现金流量} &= \text{税后经营利润} - \text{经营营运资本增加} - \text{资本支出} \\ &= \text{税后利润} + \text{折旧与摊销} + \text{税后净利息支付} - \text{流动资产的增加} \\ &\quad + \text{流动负债的增加} - \text{固定资产原值的增加}\end{aligned} \tag{11-2}$$

在对企业价值进行评估的过程中，为了避免预测无限期的现金流量，通常可以将预测的时间分为两个阶段：第一个阶段是"详细预测期"，或称"预测期"，在此期间，需要对每年的现金流量进行详细预测，并根据现金流量模型计算其预测期价值；第二个阶段是"后续期"，或称为"永续期"，在此期间，假设企业进入稳定状态，有一个稳定的增长率，可以用简便的方法直接估计后续期价值。假定详细预测期为 n 年，则企业的实体价值可按下面的公式计算。即

$$\text{企业实体价值} = \sum_{t=1}^{n} \frac{\text{企业实体自由现金流量}_t}{(1+\text{加权平均资本成本率})^t} + \frac{\text{后续期现金流量在} n \text{年末的现值}}{(1+\text{加权平均资本成本率})^n} \quad (11\text{-}3)$$

$$\text{后续期现金流量在} n \text{年末的现值} = \frac{n \text{年末的自由现金流量} \times (1+\text{销售增长率})}{\text{加权平均资本成本率} - \text{销售增长率}} \quad (11\text{-}4)$$

在按照上述公式求出企业的实体价值以后，还可以进一步计算企业的股权价值，计算公式为

$$\text{股权价值} = \text{实体价值} - \text{债务价值} \quad (11\text{-}5)$$

【实训目标与要求】

熟练掌握使用 Excel 建立现金流量折现模型。

【实训指导】

在 Excel 中建立现金流量折现模型比较简便，运用 Excel 中的函数即可计算得出结果。

【例 11-1】以培正公司建立的预计财务报表模型为基础，建立一个计算该公司的自由现金流量，并进一步评估该公司的价值和公司的股权价值的模型。建立模型过程中的假定条件包括：已知该公司加权平均的资本成本率为 15%；公司的货币资金与交易性金融资产第 1 年初的余额可以被看作一种盈余，既可以留下也可以支付给股东，因此与随后年度中的自由现金流量无关，不影响公司的未来经营能力。

(1) 打开"预计财务报表模型"工作簿下名为"培正公司"的工作表，在单元格区域 A45:G62 设计模型的结构，如图 11-1 所示。

	A	B	C	D	E	F	G
45			培正公司价值评估（金额单位：万元）				
46	已知的加权平均资本成本率	25%	销售及股利增长率		10%		
47			培正公司自由现金流量的计算（金额单位：万元）				
48	年		0	1	2	3	4	5
49	税后净利			752	820	893	971	1052
50	加：年折旧			220	263	313	370	435
51	减：其他流动资产增加额			(75)	(83)	(91)	(100)	(110)
52	加：流动负债增加额			30	33	36	40	44
53	减：固定资产原值增加额			(400)	(461)	(530)	(609)	(699)
54	加：新增的债务税后利息			51	50	48	48	49
55	减：货币资金与交易性金融资产的税后利息			(5)	(5)	(5)	(5)	(5)
56	自由现金流量			574	618	665	715	768
57	预测期自由现金流量的现值			459	395	340	293	252
58	后续期现金流量在第5和第0期的价值		1844					5629
59	公司的价值		3584					
60	加：第1年初货币资金和交易性金融资产余额		100					
61	减：第1年初的长期负债		(850)					
62	公司的股权价值		2834					

图 11-1 现金流量折现模型

(2) 在单元格 B46 中输入已知的加权平均资本成本率 25%。

(3) 在单元格 E46 中输入公式"=B3"。

(4) 在单元格 C49 中输入公式 "=C27"。
(5) 在单元格 C50 中输入公式 "=-C22"。
(6) 在单元格 C51 中输入公式 "=-(C38-B33)"。
(7) 在单元格 C52 中输入公式 "=-C38-B38"。
(8) 在单元格 C53 中输入公式 "=-(C34-B34)"。
(9) 在单元格 C54 中输入公式 "=(1-$B$12)*C20"。
(10) 在单元格 C55 中输入公式 "=-(1-$B$12)*C21"。
(11) 在单元格 C56 中输入公式 "=SUM(C49:C55)"。
(12) 在单元格 C57 中输入公式 "=C56/(1+$B$46)^C48"。
(13) 选取单元格区域 C49:C57，将其复制到单元格区域 D49:G57。
(14) 在单元格 G58 中输入公式 "=G56*(1+E46)/(B46-E46)"。
(15) 在单元格 B58 中输入公式 "=G58/(1+B46)^G48"。
(16) 在单元格 B59 中输入公式 "=SUM(C57:G57,B58)"。
(17) 在单元格 B60 中输入公式 "=B32"。
(18) 在单元格 B61 中输入公式 "=-B39"。
(19) 在单元格 B62 中输入公式 "=SUM(B59:B61)"。

最终结果如图 11-1 所示。

实训二　经济利润模型

【知识准备】

企业价值评估的经济利润模型是运用一些基本的财务比率评估一家企业相对于另一家企业的价值。相对价值模型以市盈率模型为代表：

$$每股价值 = 市盈率 \times 目标企业每股收益 \tag{11-6}$$

经济利润是指一定时期的经济收入和经济成本的差额，即

$$经济利润 = 经济收入 - 经济成本 \tag{11-7}$$

经济收入是指期末和期初同样富有的前提下，一定期间的最大花费。这里的收入是按财产法计量的。如果没有任何花费，则

$$经济收入 = 期末财产市值 - 经济成本 \tag{11-8}$$

经济收入不仅包括会计上实际支付的成本，而且还包括机会成本。

经济利润可按照下述的公式计算。即

经济利润 = 税后净利润 - 股权费用 = 息前税后经营利润 - 全部资本费用
　　　　 = 期初投资资本 × 期初投资资本回报率 - 期初投资资本 × 加权平均资本成本率
　　　　 = 期初投资资本 × (期初投资资本回报率 - 加权平均成本率) $\tag{11-9}$

期初投资资本回报率=息前税后营业利润/期初投资资本

$$=(税后净利+税后利息费用)/期初投资资本 \quad (11\text{-}10)$$

上述公式中,投资资本是指企业在经营中投入的资金,它等于企业的所有者权益与有息债务之和,也等于总资产扣除无息负债后的净额,或称为"总资产净额"。

投资资本还可以根据营业资产和非营业资产来计算,计算公式为

$$投资资本=营业资产+非营业资产 \quad (11\text{-}11)$$

营业资产=营业流动资产+营业长期资产

$$=(流动资产-无息流动负债)+(长期资产净值-无息长期负债) \quad (11\text{-}12)$$

在忽略非营业资产的情况下,投资资本等于营业资产。

经济利润与会计利润的区别是它扣除了全部资本的费用,而会计利润仅仅扣除了债务利息。利用经济利润法评估企业价值的公式为

$$企业实体价值=预测期期初投资资本+预计未来各年的经济利润现值 \quad (11\text{-}13)$$

【实训目标与要求】

熟练掌握使用 Excel 建立经济利润模型。

【实训指导】

【例 11-2】培正公司以 2022 年为基期编制的未来 5 年预计财务报表的主要数据如图 11-2 所示,假定该公司的财务费用全部为利息费用。要求建立一个计算该公司未来 5 年中各年的经济利润,并计算目前的公司价值和股权价值的模型。

	A	B	C	D	E	F	G	H
1		已知条件(金额单位:万元)						
2	年	0	1	2	3	4	5	
3	销售增长率		20%	15%	10%	8%	6%	5年后的永久增长率
4	销售收入	1000	1200	1380.0	1518	1639.44	1737.81	
5	减:销售成本	450	540	621.0	683.1	737.75	782.01	5%
6	营业和管理费用	150	180	207	227.7	245.95	260.67	所得税税率
7	财务费用	60	72	82.8	91.08	98.37	104.27	
8	利润总额	340	408	469.2	516.12	557.45	590.86	25%
9	减:所得税	85	102	117.3	129.03	139.35	147.71	
10	净利润	255	306	351.9	387.09	418.06	443.14	加权平均资本成本率
11	期末短期借款	200	240	276.0	303.6	327.89	347.56	
12	期末长期借款	500	600	690.0	759	819.75	868.91	10%
13	期末负债合计	700	840	966.0	1062.6	1147.61	1216.47	
14	期末股东权益	800	960	1104.0	1214.4	1311.55	1390.25	
15	期末负债和股东权益	1500	1800	2070.0	2277	2459.16	2606.72	

图 11-2 已知条件

(1) 设计模型的结构。如图 11-3 所示的【公司价值的计算过程与结果】区域。

(2) 在单元格 C20 中输入公式"=C10"。

(3) 在单元格 C21 中输入公式"=C7*(1-$H$8)"。

(4) 在单元格 C22 中输入公式"=C20+C21"。

(5) 在单元格 C23 中输入公式"=B15"。

(6) 在单元格 C24 中输入公式"=C22/C23"。

(7) 在单元格 C25 中输入公式"=C23*(C24-$H$12)"。

(8) 在单元格 C26 中输入公式"=C23*(C24-$H$12)"。

(9) 选取单元格区域 C20:C26，将其复制到单元格区域 D20:G26。

(10) 在单元格 G27 中输入公式"=G25*(1+H5)/(H12-H5)"。

(11) 在单元格 B27 中输入公式"=G27/(1+H12)^G19"。

(12) 在单元格 B28 中输入公式"=SUM(C26:G26,B27)"。

(13) 在单元格 B29 中输入公式"=B15"。

(14) 在单元格 B30 中输入公式"=B29+B28"。

(15) 在单元格 B31 中输入公式"=B13"。

(16) 在单元格 B32 中输入公式"=B30-B31"。

计算结果如图 11-3 所示。

	A	B	C	D	E	F	G
17		公司价值的计算过程与结果（金额单位：万元）					
18		经济利润的计算					
19	年		0	1	2	3	4	5
20	净利润			306.00	351.90	387.09	418.06	443.14
21	加：税后利息费用			54.00	62.10	68.31	73.77	78.20
22	息前税后营业利润			360.00	414.00	455.40	491.83	521.34
23	投资资本（年初）			1500.00	1800.00	2070.00	2277.00	2459.16
24	投资资本回报率			24.00%	23.00%	22.00%	21.60%	21.20%
25	经济利润			210.00	234.00	248.40	264.13	275.43
26	预计期经济利润的现值			191	193	187	180	171
27	后续期价值	3591.39					5783.97
28	经济利润的现值合计	4513.74					
29	期初投资资本	1500.00					
30	公司的价值	6013.74					
31	减：负债的价值	700					
32	股权价值	5313.74					

图 11-3 经济利润模型

实训三 相对价值模型

【知识准备】

相对价值法是指以类似的可比企业为基准，利用可比企业的市场定价来确定目标企业价值的一种评估方法。按照这种方法所评估的目标企业的价值是一种相对于可比企业而言的相对价值，而非目标企业的内在价值。它的假设前提是存在一个支配企业市场价值的主要变量(如净利等)。市场价值与该变量(如净利等)的比值，各企业是类似的、可以比较的。

利用相对价值法评估企业价值的基本做法是：首先，寻找一个影响企业价值的关键变量；其次，确定一组可以比较的类似企业，计算可比企业的市价/关键变量的平均值；最后，根据目标企业的关键变量乘以得到的平均值，计算目标企业的评估价值。

利用相对价值法评估企业价值可分为两种情况，一种情况是评估目标企业的股权价值，另一种情况是评估目标企业的实体价值。利用相对价值法评估企业股权价值的常用模型包括市盈率模型、市净率模型和收入乘数模型，这三种模型的基本原理如下所述。

(1) 市盈率模型。

运用市盈率模型评估目标企业价值的基本公式为

$$\text{目标企业每股价值}=\text{可比企业平均市盈率}\times\text{目标企业每股净利} \qquad (11\text{-}14)$$

其中：

$$\text{市盈率}=\text{每股市价}/\text{每股净利}$$

市盈率指标会直接受到企业的增长率、股利支付率和风险(表现为股权资本成本)等因素的影响，其中关键的影响因素是增长率。由于现实条件下与目标企业的情况完全相同的可比企业是很难找到的，在运用市盈率模型评估目标企业价值的过程中，如果所找到的若干家可比企业的增长率与目标企业的增长率不一致，则应利用修正的市盈率来评估目标企业的价值。修正的市盈率的计算公式为

$$\text{修正的市盈率}=\text{实际市盈率}/(\text{预期增长率}\times 100) \qquad (11\text{-}15)$$
$$\text{修正平均市盈率}=\text{可比企业平均市盈率}/(\text{可比企业平均预期增长率}\times 100)$$

利用修正的市盈率评估目标企业价值的公式为

$$\text{目标企业每股价值}=\text{修正平均市盈率}\times\text{目标企业增长率}\times 100\times\text{目标企业每股净利}$$

市盈率模型的优点：首先，计算市盈率的数据容易取得，并且计算简单；其次，市盈率把价格和收益联系起来，直观地反映了投入和产出的关系；再次，市盈率涵盖了风险补偿率、增长率、股利支付率的影响，具有很高的综合性。市盈率模型的局限性：如果收益是负值，市盈率就失去了意义。此外，市盈率除了受企业本身基本面的影响，还受到整个经济景气程度的影响。所以市盈率模型主要适用于评估连续盈利的企业的价值，而不适用于对亏损的企业进行估价。

(2) 市净率模型。

运用市净率模型评估目标企业的基本公式为

$$\text{目标企业每股价值}=\text{可比企业平均市净率}\times\text{目标企业每股净利} \qquad (11\text{-}16)$$

其中：

$$\text{市净率}=\text{每股市价}/\text{每股净资产}$$

市净率指标会直接受到企业的增长率、股利支付率、风险和股东权益净利率等因素的影响，其中关键的影响因素是股东权益净利率。由于现实条件下与目标企业的情况完全相同的可比企业是很难找到的，在运用市净率模型评估目标企业价值的过程中，如果所找到的若干家可比企业的股东权益净利率与目标企业的股东权益净利率不一致，则应利用修正的市净率来评估目标企业的价值。修正市净率的计算公式为

$$\text{修正的市净率}=\text{实际市净率}/(\text{股东权益净利率}\times 100) \qquad (11\text{-}17)$$
$$\text{修正平均市净率}=\text{可比企业平均市净率}/(\text{可比企业平均股东权益净利率}\times 100)$$

利用修正的市净率评估目标企业价值的公式为

$$\text{目标企业每股价值}=\text{修正平均市净率}\times\text{目标企业股东权益净利率}\times 100$$
$$\times\text{目标企业每股净资产}$$

市净率模型主要适用于评估需要拥有大量资产并且净资产为正数的企业的价值，而不适用于对净资产为负数的企业进行估价。

(3) 收入乘数模型。

运用收入乘数模型评估目标企业价值的基本公式为

$$目标企业股权价值=可比企业平均收入乘数×目标企业的销售收入 \quad (11\text{-}18)$$

其中：

$$收入乘数=股权市价/销售收入=每股市价/每股销售收入$$

收入乘数指标会直接受到企业的增长率、股利支付率、风险和销售净利率等因素的影响，其中关键的影响因素是销售净利率。由于现实条件下与目标企业的情况完全相同的可比企业是很难找到的，在运用收入乘数模型评估目标企业价值的过程中，如果所找到的若干家可比企业的销售净利率与目标企业的销售净利率不一致，则应利用修正的收入乘数来评估目标企业的价值。修正收入乘数的计算公式为

$$修正的收入乘数=实际收入乘数/(销售净利率×100) \quad (11\text{-}19)$$

$$修正平均收入乘数=可比企业平均收入乘数/(可比企业平均销售净利率×100)$$

利用修正的收入乘数评估目标企业价值的公式为

$$目标企业每股价值=修正平均收入乘数×目标企业销售净利率×100$$
$$×目标企业每股销售收入 \quad (11\text{-}20)$$

收入乘数模型主要适用于评估销售成本率较低的服务类企业或销售成本率趋同的传统行业的企业的价值。

【实训目标与要求】

熟练掌握使用 Excel 建立相对价值模型。

【实训指导】

【例 11-3】 X、Y、Z 这 3 家公司及其可比企业 2022 年的有关数据如图 11-4 所示。要求建立一个分别利用市盈率模型、市净率模型和收入乘数模型对 X、Y、Z 公司的股权价值进行评估，并判断 3 家公司的股票市价状态的模型。

	A	B	C	D	E	F	G	H	I
1	已知条件								
2	目标公司的有关资料			X公司及可比企业的有关资料					
3	公司名称	X公司	企业名称	A	B	C	D	E	X公司
4	所属的行业	机械行业	每股市价（元/股）	12	25	30	13	15	28
5	适用的价值评估模型	市盈率模型	每股净利（元/股）	0.6	0.55	0.7	0.75	0.5	0.65
6			预计增长率	12%	18%	20%	8%	10%	15%
7	目标公司的有关资料			Y公司及可比企业的有关资料					
8	公司名称	Y公司	企业名称	AA	BB	CC	DD	EE	Y公司
9	所属的行业	冶金行业	每股市价（元/股）	18	22	29	15	11	16
10	适用的价值评估模型	市净率模型	每股净资产（元/股）	2.6	2.9	3.2	2.5	3.8	3.6
11			每股净利（元/股）	0.7	1	1.2	0.6	0.5	0.8
12	目标公司的有关资料			Z公司及可比企业的有关资料					
13	公司名称	Z公司	企业名称	AAA	BBB	CCC	DDD	EEE	Z公司
14	所属的行业	服务业	每股市价（元/股）	16	25	12	18	22	20
15	适用的价值评估模型	收入乘数模型	每股收入（元/股）	15	20	10	22	16	15
16			每股净利（元/股）	0.8	1.2	0.5	0.9	1.5	0.85

图 11-4　已知条件

(1) 设计模型的结构，如图 11-5 所示的【计算过程与结果】区域。

(2) 选择单元格区域 B21:G21，输入数组公式"=D4:I4/D5:I5"。

(3) 在单元格 B22 中输入公式"=AVERAGE(B21:F21)"。

(4) 在单元格 B23 中输入公式"=AVERAGE(D6:H6)"。

(5) 在单元格 D22 中输入公式"=B22/(B23*100)"。

(6) 在单元格 D23 中输入公式"=D22*I6*100*I5"。

(7) 在合并单元格 E23 中输入公式"=IF(I4>D23,"市价被高估",IF(I4<D23,"市价被低估","市价反映真实价值"))"。

(8) 选取单元格区域 B26:G26，输入数组公式"=D9:I9/D10:I10"。

(9) 选取单元格区域 B27:G27，输入数组公式"=D11:I11/D10:I10"。

(10) 在单元格 B28 中输入公式"=AVERAGE((B26:F26)"。

(11) 在单元格 B29 中输入公式"=AVERAGE((B27:F27)"。

(12) 在单元格 D28 中输入公式"=B28/(B29*100)"。

(13) 在单元格 D29 中输入公式"=D28*G27*100*I10"。

(14) 在合并单元格 E29 中输入公式"=IF(I9>D29,"市价被高估",IF(I9<D29,"市价被低估","市价反映真实价值"))"。

(15) 选取单元格区域 B32:G32，输入数组公式"=D14:I14/D15:I15"。

(16) 选取单元格区域 B33:G33，输入数组公式"=D16:I16/D15:I15"。

(17) 在单元格 B34 中输入公式"=AVERAGE((B32:F32)"。

(18) 在单元格 B35 中输入公式"=AVERAGE((B33:F33)"。

(19) 在单元格 D34 中输入公式"=B34/(B35*100)"。

(20) 在单元格 D35 中输入公式"=D34*G33*100*I15"。

(21) 在合并单元格 E29 中输入公式"=IF(I14>D35,"市价被高估",IF(I14<D35,"市价被低估","市价反映真实价值"))"。

最终结果如图 11-5 所示。

18	计算过程与结果					
19	X公司的股权价值评估					
20	企业名称	A	B	C	D	E	X公司
21	市盈率	20.0	45.5	42.9	17.3	30.0	43.1
22	可比企业平均市盈率	31.1	修正的平均市盈率		2.29	X公司股价状态判断	
23	可比企业平均预期增长率	14%	X公司每股价值（元/股）		22.32	市价被高估	
24	Y公司的股权价值评估					
25	企业名称	AA	BB	CC	DD	EE	Y公司
26	市净率	6.92	7.59	9.06	6.00	2.89	4.44
27	股东权益净利率	26.92%	34.48%	37.50%	24.00%	13.16%	22.22%
28	可比企业平均市净率	6.5	修正的平均市净率		0.24	Y公司股价状态判断	
29	可比企业平均股东权益净利率	27.21%	Y公司每股价值（元/股）		19.09	市价被低估	
30	Z公司的股权价值评估					
31	企业名称	AA	BB	CC	DD	EE	Z公司
32	收入乘数	1.07	1.25	1.20	0.82	1.38	1.33
33	销售净利率	5.33%	6.00%	5.00%	4.09%	9.38%	5.67%
34	可比企业平均收入乘数	1.1	修正的平均收入乘数		0.19	Z公司股价状态判断	
35	可比企业平均销售净利率	5.96%	Z公司每股价值（元/股）		16.29	市价被高估	

图 11-5　相对价值模型

实 训 练 习

1. 正大公司第一年的现金股利为 1.2 元，以后现金股利保持每年 5%的增长率，企业的资本成本率为 10%，利用戈登模型计算该公司的价值。

2. 正大公司第 1~5 年的现金股利分别为 0.8 元、1 元、1.3 元、1.5 元和 1.8 元，从第 6 年开始现金股利保持每年 7%的增长率，企业的资本成本率为 12%，利用戈登模型计算该公司的价值。

3. 正大公司希望接下来 5 年维持现金余额 80 万元。同时希望既不发行新的股票，也不改变目前的负债水平，这就是说股利是资产负债表的触发变量。基期会计报表如表 11-1 所示。

表 11-1 正大公司基期会计报表

销售增长率	10%					
流动资产/销售收入	15%					
流动负债/销售收入	8%					
固定资产净值/销售收入	77%					
销售成本/销售收入	60%					
折旧率	10%					
利息率	10%					
现金及流动证券的利息支付率	8%					
所得税税率	25%					
年	0	1	2	3	4	5
损益表						
销售收入	1000					
销售成本	(500)					
负债的利息费用	(32)					
现金及流动证券的利息收入	8					
折旧	(100)					
税前利润	376					
所得税	(94)					
税后利润	282					
股利	(90)					
未分配利润	192					
资产负债表						
现金和流动证券	80	80	80	80	80	80
流动资产	150					
固定资产						
原值	1070					
折旧	(300)					
固定资产净值	770					
总资产	1000					
流动负债	80					
长期负债	320	320	320	320	320	320

(续表)

股本金	450	450	450	450	450	450
累计未分配的利润	150					
负债和所有者权益合计	1000					

要求：(1) 建立企业预测财务报表模型，包括预测资产负债表和利润表。

(2) 建立自由现金流量表模型，计算自由现金流量。

4. 根据上题企业自由现金流量，建立企业估值模型。加权资本成本为15%，对企业价值模型进行敏感性分析。增长率取0～20%，资本成本率取8%～20%。